CHEERS

与最聪明的人共同进化

HERE COMES EVERYBODY

造爆频
打火音

Make
Noise

[美] 埃里克·纽祖姆　著
（Eric Nuzum）

丸　籽　　　　译
Nicole Deng

浙江教育出版社·杭州

关于播客的知识，你了解多少?

扫码激活这本书
获取你的专属福利

- 据调查，喜剧播客的粉丝在以下哪种商品上的消费最多? （ ）

  A. 酒

  B. 茶叶

  C. 婴儿食品

  D. 宠物用品

扫码获取全部测试题及答案
一起了解打造火爆音频
必备的知识

- 假设你做的是一档访谈类播客节目，在采访嘉宾时，怎样做有

  可能引出对方在计划之外的精彩回答? （ ）

  A. 在对方说完后，沉默一会儿

  B. 经常点头，而且表现得很投入

  C. 向对方显示你事先做了很多调查

  D. 说些有趣的话，把对方逗笑

- 以下哪个事件没有直接对播客的发展起到推动作用? （ ）

  A. 乔布斯在 2005 年苹果全球开发者大会上的演讲

  B. iOS 8 新添加的播客内置程序

  C. 播客节目《连环案件》的推出

  D. YouTube 的问世

扫描左侧二维码查看本书更多测试题

本书写给卡尔文。

问：你的爸爸是做什么的？

卡尔文：他是讲故事的。

MAKE
NOISE

为什么我能帮助你实现播客梦想

嗨，很高兴遇见你。

有人告诉我对前言不要抱太高的期望："没有人会读前言的。"对此，我要谢谢他们向我传达"做假设是有风险的，现实往往事与愿违"这个道理，它将在本书中反复出现。

言归正传，首先，我要跟你坦白一件事：我从没听过一档完美的播客节目——从来没有，我也从来没有听过一档不存在巨大改进空间的播客，包括我自己的播客在内。

就算是我做过最好的播客节目，我也从不认为它们是完美的作品，总觉得有一些地方可以做得更好。这也是为什么我很少回过头去听自己以前的作品，因为我能听到的都是自己当时本应抓住的观点、要调整和改进的细节或是需要纠正的错误。

法国诗人保尔·瓦雷里（Paul Valéry）曾经说："一首诗永远也不会完成，只会被遗弃。"这句话放在播客节目上也成立。

一位优秀的音频节目创作者需要在自信和谦虚、清醒和专注之间找到平衡。他需要对自己想要创造什么样的节目，以及如何创造这样的节目有一个自信而清晰的想法，但同时他也要意识到，播客的好坏取决于他创作水平的高低。播客节目的真正极限就是创作者自身能力的极限。

有人说："过度自信是好想法的敌人。"我认为这种说法也适用于音频节目的制作。过度自信会妨碍创作者抓住使自己作品变得更优质或与更多人产生共鸣的机会。

这就是本书存在的原因：为了拥抱真相和随之而来的现实。作为一名创作者，我相信边界的存在。注意，这个边界不是指狭隘的思维，而是指最好的创造力来源于在有目标限制的前提下聚精会神地创作。

无论你是第一次做播客，还是已有很多相关经验，本书的核心都是帮助你在自信和谦虚之间、清醒和专注之间找到一个平衡点，保持开放，让你相信自己永远有机会做得更好。

在进入正文之前，我想先讲三件事，它们会帮你更高效地阅读本书，并从阅读中获得更高的价值。这三件事分别是关于我、关于你，以及什么是播客（对播客的兴趣连接着你我）。

关于我

关于我写本书的动机，也就是本书最终呈现在你面前的原因，有三个日期非常重要。

第一个日期是 2008 年 7 月 25 日。那天发生的事改变了我的一生，尽管当时的我无从预知。那天，我站在美国全国公共广播电台（National Public Radio，NPR）纽约台的控制室里，透过一块大玻璃窗看着我的一群同事。他们彼此紧挨着，有的人在哭。这是 NPR 节目《布莱恩特公园计划》（The Bryant Park Project）的最后一集。这档节目在 10 个月前才推出，不到一年就停播了，工作人员遭到解雇，一切用于制作这档节目的时间、金钱和精力都被当作一个巨大而昂贵的错误，一笔勾销。

《布莱恩特公园计划》这档节目的想法是在两年前提出的，当时根据协议，NPR 要为天狼星卫星广播公司［Sirius，现在被称为天狼星卫星电台（SiriusXM Radio）］提供两档节目，这档节目是其中之一。天狼星卫星广播公司希望 NPR 能提供一些新颖的、原创的节目，所以我们参考 NPR 旗舰节目《晨间新闻》（Morning Edition），构思了《布莱恩特公园计划》这样一档早间新闻和聊天节目，由天狼星卫星广播公司独家播出。

当该节目于 2007 年 10 月 1 日开播时，在最初的概念之上又出现了各种新的想法和创意。《布莱恩特公园计划》不仅是一档晨间节目，还成为一档播客、一个博客、一个视频内容系列。此外，该节目将在 NPR 旗下的一些地面广播电台播出，外加上一些其他杂七杂八的内容。这就是《布莱恩特公园计划》预示的教训：它包含的东西太多，结果变得什么都不是。这个项目已经膨胀到没有人可以定义它到底是什么，连最初创建它的人也做不到。

我们把终止这档节目的消息通知给工作人员，并向听众宣布了这一结果。之后，我们定下了最后一期节目的播出时间——2008 年 7 月 25 日。那天，我专程到 NPR 纽约台，去参加最后一期节目的录制。节目的最后一个环节，主持人艾莉森·斯图尔特（Alison Stewart）把高级监制马特·马丁内斯（Matt Martinez）和其他所有的工作人员都请到了演播室。大家谈起节目中最值得铭记的瞬间，赞赏彼此的才能和在项目上做出的贡献。最后，他们向自己花了 10 个月时间建立起来的观众群体告别。我目睹着这一切痛苦，告诉自己："我绝不会让这种事情再次发生。"

虽然在那时，我也知道自己无法阻止失败的结局，但是一路走来，明明亮过那么多红灯，有许多迹象表明事情不对劲，有那么多的问题本应该早些被提出并得到解决。如果我们早点做出改变，虽然不能保证会有不同的结果，但节目肯定会有更大的存活概率。对这档节目是什么以及它不是什么有一个明确的定义，并不能百分之百阻止节目的失败，但至少十几位才华横溢的年轻人就不会边流泪边疑惑，为什么辛辛苦苦在一个项目上倾注了近一年的心血，却被告知失败了，而且没有人能够清楚地表述该项目是怎样失败的、为何失败的。大家甚至无法讨论《布莱恩特公园计划》这个想法是好是坏，因为没有人能在它到底是什么这件事上达成一致。

我当时想，一定要找到一个更好的方法。必须有办法来减少大量未知与不确定性所带来的危害。我绝不会让这种事情再次发生。

第二个日期是 6 年半之后的 2015 年 1 月 10 日。那一天，我正乘坐地铁穿过华盛顿特区的市中心。那天是星期六，地铁非常拥挤，但车厢里还是很安静，我可以听到对面乘客之间的对话。一对夫妇正在向另一对夫妇讲述他们刚刚在一档新的播客《无形之物》（Invisibilia）上听到的故事。故事讲述的是一个叫马丁·皮斯托留斯（Martin Pistorius）的男人，他 12 年来受限于自己瘫痪的身体，无法与别人交流。这是节目第一集的主要内容，而这档节目在前一天才首播。

就在那时，我知道自己的工作，包括播客这件事本身，经历了一次全新而未知的转变，这样的脱胎换骨令我激动不已。因为我正是《无形之物》第一季的执行制作人，我在这档节目上倾注了大半年的心血。我正在经历一个圣杯／白鲸／独角兽时刻 [①]：在公众场合，听到陌生人表达他们对我创作的作品的喜爱。这一刻过得太快了。我马上给妻子发了条短信，告诉她这件事。

"你确定？"她在短信里回复道，"可能他们只是在讨论一些听起来类似的事情。地铁里很吵，你可能搞错了。"

---

① "圣杯"指的是名画《最后的晚餐》中耶稣使用的酒具，代表一种神圣感；"白鲸"比喻的是疯狂追求但求而不得之物；"独角兽"指的是走神的刹那。在这里，作者想要表达自己惊喜而激动，甚至有点恍惚的感受。——译者注

我没有因为她的怀疑而责怪她，毕竟这的确是一件怪事，那集节目播出还不到两天。因此我不得不同意她的观点，这不可能是真的。

就在第二天，我和妻子出去吃午饭。吃到一半时，我发现，邻桌的女士和她的四位朋友交谈的内容听上去很耳熟。

"我听到一个不可思议的故事。"她说，"是在一个新的播客上听到的，好像叫《无形之物》之类的。"接下来，她讲了一个跟瘫痪马丁一模一样的故事。

我看了看妻子，显然她也听到了。我们都对此难以置信。这种巧合碰上一次还说得过去，但我遇到了两次，还是在 24 小时之内。

许多人都很喜欢《无形之物》这档节目，在那周接连两次的巧遇后，第一季的下载量达到了数千万次。而我之所以如此高兴，是因为《无形之物》的成功并非偶然。

我与《无形之物》的渊源，要从我跟节目的联合创始人之一阿利克斯·施皮格尔（Alix Spiegel）的来往说起。那时，阿利克斯与我分享了其中一集音频的早期版本，询问我是否可以协助她和她的搭档露露·米勒（Lulu Miller），将其制作成一档播客节目。当时我非常喜欢她们创作的故事内容，也很荣幸她们愿意相信我能够帮她们将梦想变为现实。然而，过往的许多教训仍历历在目。

《布莱恩特公园计划》结束后将近 10 年的时间里，我致力于打造新的广播节目和播客。有关《无形之物》这档节目的决定，属于这 10 年中的一个巅峰。我测试、学习、解构、再次尝试，决心不让那种事情再次发生。

我花了很多时间来思考播客这件事：为什么有的播客会成功，为什么有的播客会失败，以及受欢迎的播客的魅力在哪里。我也花了很多时间来制作播客，试图在新节目中倾尽所学。我听说过这样一句话："幸运，就是事先的准备遇上了机会。"《无形之物》的成功正是如此。

不是所有播客节目都能或应该做到像《无形之物》那样，但许多现有的播客、潜在的播客点子，甚至是所有的故事讲述形式，都有很大的提升空间。

这就是我写本书的目的——让你的播客变得更好。

先别急着夸奖我的利他主义。要知道，我之所以写本书，其实是因为我热爱聆听。通过帮助大家，我能收获更多值得我聆听的作品。但之所以要花两年时间写，是因为我相信在为你服务的过程中，你也将学会为听众服务。

接下来就要说到第三个日期，这个日期对理解本书和我这个人至关重要，它发生在另外两个日期之前——1998 年 6 月 1 日。那一天，我开始在俄亥俄州肯特市的一家小规模 NPR 电台 WKSU 担任节目主管。当时我 31 岁，负责管理整个电台的播音员、节目制作和声音工程。问题是，WKSU 是我 19 岁时开始第一份广播工作的电台。现在，我虽然成了节目主管，但是团队里的每个人都比我年长（有些人的年龄是我的两倍），也更有经验，很多人在我十几岁时就认识我了。对一个新的领导者来说，这一切都很不理想。

如何才能领导一个教会了我大量知识的团队呢？如何能在一屋子的权威中成为权威呢？灵光一闪，我告诉自己，领导这家电台的唯一方法就是致力于为员工服务。我们将共同制订一个雄心勃勃的计划，而我的任务就是帮助大家实现这个计划。我将以服务为导向，集体的成功就是我的成功。这里没有领导、报告层级和级别差异，我们将共享明确的目标和想法，紧密团结在一起。我还要确保自己站在工作的第一线，并为实现目标而付出与他人同等甚至比他人更多的努力。

通过服务团队来领导团队——这既是一种哲学理念，也是我的领导风格。我从那时起就开始践行这种理念，直至今天。在我看来，创作者的服务对象是观众，而我的服务对象是创作者。这是我的工作，也是我整个职业生涯的基础。这让我找到了许多新的方法去思考和创作，而这些方法也成了这本书的基石。

我并不能解决所有的问题，也没有让任何话题都成为热门的法宝。事实上，有时候在现实里这一切恰恰相反。在我的职业生涯中，我已经参与了 130 多个播客、广播节目、流媒体频道和其他音频项目的诞生过程。一路走来，我犯过各种你能想象得到的错误，也对一些巨大失误负有责任。但多年来，我总结了一整套锻炼技能、发现并解决问题的方法和流程，以助我避免再犯那些在我自己和别人的工作中非常常见的错误。这些技能、方法和流程也使我取得了一系列的成功。鉴于过去几年来，播客的创作者和收听人数都呈现出爆发式增长，我认为，也许当下就是分享这些方法论及其背后原则与思想的最佳时机。

如果你是一个非常没有耐心的人，本书剩下的内容可以归结为两件事：

- 了解你在做什么。
- 坚持做下去。

我相信你能猜到，这两件事都是知易行难。

关于你

很明显，我不知道你是谁，对你的情况也没有任何了解。但在写本书时，我假设你属于以下三类人中的一类：

- 充满好奇心、有兴趣尝试做一档播客的新手。
- 富有经验的制作者，希望提高技能水平或节目质量。
- 在某公司或组织任职，希望利用播客来连接听众、客户或是志同道合的朋友，比如你们有着相同的业余爱好、生活方式，或是都对某一件事情、某一个话题感兴趣。

当然，这三种类型本身也包罗万象。或许你想和朋友们一起做一档小型播客节目；又或许你是某方面或某个小众领域的专家，想通过播客来与全世界跟你有着同样兴趣的人交流；也有可能你想把播客当作一份职业，接触大量的听众。

我写本书，就是为了与上述所有人交流。我还要很高兴地告诉你，在大多数情况下，这些都不难做到。这是一本讲述思想和原则的书。这本书不推荐产品，也没有一步步拆解的流程。我把重点放在令它适用于每个人的想法和概念上。因此，无论你想用音频做什么规模和主题的节目，这本书都能帮到你。

由于本书的读者群体广泛，所以每隔一段时间，我可能就会和那些与你做播客的方式不同、出发点不同，或者与你的技术水平不在一个层次的读者交流。当这种情况发生时，请理解我一下。一方面，了解他们的一些想法对你也没有坏处。另一方面，我们很快就会回到你感兴趣的话题。

无论你是谁，在制作播客节目时，请注意这将是一份工作，也是一份虽艰苦但极其有趣的工作。它有价值，也令人兴奋，还能让你与生活在世界上某处的人产生共鸣。但请谨记，这仍然是一份工作。

强烈建议你做好心理准备。促使我写本书的一个相当有力的统计数据是，超过 40% 的播客节目在一年内就停止更新了。当然，有些播客本来就只打算做几集或持续很短的时间，但与此同时，每年确实有数以万计的播客创作者被迫放弃他们的节目。对我来说，这意味着这些播客创作者从一个错误的起点开始，最终得到了一个令人失望的结果，他们没有挖掘到理想听众，或是在追求理想的过程中遇到了困难。

所有问题都是可以解决的，本书就是为了帮你解决这些问题而存在的。

什么是播客

这个问题集实操性和存在性于一体，接下来我们就来讨论一下它。

首先，做播客不等同于做内容，播客就是播客。"内容"是个懒人用词，无所不容，却又空泛无比。

想要做一档成功的播客节目就要从拥抱"播客"这个词本身开始,包括接受它与别的媒体形式,如其他音频媒体存在的区别。

虽然书中的案例、想法和原则适用于绝大多数音频节目,但本书的核心仍然是播客,尤其聚焦于如何把优秀的想法转化为非凡的播客。

所以,让我们回到"什么是播客"这个问题上。

从实际的角度来看,最方便的辨别方式就是,确认你有没有用 RSS[①] 订阅功能来发布音频文件。如果有,那么恭喜你,你就是一名主播,你制作的节目称得上是一档播客。就这么简单。

最早期的时候,整个行业一直在纠结如何定义播客。许多早期的播客主播在播客和播客主播的认定上持有精英主义立场。我在 NPR 工作的时候,遇到过许多"高贵"的播客主播,不愿意接纳我为他们中的一员,也不认可 NPR 制作的节目是播客,因为这些节目要么并非 NPR 原创出品,要么就是通过地面广播电台等其他平台也能收听。尽管一些由我创建、制作或发布的节目是播客排行榜上的常客,但对那些播客精英来说,我只是来自广播电台领域的闯入者,而不是纯粹的播客主播。他们对其他人也持有这种不屑的态度。就算是众所周知的节目《美国生活》(*This American Life*),在他们眼里也称不上是播客,因为这档节目始于电台广播,当时它的主要受众也是电台听众。

随着传播技术的革新,播客的定义变得更加模糊不清。

我经常劝广播公司不要把技术当作产品,而是要把体验作为产品来输出。无论承载节目的平台是什么,别把自己局限为地面调频广播的播音员,而要把自己

---

① RSS 是 really simple syndication 的缩写,意为"简易信息聚合"。它是一种包含信息和元数据的数据文件格式。在播客领域,RSS 文件包含了播客简介和每档节目的信息,如标题、内容介绍以及封面文件和音频文件的 URL 地址。

定位成创造听觉体验和陪伴听众经历生活的人。我近来也对做播客的人频繁表述同样的观点。随着播客开始通过 Pandora 和 Spotify 这样的流媒体音乐服务商甚至智能音箱等设备找到新的听众，可以说，如今的 RSS 订阅对播客听众而言，已经不再是不可或缺的节目获取途径了。对听众来说，播客代表的是一种听觉体验，与传输方式完全无关。

我自己在 2015 年离开 NPR 并在 Audible 公司[①]制作音频节目时，也接触到了一些类似的观点。许多人质疑我所制作的多集短篇节目是否可以或应该被称为播客。包括 Audible 的同事在内的很多人认为，我们应该放弃这个称谓。为了避免使用这个词，公司想出了一系列替代方案，如"短音频""音频节目"，或干脆就叫"节目"。但当我们向客户介绍这些节目并询问他们的看法时，普遍的回答是："哦，这个吗？这就是播客。"

因此，我倾向于在术语的使用上保持自由度，尤其是考虑到这个行业还在不断扩张。如果你认为自己是一名播客创作者，正在做一档播客节目，那你就是一名播客主播。综上所述，我不得不承认播客是一个包罗万象的类别。

我们既有受众面广泛的播客节目，如《慢燃》（Slow Burn）和《我最喜爱的谋杀案》（My Favorite Murder），也有数以万计的针对特定工作和行业（如只针对牙医或房地产经纪人）的播客。我还认识一些播客主播，他们的节目专注于特定的领域，例如有些播客是专门探讨变色龙和蜘蛛的[②]，还有一些是以树木栽培、用塑料购物袋做手工、医疗诊室设计或养蜜蜂为话题的。甚至还有以电视节目为主题、长达数小时的播客，涵盖面之广，连 50 年前的电视节目都囊括在内，可以说只有你想不到的，没有他们聊不到的。

你只要说出一件有人感兴趣的事，我就能为你找到一档关于这个主题的节

---

① Audible 是全球最大的有声电子书制作和分发商，也是亚马逊旗下的全资子公司。——译者注
② 就我所知，有两档播客节目，其中一档是关于变色龙的，另一档是关于蜘蛛的。不过也可能在世界的某个角落，有人在做一档同时讨论这两种动物的节目。

目。这类节目也是相应社群的中心，它们也是播客。

我想回到先前提出的一个观点，即播客有别于其他音频媒体。如果你愿意认可播客是一种体验而不是一种技术平台或媒体手段，那么不妨想想到底是什么让播客与众不同。很多人对此有自己的看法，并热衷于讨论这件事。但对我来说，播客的独特之处在于亲密感。

电台广播一直被认为是营造亲密感的最佳媒体形式。最优秀的电台播音员总能让你感到唯有你一个人在听节目。这是一种听起来仿佛一对一，而实际上一对多的媒体形式。但随着人们对播客听众的了解加深，大家已经意识到，播客作为一种媒体形式，已经在创作者和听众之间培养了一种更加亲密的关系。我认为这来源于两方面。

可能你会觉得奇怪，但我认为，这种亲密感一方面很大程度上来源于耳机。几乎所有的播客收听行为都是通过耳机进行的，这是一种独特的体验，它包含双重的亲密感，一层来自情感，另一层来自把耳机塞进耳朵里而产生的身体接触。这改变了你向听众提供信息的方式与关系，也改变了节目本身。

另一方面，亲密感源于听众对播客的主动倾听。音频节目通常是你在做其他事情时的背景音，是一种让叠衣服或通勤等琐事显得不那么无聊的陪伴型媒体。听电台广播的时候，你的注意力可以时而集中时而分散，甚至连续听上几小时都不用太在意电台里到底在放些什么。而收听播客时，一个人会有更多慎重的考虑。与随意调到一个电台频道听广播相比，听一档播客是一种主动选择。或许是出于当时的心情，或许是基于那天的状况，或许有一些疑问亟须解决，但无论如何，一个人都是有目的性地选择听一档播客。

这是一种有意识的选择，它不仅代表了听，还代表了要听某样特定的东西。相对于大多数电台广播节目，听众对播客节目抱有更高的期望，这就提高了播客的创作标准。

当人们调到某个电台时，他们是在寻求一种体验，比如关于乡村音乐、新闻头条、体育方面的闲聊。只要扬声器里播放的节目符合这一期望，听众往往就能满意。如果他们想听别的，就会调到另一个电台。通常情况下，大家在听电台时，会默认选择上次听过的电台，只有在对内容不感兴趣的时候才会调到别的电台，行为上很被动。这就是收音机很适合车载的原因，人们在驾驶过程中调换到不同的频道很方便。想听经典摇滚乐吗？按下这个按钮，嘣！经典摇滚乐。想了解天气预报和当地新闻吗？嘣！按下一个按钮便能轻松搞定。播客就不太一样。

播客的目的性更强，颗粒度更细。听众不仅是对某一特定体验感兴趣，还可能只想听某档节目中的某一集，这种选择更有目的性。

最后说两句

本书有一个贯穿始终的观点：想在播客和其他音频类节目领域获得成功，关键在于创作时的共情能力。我们要站在听众收听节目的角度来思考和创作，因为他们是我们做这份事业的原因。我们接触有故事和观点的人，听众就是我们表达输出的对象。为了使自己的想法与听众保持一致，我们需要做的就是学会与他们共情。听众渴望什么？需要什么？如何把听众放在第一位？本书也会围绕上述问题，给大家分享很多干货。

一档节目必须有人去倾听它、感受它、理解它、热爱它，并且将自身与它融为一体，否则任何战略性的目标、衡量成功的标准、创新的举措或想法都没有什么意义。

最后，我想介绍一下本书英文书名的由来。

2011 年，我为 NPR 制作了一档名为《问我下一题》(*Ask Me Another*) 的百科知识节目。这个节目集合了猜谜、文字游戏和趣味百科，每期时长一小时，在布鲁克林的贝尔酒吧 (The Bell House) 录制。这档节目并不算是我参与过的项目中获得过最多成就的，但出于种种原因，它成了我最在意的节目。主要原因是这档节目在开播后的前几年，一直都在生死线上徘徊。它的诞生背景是 NPR 希望吸引新一代的听众，当时，大家刚从扼杀了《布莱恩特公园计划》的"经济大萧条"中走出来。那时 NPR 的预算极度紧张，在哪些项目可以做、哪些必须放弃上，我们的每个决定都很艰难。尽管有人反复询问要不要终止《问我下一题》，我还是想方设法保住了它。

我的策略之一就是尽可能减少这档节目的制作经费。在早期试播阶段，我们意识到需要一块提示牌来引导观众鼓掌。这听上去是一件很简单的事，对吧？但是一块新的提示牌就要花费 600 美元。对一档追求低成本制作的节目来说，团队根本负担不起这个费用。于是，我去问 NPR 的车间工程师，能否找到什么合适的替代品。

几天后，一位工程师带着两个装着电线的白色盒子来到我的办公室。

"或许这个可以？"他说着便把一个盒子递给了我。

那是一个方形的盒子，前面有"你好"和"塔维斯"的字样，分排两行。那是多年前 NPR 制作《塔维斯·斯迈利秀》（The Tavis Smiley Show）时做的灯箱，用来提示主持人塔维斯麦克风即将打开。节目停播后，这个灯箱就一直在车间里积灰。虽然我们可以刮掉原来的字，但最大的问题是，这个方形灯箱不够大，如果我们把"applause"（鼓掌）这个词横着写在上面，字就会小得看不清。

"你得想点别的词来提示听众。"这位工程师告诉我。

我思考了一会儿。

"就写'发出声音'怎么样？"我随口问了一句。

"那就用'发出声音'了。"他话音刚落便转身离开了。

几天后,《问我下一题》试播节目的录制现场就有了两个写着"MAKE NOISE"①的提示灯箱（图 0-1）。

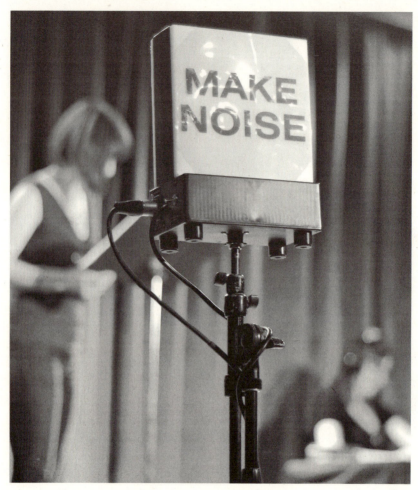

图 0-1　录制现场的提示灯箱

在《问我下一题》第一季的某次录制过程中，我坐在台上，突然发现灯箱是有两面的，一面朝着观众，另一面朝着工作人员和主播。虽然最初的意图是让朝向观众的那一面示意他们在合适的时机发出声音，但我意识到这个设计是如此具

① "MAKE NOISE"直译为"弄出噪声"，此处有"发出声音"之意。——编者注

有预言性，因为灯箱的另一面也在示意着台上的人发声。

但台上的人发声另有原因。他们发出声音是为了被听到，是为了不负众望，是为了解决话题转移和僵持不下的情况，也是为了反驳批评者。发出声音的过程代表着坚持不懈和勤奋努力的品质，意味着主播们在发出属于他们的最好的声音。

我第一次提出把"make noise"用作英文版书名时，妻子并不赞成这个想法。她说："你整本书都在讲播客的核心和定义，那些东西不是噪声。"

我向她解释道，我的立意是，在一个熙熙攘攘的世界里，一个人必须尽可能发出最大的声音，要足够响亮，拒绝被忽视。当一个人想要表达些什么，却没有尽力发出自己最大的声音，他就会失去很多。不能太讲礼貌，不能满足于眼前的一切，而是要发出自己最洪亮的声音，让人无法忽视。这是一种刻意的、有目的性的、有重点的行为。

这就是美丽的声音。

现在，轮到你了。

是时候创造你生命中最棒的声音了。

现在开始，弄出一些"噪声"吧。

MAKE NOISE

第 1 章

故事、角色、立场，
打造成功播客的 3 大要素

我想跟你聊一聊，是什么激励我每天来这里工作。

近 20 年来，我一直把我的一位偶像的海报挂在工作区桌子上方，他就是朋克音乐的教父伊基·波普（Iggy Pop）。每天我工作的时候，伊基·波普都俯视着我。我之所以把这张海报挂在那里，是因为伊基是我的灵感源泉。伊基有很多令我钦佩的地方，有一处我现在就想和你分享——他讨厌西兰花。

伊基非常讨厌西兰花，但他可以把这份憎恶转化为灵感。在演出合同中，他经常要求主办方在化妆间里放一碗西兰花，只为在上台前把它们扔进垃圾桶。每当伊基觉得缺乏动力的时候，就会先往脖子上挂一颗西兰花再开始演出（请随意在网上搜索"伊基·波普和西兰花"，你就能懂我的意思）。他故意接近自己讨厌的东西，以此驱动自己去创造伟大的作品，并挑战自我能力的极限。

我也有属于自己的西兰花。理查德·布兰森（Richard Branson）之于我，就如同西兰花之于伊基。我并不讨厌理查德·布兰森，而且我相信他是一个好人。那么，我为什么会把他的照片（图 1-1）贴在桌边，每天都要像看伊基的海报一样看看他呢？

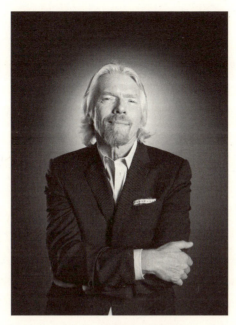

图 1-1　理查德·布兰森

因为对我来说，理查德象征着某种我所厌弃并一直努力避免的东西——同质化。

在过去的一年里，理查德在他人的播客中做了不下 30 次的嘉宾，在超过 30 档不同的节目中接受了 30 多次采访。说实话，实际可能还远远不止这些。因为我在查资料时就感到一丝悲哀，于是数到 30 多次就停了。理查德到底想表达什么，以至于可以在麦克风前讲那么长时间呢？他没有说，这就是问题所在。

声明一下，理查德并没有错，我对他本人也没有意见。真正的问题在于，这一现象代表了想象力的缺失。对我来说，邀请理查德作为常驻嘉宾体现出了播客节目对创新的懈怠。一档播客邀请理查德的原因通常有两个，但都与他本人对事物的观点没有关系。

第一，邀请理查德很容易，他热衷于在播客上闲聊。第二，他能给节目带去名人光环，有理查德当嘉宾算是一种背书。"嘿，看我多厉害！"主播可能会在心里这样想，"我是一名著名的播客主播，所以可以邀请到这位声名远扬、魅力十足、性格略微古怪的跨国集团首席执行官来当嘉宾。"似乎如此一来，这档播客（和它的主播）也显得有点分量。

大家要明白，虽然邀请理查德的播客可能是在利用理查德的名气，但同时理查德也在利用播客。他热衷于参加播客节目的原因之一是，那是一个轻松的场合，而且主播都渴望与他交流、取悦他，提的问题一般都很温和。

人们很容易掉进这个陷阱，很多播客犯过这样的错。无论是理查德·布兰森、尼尔·德格拉斯·泰森（Neil deGrasse Tyson），还是巡回演出的某位明星、百名巡演喜剧演员中的一员，或是其他不同级别的名人。在播客领域，已经存在很多这类"回声嘉宾"和他们的谈话内容。播客主播请这些嘉宾来，除了他们有空闲时间和名气大以外，没有别的任何理由。而在某种程度上，这些名人也愿意坐在椅子上，假装对你感兴趣（别提他们当天还要赶场做另外 20 个采访）。当一个明星出演了一部新电影或出版了一本回忆录时，这种情况是最普遍的。他会出现在大量的电视节目、广播节目和媒体采访中，几乎无处不在。有必要所有节目都请他们来做嘉宾吗？从听众的角度看，"回声嘉宾"的问题在于，他们在短时间内进行了大量同质化的谈话。

对我来说，同质化本身就是敌人。在我写本书的时候，市面上已有 100 多种语言的播客节目，共计逾 70 万档、逾 2 000 万集播客。一方面，播客节目的主题可以说是五彩纷呈，几乎每家媒体都在试水或深入研究播客。来自各个领域的公司和名人，拥有不同目标和兴趣的团体组织，都有属于自己的播客。从美国总统到瑜伽教练，似乎人人都有播客。另一方面，播客市场存在大量的雷同。同质化是我在每个项目上都致力解决的问题。因此，我要把理查德的照片摆在桌子上，提醒自己警惕同质化。

据我了解，叙事类播客节目也存在同质化问题。

播客的资深用户可以看看苹果、Spotify、Stitcher 等聚合型播客平台的热门排行榜，并就《慢燃》、《广播实验室》（Radiolab）、《连环案件》（Serial）、《传说》（Lore）和《我最喜爱的谋杀案》这些节目之间存在的差异性各抒己见。我曾做过这样一个研究，让一些非忠实播客用户收听热门播客的节选内容。对他们来说，这些节目听起来都很类似。不是说这些节目有什么问题，因为我与数百万听众都在听，也喜欢它们的内容。但这个世界上还需要多少山寨版的罗曼·马尔斯（Roman Mars）或萨拉·凯尼格（Sarah Koenig）[①]？从新生播客的情况来看，似乎创作者们还认为这样的需求不小。事实上，我们在研究过程中发现，资深听众会觉得不同播客之间只有一些细微差异，总体听起来其实都差不多。而对许多潜在听众而言，热门播客之间存在的区别就如巧克力块、巧克力片、巧克力软糖、摩卡巧克力之间的区别。

那么问题来了，如果你不喜欢巧克力怎么办？如果你对巧克力过敏呢？

许多人喜欢模仿别人的播客风格和审美观，以为这是通往成功的捷径。

提示：不是这样的。

在一个纷繁复杂并快速发展的领域中获取成功的秘诀是，要与众不同，做独一无二的自己，拥有绝对精准与清晰的目标。模仿或许是出于发自内心的欣赏，但听起来真的很无聊。

为什么会有同质化的现象呢？因为这样比较简单，人云亦云最省力。

在这个播客的黄金时代，新出炉的节目数量如此之多，鼓舞人心的想法和激动人心的声音层出不穷。然而与此同时，太多的节目听起来千篇一律。更糟糕的是，有的节目听起来缺乏重点、随意发散、无聊透顶。

能不能有一些创新？确实很难，但也没有大多数人以为的那么难。这就是我

[①] 罗曼·马尔斯和萨拉·凯尼格都是美国著名播客制作人。——译者注。

写本书的出发点，可能也是你阅读本书的原因。

想要踏上原创和创新的道路，创作出能实现自己愿景的、举世无双的节目，总的来说可以归结为 3 点：想法和故事、角色、立场。说得再具体一点就是：

- 不可抗拒的想法和故事。
- 引人注目的角色。
- 独一无二的立场。

无论节目形态、格式或风格如何变化，到目前为止，我深入观察过的每一档成功的播客节目，都在这三条原则上有所体现，无一例外。你也可以尝试用这三条原则指导自己的节目，它们一定会帮助你的播客逐渐走向成功。

不可抗拒的想法和故事

一天晚上，我的朋友希瑟（Heather）和她的两个朋友突然决定要创办一档播客（其中一位想学习音频编辑），并给它取名为《威士忌猫》（*Whiskey Cats*）。他们的创作理念极其简单清晰。他们将麦克风插到电脑上，开始录音。接着他们会开一整瓶威士忌，边喝酒边点评这瓶威士忌……慢慢喝到微醺。就是这样。

在《威士忌猫》第二季中（是的，有第二季），他们甚至还在录音时加入调制威士忌鸡尾酒的环节。

他们的许多听众（是的，确实有一批听众——数量不多，但也比你想象的多）鼓励他们拓展话题范围，再聊点别的事。为什么不呢？他们很有人格魅力，说话很有意思。听众希望他们能聊聊电影或电视节目，还有新闻、明星方面的话题。或者在节目里也品一下龙舌兰和葡萄酒？

不。他们对其他话题不感兴趣，只想专注于自己热爱的东西——威士忌。

这里的经验是，无论什么节目都要有个明确的主题，最好是与一些容易引起共鸣或令人无法抗拒的事物有关，并阐明一个清晰而动人的愿景。做到极致的好节目会坚守最初的愿景。

希瑟和她的朋友们拥有的不仅是一档播客，还是一个有关某些特定事物的播客，所以它才引起了足够强大的共鸣，让我们直到今天都能谈论它。

不可抗拒的想法和故事可以是多种多样的，既可以是日常发生的事，也可以是一系列过去的事件，可以是一个问题或一条建议，也可以是一些与人利害攸关的事情。这些想法和故事都可以通过对话或讲述的形式来传达。

在第 2 章中，我们会花时间练习，帮你构思出生动、独特、定位很高的概念。这个概念越高越好。

人们经常混淆"高概念"和"高品位"这两个词。"高概念"指的是一个不可抗拒的想法，清晰而直截了当。它易于沟通，任何听到这个想法的人都能立刻明白它的含义。高概念是独一无二、全世界绝无仅有的。高概念的想法中不存在模糊性。

与此同时，"高品位"代表着稀有性、知识性、优越感和些许的自以为是。许多高概念的项目并不高级。电影《航班蛇患》（*Snake on a Plane*）就是一个达到高概念极致的例子，《美国搞笑家庭录影集锦秀》（*America's Funniest Home Videos*）也是一档高概念的电视节目。但这些都不符合大多数人对"高品位"的定义。

要使一个想法或故事引人注目，它就必须聚焦于一些具体的事物，创作者必须给听众一个明确的理由，让他们倾听这个故事并投入其中。

所有的听众都是"自恋狂"。为什么呢？因为时间是属于他们的，除了满足自己和享受以外，听播客没有其他任何目的。听众不会因为知道故事、认识角色或了解情境对自己有好处就去听，也不会因为没有更好的事可做而听。对听众而言，每分每秒的投入都要有回报。在一个充满无数娱乐节目选择的世界里，我们必须让听众在很短的时间内了解节目里有什么、跟他们有什么关系。了解这些的过程越费力，你的听众就越少。

我经常会遇到一些想要保留一份神秘感的创作者，他们想给听众留一个待解开的谜题。这个想法虽然很浪漫，却很少奏效。事实上，除非你已经与听众建立了信任，并且多次兑现了节目里的承诺，否则很少有听众会坚持花很长时间去揣摩一个深奥的想法。

你可以把一个故事①想象成一座黑暗森林。黑暗森林可能是一个可怕的、令人畏惧的地方。这里充满着超乎想象的可能性，你不知道有什么。你的脑海中会飞快闪过最坏的可能性，仿佛它们一定会发生。在离你 3 米的地方可能有一个邪恶的掠夺者、一只愤怒的熊，或是一个深达百米的悬崖。至于那里究竟有什么，你一无所知。音频故事也是如此，它们像一个个未知的洞穴，深入探索下去，你会遇见各种人、信息、想法，会产生各种不同的可能性和结果。

因此，人们要么小心翼翼地前进着，要么干脆原地不动，摸索和确定每件事的重要性。

你，作为一个用音频讲故事的人，负责引导听众穿过黑暗森林中那个可怕而未知的迷宫。你拿着手电筒，照亮一条道路。明亮的光线降低了听众被各种事物分心的可能性，于是他们可以放心地继续前进，只关注你用光照亮的细节。

一位优秀的音频故事讲述者会带领听众走完 85% 的旅程，余下的路让他们自己完成。这时，听众已经达到了一个舒适的旅行状态，对当下发生的事情有了

---

① 它可以是一个完整叙述的故事、一个想法，甚至是通过谈话或采访而对某人思想的一瞥。

更好的判断，如果最后那几步是他们自己走的，就会产生一种自己找到目的地的兴奋感。这里有一个关键，就是留给听众自主探索的时刻一定要接近旅程的终点，而不是起点。

如果想知道为什么一开始就要有一个明确而引人注目的方向，就想想你的听众在听节目的时候都在做什么。他们可能在洗衣服、坐地铁、锻炼身体、洗碗、遛狗。播客是所谓的陪伴型媒体，也就是说，它是你在做其他事情时听的东西，为的是给枯燥的日常活动加点佐料。

当然，有些听众会停下手头的所有事，正襟危坐、闭上双眼，一心一意听你的节目。但这么做的人屈指可数，这不是常见的行为，所以不需要太在意。

你所做的一切都需要建立在99%听众的收听习惯上，他们都是被动收听者。不是说节目必须做得简单化，只是我们需要给人们一个清晰明确的理由去收听。

如果你有一个不可抗拒的想法和故事，并能把它讲得很好，你的听众就会想听接下来发生的事情。当他们读到某一集的简介时，就会很期待听到你对那个话题的看法。

接下来，我们要谈谈承担这些不可抗拒的想法和故事的主要载体——引人注目的角色。

引人注目的角色

迈克尔·夏邦（Michael Chabon）的《卡瓦利与克雷的神奇冒险》（*The Amazing Adventures of Kavalier & Clay*）是我最喜欢的小说之一。第一次读完这本书后，我极力向妻子推荐了它。最后，可能更多是出于让我闭嘴的缘故，她在假期里开始读这本书。一开始，她读得很吃力，但最后她完全沉浸于其中，整个假期基本上就是我看着她在读书。当她读到小说结尾时，我们要去参加一次预定的科罗拉多河漂流旅行。她带着这本书参加了漂流活动，在我们沿着一个深邃的峡谷前进时，她读完了最后几页。旅行中的其他人无一例外在欣赏自然美景，偶尔会瞥一眼这个把头埋在 700 页厚书中的女人。

她在读完书的那一刻，抬头看着我，泪流满面。

"怎么了？"我问道。

"我只是不希望故事就这么结束。"她回答。

当我问她为什么哭时，她说她喜欢上了小说里的主角，而读完这本书对她来说就像是接受他们的死亡。她之所以哭，是因为觉得自己再也没有机会和小说里的角色在一起了。她在一种持续性的沮丧中度过了那天剩下的时间。我觉得，她是在为小说里的那些角色"哀悼"。

我提到这件事，是因为它为我树立了一个关于角色重要性的标准。播客节目获得成功的一个关键因素，是让听众与节目中的角色产生深入的连接。并不是说每个角色都需要有亲和力并能吸引听众，但是必须有一些情感上的锚点，让听众对某个角色有兴趣，与之产生联系，并愿意在此基础上持续投入。他们会（偶尔）牺牲生活里其他的活动时间，只是为了听这些人说话，了解他们、加深情感，然后有所收获。

虽然这个理念很明显更适用于叙事类播客，但引人注目的角色也可以是任何类型节目中的任何人。这个角色可以是播客主播，也可以是嘉宾、访谈对象、涉及的人物等。

无论是讲非虚构性故事的播客还是对话访谈类的播客，就播客中存在的角色而言，其基本要素与小说、戏剧或电影里的角色没有什么不同。在一部小说中，角色往往比情节更重要。在音频节目中，角色就是你所探讨的想法或主题的化身。

就像在小说、戏剧或电影里一样，角色都是有动机和欲求的。他们有非常想得到的东西，为此愿意走出自己的舒适区去冒险，不遗余力地追求梦想。或许，在播客节目中，角色也是在进行一段叙事之旅，或是引导听众经历一段故事。像《美国生活》或《快速判断》（Snap Judgment）这样的叙事类播客，就会引导我们通过他人的眼睛看世界。

在一场采访或谈话中，主人公甚至不需要离开自己的麦克风就能展开一场华丽的冒险。在这些情况下，那些引人注目的角色经常试图了解一个想法、认识一个人，或是从他们的角度理解他们的故事。播客主播或采访者有一个特点，我喜欢称其为"饥饿代理"。他们为听众的好奇心代言，不知疲倦地探索着话题，推动谈话不断深入。

就像小说、戏剧或电影中的角色一样，音频节目中的角色也会发生无法与观众产生连接的情况。

播客的概念或创意有一个常见弱点，就是故事的关注点太怪异。一些播客创作者迷恋古怪或神秘的角色，却无法使这些角色具有亲和力和吸引力。在这些故事或谈话中，我们最终看到的角色往往是平面化的。这些角色缺少变化，也从不展示任何有趣或让人惊讶的特质。

还有一个常见的错误，就是播客的主播、嘉宾和其他角色放了太多的心思在博取听众的喜爱上。其实，听众不需要喜爱这些角色，听众最需要的是理解角色。具有讽刺意味的是，过于努力地想博得听众的喜爱，反而会把听众推到相反的方向。表现得太殷勤，反而会形成一种阻碍，把听众赶跑。

不过总体来看，失败角色最常见的问题是缺乏真实感。一个平面化的、可预测的、平庸的、老套的角色注定失败。这也适用于本身就是角色的播客主播。我听过这样一种说法，你可以因为一个人的态度去聘用他，然后再培养他的技能。

我发现，这种说法在广播和播客领域中尤其正确。你可以教会一个人如何读稿和对着麦克风讲话，或是培训一个人使用 Pro Tools 和其他编辑软件，却无法教会一个人做自己。你不能通过培训来让一个人拥有精彩的经历，也无法让这个人终日伪装成有趣而富有魅力的样子。

这就要讲到我笃信的第三点——独一无二的立场。

独一无二的立场

这个世界是这样的：往往就在你认为自己无所不知的时候，生活会证明给你看，其实你一无所知。

2013 年我曾遇到一件事，直到现在，这件事仍然几乎每天都在影响我对播客的思考。而这都要归功于朋克乐队 MxPx 的主唱迈克·赫雷拉（Mike Herrera）。这件事与他的音乐无关，而与他的播客有关。那时，我一直听到有人谈论一档节目："这节目真是太赞了。""对话很激烈也很深入。""这节目定义了什么是真实。"诸如此类。所以我搜了一下这个播客的信息，当时，它在 iTunes 的新节目精选榜单上处于前列，在最受欢迎播客榜单上的排名也在不断上升，获得了很高的收听率和数百条充满褒扬的评论。

我简直不敢相信自己听到的这些话。我说的不是那种褒义的"我不敢相信"，因为这个节目听起来很……不像个节目。它的形式松散而随意，几乎是漫无边际的交谈。迈克会简单地介绍他的嘉宾，然后他们就开始闲聊。它就这样开始，然后继续，没有明确的方向和目的。

我一直在思考这个播客节目，甚至有点走火入魔。我不断地问自己："为什么这么多人认为这个节目很好？是我错过了什么吗？它的制作是如此简单、如此业余，不就是两个人在说笑嘛！怎么就成了《新鲜空气》(*Fresh Air*)和《全球财富》(*Planet Money*)的有力竞争者？"

那时我才意识到，问题不是出在迈克的播客节目上，而是出在我对"好"的标准的理解上。

播客实际上是把两种区别很大的音频收听体验整合在了一个平台上，创造了某种一开始并不明显的体验区别。一种体验是专业化的、制作精良的播客，另一种就像迈克所做的小众播客。

大多数人在谈论播客这个媒体形式时，很快会想到那些专业化的、制作精良的播客——《99%隐形》(*99% Invisible*)、《广播实验室》、《狗屎镇》(*S-Town*)、《TED广播时间》(*TED Radio Hour*)。这些节目有充足的预算和数量庞大的工作人员，往往能花上好几个星期对每一分钟的音频进行编辑和细节优化。在播客领域，这些节目就像是齐柏林飞艇（Led Zeppelin）、披头士（Beatles）和碧昂斯（Beyoncé）这样的大腕。

然后就是小众播客。虽然这些节目可能缺乏相对庞大的听众和下载量，却有一种令人难以置信的力量，值得我们理解和尊重。

小众播客往往对那些专业化的、制作精良的播客不屑一顾，因为在其他平台，如调频广播上也能听到这些大型节目。小众播客创作者认为，由于这些大型节目不是播客平台原生的或专属的，它们不能算作纯粹的播客。有意思的是，他们考虑的元素不仅仅是发行平台。对这群创作者来说，小众播客的纯粹性还包括围绕节目建立起来的社群。

我经常把这些小众播客称为部落，因为它们是为某一个兴趣社群发声的。这些播客是针对小众群体量身定制的，且受众往往是经过细分的超级小众群体。你能想到的任何一个有人感兴趣的话题，几乎都能找到一档播客节目与之匹配。觉得太夸张吗？去搜一下吧，你会大吃一惊。现在还有专注于探讨性格的播客。

小众播客的存在与发展，给了迈克·赫雷拉施展才华的空间。一群人，而且是相当数量的一群人，都想听他表达的观点以及他和他人之间的谈话。对迈克的听众来说，节目是否具有一个固定模式、结构或其他现代广播和音频节目通常拥有的特征并不重要，因为这不是他们的收听目的。节目的连贯性（所有听众都暗自渴望的东西）来自其他方面。事实上，迈克只是在他的播客上说话，但听众对这一点完全没有意见，因为吸引他们的是节目所提供的独特视角——它自己的立场。

播客需要具备独一无二的立场。换言之，一档播客应当具有一些独特的、真实的观点，让听众能够感受到它的思想和真诚。把握立场这一点在专业和小众的播客上都适用，只是体现出来的形式不同。对《快速判断》和《存在》（*On Being*）这一类专业节目来说，虽然听众也能在其他平台（主要是广播）上听到，但节目仍然需要做到适合播客领域。主播的语气、他们与听众交谈的方式、叙事的框架，都需要听起来像播客节目——即使这不是节目创作人员的初衷。太多广播公司艳羡许多在公共广播平台上架的播客产品可以取得成功，并错误地认为任何电台广播节目都可以做到跟播客一样。于是在他们推出的节目里，主播们对着麦克风高谈阔论，点评和预测节目播出前后发生的事情，或者是影射一些内幕消息，发布一些听上去有排他性的内容。这一切都像录好的电台广播节目，而不像播客。两者的区别就在于有没有独特的立场。

一档播客所拥有的立场，就像对听众的一份承诺：这是我们要做的事，它将始终保持真实，并与这档节目融为一体。创作者们坚持这种立场，认定它是神圣不可侵犯的，而这种信守承诺的态度展现了他们对听众的尊重。

接下来，我要讲一个关于理解播客立场的故事，因为我想告诉你，如果创作者违背了在立场上与听众达成的共识，将会发生什么情况。

2010 年，我在 NPR 的几位朋友创办了一档名为《流行文化欢乐时光》（*Pop Culture Happy Hour*）的播客，这是一个每周一次的小组讨论，话题涉及流行文化领域的新动向，由一群常驻主播共同主持。其中一位主播琳达·霍姆斯（Linda Holmes）喜欢跟大家说，《流行文化欢乐时光》是 NPR 在没有开会以及没有高管要求的情况下开展的一个项目。这点确实不错，因为如果要开会决定，没有一个负责人会同意做这档节目。四位主播都没有太多在话筒面前发言的经验，更不用说主持节目了。这档节目里的谈话很轻松，有时大家聊得天马行空。一开始，他们的声音听上去不太自然，好像对自己和自己所做的事情没有什么把握（事实如此）。不过随着时间的推移，他们找到了属于自己的立场。最初的几年里，在每周的节目中，四位主播逐渐学会了如何与彼此和听众交谈。他们在节目里开发出了各自的角色和特点。他们很享受探讨一些想法的过程，经常会反复讨论，直到这些想法确定下来，成为一个固定的专题。他们组建了一个团队，成员就是那些经常给节目贡献想法的人，这些人最终成了播客节目的替补成员。琳达自然而然地担任起了主持人的角色，成为团队的领导者。这件事开始真正步入正轨，并同时演变出了另一拨人——观众。

那时候我已经有一段时间没有听《流行文化欢乐时光》了，直到我注意到节目的每月下载量在不断增长，而当时（2014 年秋季播客节目数量增长的第二波浪潮之前），大多数播客节目的月度下载量基本持平。我开始重新听这档节目，并对节目全新的精彩程度感到震惊。主播们在话筒后的表现，从原来的略微尴尬变得轻松自然。

我提出了合作的想法，希望可以找到一种方法，让他们更频繁地出现在电台广播节目中，也想尝试在节目中投入更多精力，看看它能发展到什么程度。

长话短说，在接下来的几个月里，我旁听了他们的录音过程，不断地听节目、做笔记，并为他们聘请了一位制作人，努力让他们在播客体系中和 NPR 内部获得更高的知名度。在很短时间内，节目真的爆红了。我们本有无数种手段来改变这档略显随意的播客，让它变得专业化，但我们决定把精力放在定义这档节目的核心价值上，并坚持行之有效的做法。我们不是要改变《流行文化欢乐时光》，而是要放大它的优势。

大约在合作开始的一年前，《流行文化欢乐时光》的工作人员曾尝试过现场录音。他们来到了华盛顿特区马萨诸塞大道上 NPR 旧办公楼的一楼，找到一个闲置的下沉空间，准备在里面做节目。他们唯一的宣传渠道就是在播客节目中提起这件事。最终录音时，4支话筒摆在一张折叠桌上，很多参与者甚至没有可以坐的地方，下沉空间被100多号人挤满了。

我们决定再试一次，在NPR总部的黑匣子剧场进行一次更大规模的尝试（这次为观众准备了椅子）。短短几分钟内，250张票就全卖光了。后来我们又试了一个更大的场地，不到一分钟800张票又卖光了。到现在，这个节目已经发展得很成功了，在全美各地进行巡回录音，每晚能卖出1 000多张票。所有买票的人都是为了能在现场观摩一档播客节目的录制过程。

这并不是什么罕见的事。现在，以播客的名义来举办现场录制和其他活动是相当常规的操作。这也是播客收入来源中一个很重要的部分，更重要的是，这是一种打造社群以及与观众拉近距离、建立连接的方式。

接下来就要说到《流行文化欢乐时光》这个故事中最有意思的部分。

这个节目已经从录音室里四个好友之间的亲密讨论，变成了经常在千百名观众面前举行的大规模现场录音活动。我们想知道，听众如果在播客平台上听到了这些现场节目会有什么想法。

为了找到答案，我们很快行动起来。

我们做了一个调研，然后很快了解到，这档播客的听众讨厌听这些现场节目。但与此同时，在现场的观众喜欢这档节目。如我所说，门票会即刻售罄，粉丝在节目录制结束后还会排长队，向四位主播欢呼并致敬。但对在播客平台上收听节目的听众而言，它的体验感并不像我们预想的那么好。

在调研中，我们还了解到，听众认为现场录制破坏了节目本身的立场。对他们来说，《流行文化欢乐时光》提供的是一份亲密的体验，就像在酒吧里的一张桌子旁和四位聪明绝顶、见多识广、魅力十足的朋友坐在一起。这样的体验很私密，是"独享"的。

现场录制就与独享没什么关系了。听众感觉节目变得大而无人情味，来自越来越多观众的欢呼声、笑声和掌声破坏了原来的亲密感。而且我敢说，这种形式也侵犯了他们过往在节目上体验到的独有权。

所以，在那个时候，我们基本放弃了将现场录音纳入节目的做法。对成千上万的听众来说，我们节目提供的是一份亲密的、私人的、四对一的体验。而现场录音呢？它对在场的观众来说体验很好，但对更广泛的听众群体来说效果并不好。所以我们决定，最好是保留节目原有的形式。几乎所有资深媒体人都觉得这个决定很愚蠢（好吧，除了我以外），因为这就等于放弃一个高效协同制作节目的机会。而我考虑的是，现场录音会彻彻底底毁掉这个节目。

拥有一个独一无二的立场很重要，几乎跟拥有一个不可抗拒的想法和故事以及引人注目的角色同样重要。但是，如果你从未清晰展现过自己的独特立场，就很难坚持这个独特立场。

接下来，我们就来做一件事——定义你的想法，让它与世界上的所有其他想法都不一样。

MAKE NOISE

第 2 章

10 个关键词和 1 张图，
精准定位你的节目和受众

10 个关键词描述节目

专注是一种强大的能力。

有一次，美国新罕布什尔州公共广播电台的首席执行官邀请我去参观她的电台。电台里的一群员工已经花了 10 个月尝试开发一档新的播客节目，但进度有点卡壳。他们试播了一些片段和几集节目，似乎也没有引起什么关注，项目没有任何进展。他们花了很多时间纠缠于细节——关于节目片段或节目立场的细节。工作人员会反复讨论哪个故事更适合用在他们的播客里。

我到的那天早上，我要求每个人都拿出一张纸，在上面写下最多 10 个关键词介绍他们手头正在做的节目。我希望他们写下的词能展现出节目的精髓和亮点，而不是泛泛而谈。这个任务比你想象的要难得多。阅读 10 个词只需要 3 秒钟，但写出来则需要很长的时间，或者说应该花很长的时间。

团队成员大约花了 5 分钟就完成了初稿。他们把写下的词大声读出来，然后马上意识到为什么他们在新项目上遇到了如此大的困难。每个人写下的 10 个关键词都是完全不一样的，也就是说大家对这档节目有着不同的愿景和想法。这样看来，团队里的 4 个人其实是在制作 4 档不同的播客。

这档播客最终命名为《由外向内》(*Outside/In*)。根据团队成员的说法，这个节目会涉及很多话题，包括环境、动物、植物、户外娱乐和新闻（尽管一位成员认为这个节目绝对不属于新闻类）；大家还提到很多关于水的事——人们在水里做什么、用水做什么、对水做了什么；这个节目也会探讨政策问题，讨论气候变化带来的影响，还有关于人类的问题，诸如此类。看到这里，你应该明白他们为何那么长时间都没有进展了吧。

所以，我请大家把之前写下来的词放在一边，然后试着一起重新写下 10 个关键词来描述这个节目。这一次，整个过程花了近 2 小时。为什么这件事很重要？因为在创造中保持专注很关键。

格雷戈·麦吉沃恩 (Greg McKeown)[①] 在他那本发人深省的《精要主义》(*Essentialism*) 中，展示了专注的重要性（图 2-1）。

图中两个圆圈包含的精力是相同的。在左边的圆圈里，精力向各个方向分散。在右边的圆圈里，所有的精力都聚焦在一个方向上。正如你所看到的，右边圆圈里的精力可以到达更远的地方。实现愿景的关键亦是如此。

前文中团队成员浓缩在 10 个关键词里的期望和想法就是他们的精力。想象一下，如果他们能够达成一个共识，可以干出一番怎样的事业。

[①] 格雷戈·麦吉沃恩被誉为"21 世纪的史蒂芬·柯维 (Stephen Covey)"。作为一名精要主义的提出者、倡导者和领导者，他致力于帮助个人和企业摒弃琐碎、直抵精要，他的客户包括 Apple、Google、Pixar、Adobe 等多家世界知名公司。在《精要主义》一书中，麦吉沃恩阐述精要主义者的思维模式，并将这种模式转化为一种系统化的程序，以帮助读者在当下这个过度互联、选择呈指数级增长的时代，成就有意义、有目的的人生。该书中文简体字版已由湛庐策划，浙江人民出版社 2016 年出版。——编者注

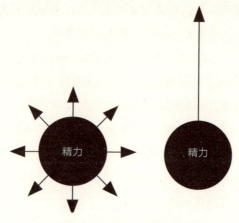

图 2-1　精力的分散与聚焦

　　稍后，我将请你写出属于自己的 10 个关键词——用不超过 10 个词语来描述你的某个想法，而且要让它有别于世界上的其他事物。无论你拥有的是一档成熟的播客节目，还是只有一个创意，你会发现自己和许多人一样，完成这件事要比想象中更难。

　　值得一提的是，基于你现有的职业身份以及你作为一名播客创作者的经验，你既有可能认为本章和下一章的顺序安排很合理（下一章的主题是播客制作的形态），也有可能会觉得这两章的顺序应该倒过来。这也许是本书中为数不多会让读者产生分歧的地方，因为不同的人对播客的接触程度不同，大家对信息的需求顺序也就有所不同。如果这种排序对你来说有帮助，那很好。如果你暂时还不是很理解，或许最好的办法就是耐心阅读接下来的两章内容，读完后加以思考，再以对你自己和你的节目最有利的方式去运用这些知识。

　　我开发电台节目和播客节目已经有很长一段时间了。在开研讨会时，我经常与那些从事音频节目工作不是很久的人聊天。我强调这一点的原因是，多年来，我目睹很多人（包括我自己）投入了大量的时间、金钱和精力在那些不可能成功的想法上。他们注定失败的主要原因，就是他们对自己做的事情缺少清楚的认知，从某种程度上来说，这也是他们唯一的问题。"10 个关键词法"就是建立清晰认知的第一步。

以我过去所做的一些节目为例。

《问我下一题》：1 小时的谜题、文字游戏和知识问答。

《科克西部》(West Cork)：悬而未决的谋杀案，爱尔兰乡村小镇的内幕。

《无形之物》：讲述影响人类行为的无形力量。

《真诚的 X》(Sincerely, X)：匿名的 TED 演讲。

《TED 广播时间》：迷人的想法，惊人的发明，老问题新解答，新的思考和创造方法。

电台节目和播客节目并不是唯一达到这种高专注程度的媒体形式。在第 1 章中，我曾把电影《航班蛇患》作为一个高概念作品的例子。这部电影的核心直接体现在它的片名里。就这么简单，4 个词，只需要一次呼吸的时间就能说出整部影片的内容，你需要知道的一切——电影里发生的所有事都集中在这 4 个词里。

还有更好的例子吗？《鲨卷风》(Sharknado)。你需要知道的关于这部电影的所有内容，只用一个词就能描述。它太有说服力了，连电影的宣传语都只是"无须多言！"。

而制作《由外向内》这档节目的几个人呢？写关键词的任务对他们来说真的很难。他们想避免使用"环境"这个词，因为它本身带有一定的政治色彩。他们试图将"户外"这个词夹杂在里面，但感觉太疏离了，好像节目发生在与听众无关的地方。"讲故事"这个表述也是他们一直想加进来的，但这个词看上去太普通了，也不是很具体。

经过一上午的争论，他们最后决定用它：《由外向内》—— 一档关于自然和如何利用自然的节目。

对他们来说，这句话抓到了节目的精髓，并让他们可以不做他们不想做的事。从环保主义者到运动爱好者，再到猎鸭人，很多人都能从这样的描述中看到自己。它既具有包容性，又不牺牲特性。这个定位成功了。

那么，现在你手头已经有了一些例子，我想让你也尝试罗列出属于你自己的10 个关键词。在此之前，我还要说一个前提。下面是一张词语列表，你不能用其中任何一个词。我称它为"埃里克的禁忌词"（表 2-1）。

表 2-1　埃里克的禁忌词

美丽	好奇	不可思议	精彩
吃惊	多样	深入	震惊
敬畏	非凡	可爱	卓越
惊人	壮观	杰出	深思熟虑
最佳	梦幻	优秀	伟大
辉煌	迷人	显著	难以置信
经典	新鲜	引人入胜	独特
引人注目	优秀	敏感	世界级

我第一次列出这张禁忌词表是在 2003 年，那时我刚读完托比·扬（Toby Young）的回忆录《如何众叛友离》（*How to Lose Friends and Alienate People*）。书中，他提到格雷顿·卡特（Graydon Carter）有一张包含了 147 个不允许出现在《名利场》（*Vanity Fair*）杂志上的单词清单。卡特认为这些词都是"空洞的修饰语"，因为它们被过度使用到丧失了任何实际的、具体的含义。有一天，我读完那本书后听广播，听到播音员在描述一首勃拉姆斯协奏曲、一艘固特异飞船以及助人为乐时的感觉，甚至是天气时，都使用了同一个修饰词——"美丽"，而且这一切就发生在几分钟内。我心想："这些事物有什么共同点吗？"

没有。它们没有任何共同点，除了都用了那个愚蠢又简单的词来修饰。于是，我根据卡特的想法开始列自己的禁忌词表，写下的第一个词就是"美丽"。①

---

① 如果你特别聪明并善于观察，可能已经发现在我分享的几个例子里，本身就包含了一些类似的禁忌词（比如《TED 广播时间》的简介中使用了"迷人"）。这些年来，这张禁忌词表还在不断更新，偶尔会有新词加入。实际上，在本书的编辑过程中，我在与我的编辑交谈后还加入了"新鲜"这个词。书中有些运用了 10 个关键词法的例子是在某些词还未被添加到这张表中时写下来的。

我要跟你说一个简单的诀窍：当你发现自己想用其中某个词时，在用之前，先问自己为什么。它为什么美丽？它为什么迷人？它为什么壮观？你的"为什么"指向的答案就是你要找的独特描述词，请用那个词来代替（我要提前向你道歉，因为要回答为什么，必定会比空洞的修饰语多用几个字）。

现在轮到你了。请在下面的横线上写下关于你的节目或节目理念的 10 个关键词，让它有别于世界上的其他事物。

_____　　_____　　_____　　_____　　_____

_____　　_____　　_____　　_____　　_____

当然，我不知道你刚才在横线上写了什么。如果我知道，那就怪了。尽管如此，我还是可以告诉你一点：你写得还不够具体。

在多年来与创作者进行这项练习的过程中，我遇到的每一个人，都在想方设法找 10 个关键词来尽可能面面俱到地展示他们的想法。这也很正常，想要具体化是很难的。想要用简单明了的语言来定义一件事物，并让一个陌生人轻松理解，就更难了。

另一个在这项练习里经常出现的问题是滥用专业术语。有一次，我为一群正在学习一门播客课程的新闻系研究生做演讲，我要求他们写出关于自己节目创意的 10 个关键词。到了分享环节，一位年轻的女士用"关注交叉性女权主义问题"来描述自己的节目。我先表扬了她只用了寥寥数字来进行描述，接着提问："你认为这个播客节目的受众是谁？"

她回答："基本上是任何人。"

我又问她："是否每个人都知道'交叉性女权主义'的意思呢？"

她回答："应该吧……我觉得是的。"

于是，我请班级里了解"交叉性女权主义"含义的同学举手，大约只有三分之一的人举了手，而且没有一个男性。

我承认，当时的我也不知道这个词是什么意思。我问其中一位举手的女士，这个词对她来说意味着什么。

这位女士回答："这个词指的是非白人女性的女权主义。"

我又询问那位想做这个节目的女士，这个说法是否符合她的定义。

她回答道："差不多……但也不完全是这个意思。"

我给她的建议是，如果想让这个节目发展得更顺利，她需要做一个选择：要么使用大家都能理解的词，要么改变她对受众的设定。经过一番思考，她决定改变对受众的设定。她和她的主播搭档更想吸引那些已经知道什么是"交叉性女权主义"的听众，她认为这是节目听众的一个重要切入点。当然，她也可以选择另一条路，那样会更轻松，但最终呈现出来的会是一档截然不同的播客。如果她选择改变对受众的设定，就可能会拥有一批具备理解能力、知识储备和同情心的听众。他们对这个话题感兴趣，也有自己的见解，这些都是普通听众可能不具备的条件。

我还提出，她描述中所用的"关注……问题"有点空洞。什么问题？你对这些问题做了什么？谁在谈论这些问题？他们是如何谈论这些问题的？这是一个访谈节目吗？是同事、朋友还是敌人之间的对话？节目具有新闻性吗？会对问题进行分析吗？是想令听众感到惊讶，还是只想产生娱乐效果？节目里的各位来宾会达成共识还是会有冲突？主持和嘉宾阵容每集都会有变化吗？理论上，这些问题应该在"交叉性女权主义"之外剩下的关键词中得到解答。

通常情况下，当你找到了一个切入点并能对其定义时，你就找到了节目的与众不同之处。

下面是我以前开研讨会时遇到的一些案例。

有位女士曾这样介绍自己的节目："原始数据。一档关于硅谷如何改变人类与社会之间关系的节目。"

我问她："是如何改变的？"

接着我们谈到，大多数人没有意识到，一个人的历史网络数据可以暴露他大量的隐私。尽管这个话题在其他媒体平台上已经被讨论过很多次，但对我和参加研讨会的其他人来说它还是很有趣的，也更具体。

经过斟酌，她把节目简介改为"原始数据：历史网络数据如何揭示一个人的真实自我"。虽然我觉得这个说法还是不算特别吸引人，但至少它够具体，有望让节目变得更有意思。

另一位学生也提出要分享她的 10 个关键词。她的想法可以归纳为"小白兔故事时间：我在旅行中遇到的陌生人和他们讲的故事"。当我希望了解更多细节时，那位学生分享道，她将与一些陌生人见面，并用诸如"告诉我你买的第一张唱片是什么"这类问题引导他们讲述一个关于音乐的故事。她已经录制了几集节目，也对许多嘉宾的回答很满意，他们在讲述音乐作品背后故事的同时，也展示了自己的生活和过往的人生旅途。

这时，这档节目听起来更有趣了。我建议她把关键词改为"用音乐记忆来解锁一个人"。

我记得在我提出这个建议后，她深吸了一口气，向后舒展了一下肩膀，露出了微笑。就是这几个词，对她来说，显然这样的说法更合适。

她发现原来自己想得还不够深入。

你也一样。

我希望你再试一次，尽量做到准确和具体，避免笼统的表述。

——— — ——— — ——— — ——— — ——— —

——— — ——— — ——— — ——— — ——— —

就像我确信你第一次的描述太模糊一样，我确信这次你会写得更好。恭喜你，虽然这可能不是最终版本，但它会更接近最终版本。建议你在接下来的几小时里，再稍微琢磨一下，看看能否进一步完善这份简介。

做完这次练习之后，你可能会想：为什么写节目简介这么重要呢？因为一旦你写完了简介，这 10 个关键词将成为你的行动指南。比如，你正在构思一档播客节目，主题是孩子们谈论自己最喜欢的书，听众唯一能听到的声音就是来自孩子们的。那么，假设有人提议你邀请 R. L. 斯泰恩（R. L. Stine）来当嘉宾，并在节目里采访他，你认为这样做符合节目主题吗？很明显，不符合。那么，你应该如何对待这条建议就很明确了。

再举个例子，你的播客讲述了 20 世纪 90 年代的一支冠军球队以及他们在赛季夺冠后发生的事情，那么你是否应该在某一集里，介绍他们比赛所在的体育场馆历史呢？如果这些历史与球队夺冠后的生活有某种隐喻关系，那当然很好！如果没有，那么你该放弃这个打算——即使场馆本身有个不错的故事。

你喜欢的播客和电台节目大多没有做过这种推敲关键词的练习，但这并不代表它们的制作者没有这种目标意识。艾拉·格拉斯（Ira Glass）从来没想过要为《美国生活》写一份简短的介绍，但他在 600 多集节目的每一集开头都会说："每周我们的节目都有一个主题，我们会围绕这个主题讲几个故事。第一个故事是……"乔·罗根（Joe Rogan）也没有写过 10 个关键词，但他对自己的节目定位是什么，应该谈论什么类型的话题、邀请什么类型的嘉宾，都有明确的目的、视角和愿景。

艾拉和乔都花了好几年时间才提出明确的节目制作愿景。这也是一种方法，然而大多数人，可能包括你在内，没有足够时间或资源来慢慢弄清楚自己的愿景，特别是在一个拥有超过 70 万档播客节目的激烈竞争环境里。你最喜欢的节目可能是通过大量的试错来明确制作愿景的，但你为什么不试着跳过所有的试错，从一开始就有一个明确的想法呢？虽然写下 10 个关键词不能保证你会做出一档成功的播客，但肯定会增加你成功的概率，还能提前显露出一些可能会阻碍节目发展的绊脚石。

你的 10 个关键词要能体现你的节目愿景，它是对你的创造性价值的清晰提炼。它应该被视为神圣的经文，也是你的目标。它就像一台过滤器，所以内容都必须通过它的考验。它也是你的立场，10 个关键词要提炼得准确和精练，就像是你找到了特定的要处，然后紧紧拿捏住它。

请记住这句话："如果你没有立场，你将一事无成。"

一旦你写完了节目关键词，就应该把它用大号字体打印出来，挂在墙上，每天都看一看它。最重要的是，每当要做出一个制作决定时，你都应该扪心自问，这样做是否忠实于自己的初心。比如你正在考虑邀请一位嘉宾，但你们的谈话内容很可能与简介中写的不一致，那就不要邀请这个人。如果你正在创作一个多集叙事系列节目，但不确定是否要包含某一个场景或介绍某一个人物，那就想想你写的关键词，审视一下它是否与之密切相关。

这项练习会迫使你做我们在第 1 章中讨论过的事情——高概念化。当别人听到你的 10 个关键词时，他们可以看见它、感受它、理解它。

"名人访谈"这个说法并不属于高概念。当一位名人在各地宣传时，会接受几十个甚至几百个采访（想想我桌边的理查德·布兰森的照片）。什么东西能让一个普通人从数百人中脱颖而出？这可能很难说。不过，假设采访的对象是一位名人，他谈到了自己以前被拒的经历或初恋的故事，那即使他的曝光率已经很高了，这个节目听起来也会很有趣。

关于节目潜在受众的问题，我们一般要避免一件事——"那又怎样"反应。"那又怎样"反应指的是，当听众偶然听到了你的节目或是读到了你的节目简介，可能会在理解它的同时，有意识或无意识地对自己说："那又怎样？"例如你把节目描述为"与50岁以上的人士谈论如何优雅地老去"，一位潜在听众会对自己说："那又怎样？"然后马上就离开了。这些谈话是为了50岁以上的人准备并能帮他们过上更好生活的，还是为那些想了解父母和祖父母经历的年轻人准备的，或是想为年轻人提供一个窗口，让他们了解今天做出的决定将如何影响未来的生活？这些猜测中可能有的符合创作者初衷，有的不符合，但不同的答案都会让节目最终呈现的效果截然不同。

有时候听众做出的"那又怎样"反应是正常的，你也无须太过在意。比如你正在为喜姆娃娃①收藏者做一档播客（是的，确实有这样一个节目，我查过了），而碰巧一个不喜欢喜姆娃娃的人发现了这个播客，那么这个"那又怎样"就没有关系，因为他不是播客的潜在听众。但反过来说，如果一个喜姆娃娃的忠实粉丝听到了你的节目，却不屑一顾，那就太可惜了。

1 张图寻找受众

我们来思考一下关于听众的问题，想想他们是谁、不是谁，以及他们为什么要听。让我分享一个小练习，虽然它看似有点愚蠢，但是做过这个练习的人都发

---

① 德国最著名的瓷制工艺品之一。——编者注

现它非常有用，也很有启发性，特别是那些创作者。

没有什么比图表和数字更能让一个创意工作者头疼了。把 Excel 放在一个富有创意但对表格外行的人面前，你大概会看到他的眼神逐渐涣散，然而对于一档节目而言，知道你在对谁说话是非常重要的，你可以借助表格和数据，从人口统计学或心理学的角度去分析和讨论这个问题，也可以直接去找一张图片作为辅助工具。

在这个练习中，你要用到图片搜索引擎，输入一些你认为可以描述目标受众特点的词语，然后找到能代表目标受众的一张完美人物图片——图片里的那个人，就是你的听众化身。

"这不可能！"我仿佛能听到你说，"我的听众不能被归为某一个人的一张照片。"

其实，在数百位创意制作人和节目主持人做这项练习的过程中，我从未遇见有人以失败告终。一开始可能会很困难，但你终究会发现那个他或她。在你开始做这个练习之前，我先分享一个相关案例吧。

我在 NPR 工作的最后一段日子里，领导要求我花一些时间思考公共广播的未来，并在 NPR 董事会和 NPR 基金董事会的联合会议上发表看法。当轮到我在会议上发言时，我只放了一张幻灯片—— 一位年轻女子的照片，她正直视着镜头。

那是一张我在网上找到的具有知识共享许可的照片。老实讲，我不知道她是谁，也不知道她的生活是怎样的。我给她取名为劳拉，假设她今年 29 岁，拥有硕士学位，住在芝加哥，在一家公关公司工作，并且从来没有听过公共广播。开会当天，我把这张照片投射在屏幕上，然后把劳拉介绍给双方董事会的成员。

我想说的是，对我而言，这张照片里的劳拉就代表着公共广播的未来。

根据对过去几十年受众的了解，像劳拉这样的人应该会在 30～35 岁逐渐接触公共广播。因为随着年龄增长，他们对新闻和世界上发生的事情越来越感兴趣，然后开始寻找资讯来源。他们也会通过"非主流渠道"——《等等……别告诉我！》(*Wait Wait...Don't Tell Me!*) 或《广播实验室》这类节目接触公共广播，最后在公共广播平台上寻找更多的节目，包括新闻节目。然而，劳拉与广播和其他媒体的关系显然不同以往，她的媒体消费习惯也与以往的人们不同。如果公共广播不在未来几年调整好自己，去适应劳拉以及千千万万像她一样的人，那么这些听众可能会永远流失。如果我们失去了"劳拉"，可能就不会有下一代的公共广播听众，或者至少听众数量会减少。

劳拉——她的背景故事，以及她所代表的公共广播困境，是多年来听众统计数据和听众研究的化身。没有人愿意听我讲这些数据或研究内容，他们很可能听不懂，尤其是在一个简短的会议报告中。但是人可以了解人，一个人的照片可以比任何数据或图表更清楚地体现某个群体或某种情况。即使大家可以理解所有数据，那又如何呢？我们完全可以选择一个化身，借此聚焦精力，去思考哪些是听众需要的，而不是一味试图去理解数据。

你可能和那次会议上初次听到这个方法的许多董事会成员一样，有许多顾虑，很多新手刚开始寻找听众化身时，也会问同样的问题：一个人怎么能代表一群完全不同的听众？听众的年龄可能跨越几十年，每个人都有不同的社会经济背景，来自各行各业，种族、民族和国籍也不一样。怎么能指望用一张照片捕捉到所有特征呢？要明白这个问题的答案，请你先将化身当成一个目的地。如果你为劳拉这个化身做的事情是对的，就是在往正确的目的地前进，那一路上所做的决定、行为和选择，都会使你的播客节目（或其他网络平台）更容易接触到许多与劳拉有关联的人，并为他们带来乐趣。换句话说，如果一件事对劳拉有好处，那就对其他许多人也有好处，甚至对千千万万的人都有好处。

下面是一个很好的例子。我在澳大利亚举办研讨会时，一位制作人告诉我她正在构思一档播客，这个播客会在监狱里录制，讲述被监禁的原住民女性的想法和故事。通过这些信息，你可以假设会有一小部分人对这个主题感兴趣，但要如何提升节目的吸引力呢？于是，这位制作人开始寻找她的听众化身，并找到了一张看起来很快乐、时尚的年轻女子的照片，称她为佐伊。制作人说，佐伊正在去吃早午餐的路上，准备见她同样很优秀的朋友克洛伊和乔茜。为什么这是一个很明智的化身选择？制作人说："如果我可以制作一个节目，让佐伊和她的朋友们关心这些女囚的生活……如果我能够打动她们，让她们理解这些囚犯的经历，我的工作就完成了。"确实，这一愿景如果能在这些对象身上实现，这个节目就能展现真正的影响力，而这位制作人为了能成功触动佐伊（还有克洛伊和乔茜）所做的决定，同样也会吸引到很多其他的人。

现在你可以试试看，在搜索引擎上输入一些文字，然后看看出现的图片上的人。如果结果你不喜欢，就再调整一下文字。不断调整关键词，直到出现一张你觉得能够象征你节目听众化身的图片。

这个练习的灵感由来，是我在广播电台工作时曾经做过好几次的任务。当时（已经过去好几十年了），我们拿到一叠报纸和杂志，按要求梳理上面的照片和广告，寻找我们的目标听众。这不是一个短期内可以完成的任务，所以我们就把照片贴在办公桌上。然后，每当要写文案或是思考问题（是否／如何对听众有益）时，我们就先看一看照片，并自问："这位听众希望了解这个故事或这场对话里的哪些信息？"或是问："我要如何描述这个故事或事件，才能让我的听众更好地理解它？"

一旦你找到了听众化身的照片，就坐下来花时间思考一下：他们是谁？他们的生活是怎样的？正如我为劳拉所做的那样，为他们写一份虚拟的简历，给他们取一个名字，安排一个职业身份和居住的地方。再想象一下更多有关他们生活的细节：他们在工作以外的时间是如何度过的？什么事情占据了他们的思想？他们对什么事情（除了你的播客）具有热情？他们又是如何发现你的节目的？

再进一步，当你有了这份清晰易懂的个人简介后，再看一下照片，问问自己：他们为什么要听我的节目？我的节目在他们的人生中扮演什么样的角色？如果听众的确很享受这个收听过程，那他们可以从我的节目中收获什么？

虽然这项练习的过程听上去有点装模作样，有点像老板喜欢让员工在休息时或是培训会议上做的那种练习，但它的确是一个很有用的方式，能够让你暂时摆脱自己固有的想法和视角，进入听众的角色里。直至今日，我还是经常做这项练习。

在开始写本书的时候，我也做了这项练习。我在网站上搜索"热情开朗的播客创作人"，然后在图库里发现了这些人的照片，我为照片里的每个人写了一段简短的介绍（完全是自己编的），具体请看下文。

这是斯科特（图 2-2），他是一位来自美国费城的体育播客主播，已经在经营一档梦幻体育播客上花了 3 年的时间，正在考虑成立自己的播客公司。

图 2-2　斯科特

这是安娜贝尔（图 2-3），她是一位博物馆策展人，希望创立一档关于 20 世纪 50 ～ 70 年代女性时尚的播客节目。她对自己的创造力很有信心，但从未制作过音频节目。

图 2-3　安娜贝尔

最后一位是阿伦（图 2-4），他拥有新闻学硕士学位，想做一档叙事类播客节目，并期望有一天能加入《美国生活》节目团队工作。

图 2-4　阿伦

在写本书的过程中，我经常会看看斯科特、安娜贝尔和阿伦的照片，并问自己："他们能否理解我在书中谈论的某个特定话题？这段文字对他们来说有帮助吗？我需要用更多的篇幅来作解释吗？他们会觉得无聊吗？他们还会有哪些疑问？"

他们就代表你，他们就是你作为本书读者的化身。每当我请大家分组做这个练习时，我都会请参与者分享让他们找到最终那张照片的关键词（例如我曾用到的"热情开朗的播客创作人")。这样做可以帮助我们避免犯这项练习中的一个常见错误，就是许多播客创作者会使用一些描述自己的关键词来搜索照片，最终这张照片很有可能代表的是他们自身。我认为这个错误非常危险。

并不是说你不能为像你一样的人或和你一样对某个主题感兴趣的人做一档播客，但是你必须非常谨慎，因为假定你的听众都是和你一样的人，是个很危险的行为。

假设你是一档有关旧棒球卡收集的播客节目的主持人，那么认为观众都是和你一样的人似乎很合理——毕竟你们都喜欢老式棒球卡，对吗？但是你必须知道，你肯定要比你的听众更了解这个主题。你制作有关旧棒球卡收集的节目的原因与听众收听这档节目的原因是不同的。

这个例子普遍适用于描述创作者和听众之间的差异。你拥有信息，而听众需要信息；你过着某种生活，而听众想间接体验某种生活；你拥有某种世界观，听众想了解这种世界观；你有一个故事要讲，而听众想听一个吸引人的故事。这不仅是观点上的巨大差异，更是持有不同观点的人本身就属于不同的人群。

还有一个例子——喜剧播客。我问过一些喜剧演员和喜剧播客制作人关于听众的问题，他们会这样回答："你懂的，就是那些来看喜剧演出和喜欢去喜剧俱乐部的人。"事实上，听喜剧播客的主要听众并非这群人。我再说得清楚一点：当然，那些出现在喜剧俱乐部的人有时候也会听喜剧播客，甚至听的就是你的节目，但他们在你的听众里只占少数，所以他们并不是很重要。

那么，喜剧播客的听众究竟是一群什么人呢？尼尔森公司最近发布了一份消费者调研报告，研究了播客听众平时消费的品类。你知道喜剧播客的粉丝是哪个品类的超级消费者吗？

婴儿食品。没错，就是婴儿食品。喜剧播客的粉丝购买婴儿食品的总量比美国普通家庭多14%——价值7.27亿美元。他们的第二大消费品类是什么？茶叶。

这些喜剧播客爱好者特别喜欢买茶叶，每年消费超过 10 亿美元，比美国普通家庭高出 12%。排名第三的消费品类呢？宠物护理用品。

所以，你的喜剧播客粉丝真的是你在喜剧俱乐部里看到的那些人吗？不，恰恰相反，他们是那些没有时间去俱乐部的人。他们买了很多婴儿食品、茶叶和宠物护理用品，因为他们是要照顾家庭的大忙人，是正在养育下一代的喜剧爱好者。他们听喜剧播客，是为了能够不必去俱乐部也可以体验喜剧带来的快乐。这是一群完全不同的人，了解和欣赏这种差异可以帮助你与听众建立真正的连接，而不是完全错过他们，让他们感到你是在与别人交谈。

尼尔森消费者调研报告还提供了另外一个很好的例子：健康与生活类播客。毫不奇怪，健康与生活类播客的听众的第一大消费品类是维生素（他们每年会购买价值 23 亿美元的产品）。但他们的第二大消费品类是什么？酒。健康与生活类播客的听众每年会花费超过 10 亿美元购买各种酒[①]，明显高于美国普通家庭的平均水平。这个数据给我们的启示是，当然会有一群喜欢吃维生素、真的追求健康的听众，但也有一些人一边渴望更好地照顾自己身体，一边在这个过程中享受大都会鸡尾酒。很多健康与生活类播客的听众只是听听而已，这是一群非常不同的听众，和那些真的会在下班后喝杯健康的甘蓝冰沙的人不一样。了解这个信息，将有助于你了解自己的听众在生活中是怎样的，以及你应当如何融入他们的生活。

那么，搜索听众化身的照片这个任务的意义何在？其实是为了帮你树立正确的思维模式和正确的心态，成为一位富有同理心的创作者；为了当你需要做出创作方面的决定时，能考虑到听众，并了解他们是谁、他们为什么会来找你；为了让你学会站在听众的角度思考。

你需要听众，远超过他们需要你。要让听众感受到你在欢迎他们，觉得你只

---

① 奇怪的是，当我与其他人分享这个消息时，大家都会问这个数据是否包括所有含酒精的产品。答案是这个数据不包括葡萄酒和啤酒，但这些听众购买这两种酒的数量也比一般家庭更多。

在与他们对话。他们希望你创建的节目能够培养或丰富他们自身的某一小部分，希望你能帮助他们提升自我。如果你与听众交流的语气是居高临下的，或是听起来像在对其他无关人员说话，那么基本上，你与听众就很难建立连接。

在广播领域有一个惯例，就是让播音员和主持人的每一句话，都要像只对着一个人在说。通过这种方式，节目可以与听众建立连接，让他们在你的节目里找到归属感。这种做法也能展现你的同理心。我认为，在播客节目里，这种一对一的亲密感的重要性几乎是广播的 10 倍。

至于我说的这些关于同理心和亲密感的理论，是否有充足的事实依据，或包含足够科学的元素呢？其实没有。如果不受资源限制的话，有大量的消费者研究公司会乐意拿着你的一大笔钱为你做科学调研——他们可以实现一定程度上的严谨性和确定性。当然，我也是定性和定量受众研究的大力支持者，平时也会在工作中频繁使用这些研究方法，但当你还处在构思节目的早期阶段时，建议你还是通过这个练习，运用一些简单清晰的思维来得出自己的结论。如果做完这项练习你还是茫然失措，那么就算花一大笔钱，也买不到你想要的答案。

现在，我们应该可以达成共识，听众未必是和创作者一模一样的人。即使存在为数不多的和你一样的人，他们的情况也往往比预想的更复杂。

在打印出听众化身的照片，并把它挂在你的工作室里之前（我确实觉得你应该这么做），还有一个问题，希望你能思考一下。

你希望你的节目对听众产生怎样的影响？想让他们思考什么问题？想让他们有什么感受？总的来说，你希望听众在接触你和你的节目后，能够得到什么？在下一章里，我们会具体谈谈这个问题。

请你思考节目的最终效果，这是节目策划过程中的一个重要元素。不管是创作内容还是讲故事，我们为什么要这样做？我之所以特别强调这一点，是因为我发现除非一个人知道终点在哪里，否则他很难规划出一段旅程。对我来说，终点就是对听众的影响。

你不需要将终点直接告诉听众，但对作为创作者的你来说，这确实很重要，不是吗？我的意思是，你想让人们来听你的节目，大多数情况下，衡量你成功与否的指标就是收听数据。但对听众来说，听你的节目并不是旅程的终点，而恰恰是一个开始！他们想要的不仅仅是做日常琐事时的背景音，即使节目内容是轻松有趣的，他们也是带着目的去听的，而你作为一位创作者，要做出相应的规划。

在提到这点时，和我一起工作的记者常常会吓一跳。他们表示，自己的工作是客观报道，他们不想产生任何影响。我认为这个想法很荒谬，每个人都希望自己做的工作能产生影响。有一部分记者的口号就是"安慰受生活折磨的人，折磨生活舒适的人"[1]，这也是在为变革提供催化剂。比如当你在做有关权力滥用的报道时，你会希望激励某些人去阻止这种滥用权力的行为。有关虐待、贪腐的报道也一样，你期望讲述人们周遭的生活故事，以加深听众对他们所属社群的理解。新闻媒体花费数百万美元来报道选举活动，就是希望让选民了解更多的情况。对记者来说，也许他们不适合建议或倡导某种具体行为，但他们工作的意义在于启发大众，以帮助人们有所改变或行动。

为一些业余爱好者制作播客的人可能想激励听众着手他们的下一个项目。喜剧播客希望让人们开心。关于医疗问题或社会焦虑的播客可能想帮助听众认识到，他们并不是一个人在孤军奋战。城市故事节目的创作者可能想让大家更好地了解他们的邻居。《TED 广播时间》的一集早期节目是关于天文学和宇宙学进展的。我记得我们在制作节目时，主持人盖伊·拉兹（Guy Raz）完美地表达了节目期望达到的最终效果："如果我们把这一集做好，听众在晚上抬头的时候，看到的将是不一样的天空。"

大多数播客制作人不会停下来思考这些问题——写简介、确定听众、想清楚自己想通过节目产生什么影响。通常情况下，这也是他们中许多人会失败的原因。

---

[1] 这句话最早由幽默作家芬利·彼得·邓恩（Finley Peter Dunne）提出。

让我们回到本章一开始说的话——专注是一种强大的能力。我之所以如此强调用专注的态度来做节目，是因为它能够避免新手创作者最常犯的错误。他们花了太多时间思考想要创造什么，却很少推敲必要的细节，特别是在与团队合作的时候。此外，新手很少考虑一个想法的受众是谁，也很少思考为什么会有人来听他们的播客。由于缺乏对这些问题的思考，创作者很可能会浪费大量的时间来制作节目，却高估了潜在的听众数量和节目的增长趋势，结果做出完全无效且不切实际的决定。

MAKE NOISE

第 3 章

功能和形式，
新手从这两处着手最轻松

4 点圆圈法

读到这里，或许你已经感受到了，我非常喜欢使用逆向思维法，尤其是在创作媒体内容的时候。我觉得你也可以试试，把目的地作为起点，从那里开始往回走。

如果我们想创造一个引人注目的播客节目，就必须了解想法和故事、角色和立场发挥的作用。解锁这些要素的关键，就是有一份清晰的 10 个关键词列表。那是什么决定了这些关键词呢？是一场关于功能和形式的对话（与你自己或你节目搭档的对话）。对大多数刚接触播客的人来说，要了解什么是功能和形式，首先要回答一些非常基本的问题。而这些问题，对于那些对播客感兴趣但又不太确定从何入手的新人，是一个很好的起点。

以我的瑜伽老师乔（Joe）为例，他是一位很优秀的瑜伽教练，有一种不可思议的能力，在进行大约 40 人的团课时，仍能设法为需要帮助的学员提供一对一指导，而且不打断整堂课的进程。但乔的教学风格才是真正使他与众不同的地方，他提供了一种我称之为"叙事性瑜伽"的教学。他很会讲故事，经常在开始上课时组织学员做一次简短的冥想，分享学员或他自己的故事、他读过的文章，或是一个他一直在思考的问题。这些故事通常像一个寓言，可以引起大家的反思。然后，乔会以此为基础建构课程，让课堂里的瑜伽姿势和练习始终围绕他故事中的核心思想。坦率地说，不是每个主题都能引起我的共鸣，但我真的很欣赏乔组织的冥想练习和他讲的故事，这些环节为大家提供了一个容易理解的学习目标和课堂结构。所以，我总是很期待上乔的瑜伽课，每个星期都会参加两三次。

有天早上上课前，乔走到我的瑜伽垫旁，问我下课后是否可以和他谈一谈。我首先想到的是，自己是否做错了什么动作，所以教练想要和我谈谈。然而，在经过 75 分钟的呼吸练习和伸展动作后，我完全忘记了乔的要求，直到回家后才想起来。于是我发了一封邮件，问他有什么事。

他在回信里写道："我想问你是否愿意花几分钟来和我谈谈播客。"

这件事可能会让你觉得很有意思，因为在很多场合，包括本书的开篇，我都说过"从……到瑜伽教练……都有播客……"这样的话，来强调如今播客无处不在的情况。但我没想到，连我自己的瑜伽教练也在考虑创建一档播客，并且想得到我的帮助。

大约一个星期后，乔和我坐下来聊。他告诉我，他的学员和朋友一直建议他做一档播客。他们觉得乔拥有不错的声音条件（确实如此），而且很擅长讲故事，有很多东西可以分享，播客将是一个可以让他发挥特长的理想平台。乔还跟我说，他想扩展自己的品牌。除了瑜伽教学以外，乔也忙于他的人生导师事业。在瑜伽教练和人生导师的领域中，他已经在当地积攒了一定的名气。他跟我说，虽然目前他对自己的工作和客户都很满意，但总觉得自己可以站在更大的舞台上，提供更多东西，或许播客能成为实现这个目标的手段。然而，乔不具备创作任何媒体节目的经验，不懂得任何制作技巧，也不知道自己具体想做什么，更不清楚要怎么制作播客并把它发布到网络上，让全世界的人都能听见。

第一个方面，我被乔在分享他的雄心壮志时表露出的脆弱所打动，他能提出这些问题并征询我的意见，需要巨大的勇气，也需要对我有相当程度的信任。因为很有可能我会敷衍地告诉他，这种想法是多么天真，甚至还会嘲笑他。但第二个方面，我意识到乔已经拥有了创造一档精彩播客所必备的两个要素——有话要讲，以及对自己要讲的事情充满激情。

而在第三个方面，我慢慢意识到，所有我已有的播客创建方法——10 个关键词，寻找听众化身，与众不同，定义想法和故事、角色及立场，都距离现在的乔太遥远了。他还无法准确定义自己节目独有的 10 个关键词，因为他还不知道自己想做什么，还处在只是想做一档播客的阶段。

如果一个人想创建一档播客节目，能马上投入思考，再写下 10 个关键词，那的确很棒，但大多数人需要从更早的步骤开始。很多人无法在不同的播客形式之间做出选择，因为他们还不了解每种形式的优缺点，以及这些形式将如何呈现出他们的身份、才能，带来怎样的目标受众。

当我坐在那里与乔交谈时，我发现，如果我试图让他使用我的那些方式来练习，只会令他感到困惑和沮丧，可能在这个过程中他还会觉得自己很愚蠢，最终在还没尝试录制任何东西的情况下直接放弃。如你所想，这与我想在一位潜在创作者身上唤起的反应截然相反。因为这就类似于建议一位对跑步刚有兴趣的初学者，第一次就去跑 10 千米一样。

于是，当时我就想出了"4 点圆圈法"。虽然这个方法的设计初衷是帮助新手创作者，但现在我每次和别人谈到播客创建时都会提及它，甚至在与成熟的创作人和媒体公司交流时，我也会使用这个方法。

那时，乔和我进行了另一次谈话，我试图为他想出一个不同的框架。首先，我在纸上画了一个三角形，每个角分别代表了我们在上一章末尾讨论到的"什么"、"谁"和"为什么"，每个角都是一个我需要他回答的问题，这几个问题的答案交织在一起，就可以形成一个潜在播客创意的基础。但当我们实际操作时，我发现会出现 4 个问题，所以在讨论过程中，我将它修改为一个四边形。随着交谈的深入，我开始在四边形的 4 个顶点之间画上弧线，最后画成了一个圆圈——一个有 4 个点的圆圈（图 3-1）。想象一下，一个圆圈上有 4 个等距的点，每个点上的问题都通往下一个答案。

图 3-1　有 4 个点的圆圈

我和乔一边聊，一边画这个圆圈，并在圆圈的每个点上写下一个词，代表我希望乔回答的问题（图 3-2）。

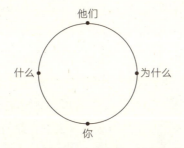

图 3-2　包含 4 个问题的 4 点圆圈法

让我解释一下每个点的含义：

- 你：你是谁？
- 他们：你在和谁说话？
- 什么：你想说什么？
- 为什么：你想对他们产生什么影响？

接下来，我会对每个方面做进一步说明。

你是谁

这里的"你是谁"指的不是"你叫什么名字",而是"你是什么身份"。比如,我是一个播客制作人,也是一个作家、一个签名收藏家、一个父亲、一个电动汽车爱好者,我还有一些其他身份。我希望由哪个身份的自己来主持这档节目呢?乔是一位瑜伽教练、一位人生导师、一位丈夫,也有一些其他身份。乔要在他的播客中展现哪个身份呢?也许,他可以将这些身份组合起来,比如他可以是一位教瑜伽的人生导师,也可以是一位担任人生导师的丈夫,但究竟哪个身份应该占主导地位呢?他必须选出一个最主要的身份。

你在和谁说话

我们不能逃避一个问题——谁是我们的听众?不能直接认为书法播客的听众就是喜欢用笔墨写出漂亮字的人。正如我在第 2 章所说,我们需要将听众具体化,把听众设想为一个有特定生活背景、兴趣和需求的人。

我希望乔在自己的受众中选定一个特定目标。他是想为他的瑜伽学员制作播客吗,还是针对潜在的学员?是想为人生导师项目的客户(当前或潜在的)做节目吗?节目面向的受众是本地人,还是来自全国甚至全球的听众?任何一个不同的答案都会让你制作出一个非常不同的播客。很快,乔把注意力集中在那些可能愿意请他做人生导师的人身上。他不想把自己局限在当地,而是想接触全国范围内的人。即便如此,还是不够具体。他想接触的究竟是谁呢?为那些寻找人生导师的潜在客户创作的播客也可以是截然不同的。比如,你是在和一个想要重新找回生活平衡的人谈话,还是在和一个有意转换职业的人聊天,对象不同,对话内容将完全不同。

你想说什么

现在你知道了自己是谁,也知道了你想接触哪些人,那么问题又来了——你想和他们说什么？你想传递的信息是什么？哪些信息是你想传达给他们，而且对他们来说是有趣或有用的？你不用规划出每一集节目的主题和具体信息，但有没有什么共同的理念和宗旨，是你想在每一集节目中都有所体现的？例如，你创建了一档播客，主题是"生活中的每件事都很奇妙"，这就与以"生活中的每件事都很糟糕"为主题的播客完全不同。请你一定要明确并定义你的观点。

你想对他们产生什么影响

你希望听众听完你的播客后，有什么想法和感受？一档优秀的播客会令人持续回味并产生共鸣与思考。听完节目之后，一个人看到的、听到的、感受到的东西都不一样了。这档节目以某种方式改变了一个人，这也是你作为一名创作者所追求的结果。那么，你希望唤起听众的什么情绪？你希望他们笑、哭，还是生气？

还有什么事情是你希望听众去做的？采取一个行动？写一封信？以不同的方式对待别人？去投票？去收养一只小狗？你的节目不应该仅仅是让听众在叠衣服或遛狗时不那么无聊而已。你要具体阐述在每一集结束后，希望发生什么事情或产生怎样的影响。

我把这 4 个要素按特定的顺序放在圆圈上，这样做的原因有两个。

第一，我认为把"你"放在下面，把"他们"放在上面，可以象征一种等级结构，意在强调"听众永远是第一位"这个概念。而你作为主持人，需要采取一种谦逊的态度来为听众服务。听众是起点也是终点，当你在工作中遇到问题、困难或感到迷茫时，一定要回归听众身边。

第二，从"他们"开始，然后逆时针到"什么""你"，最后以"为什么"结束，相当于你利用这些问题建立了一个周期性循环的动态过程，每个问题的答案都可以为下一个问题提供信息，最终把所有环节联系在一起。

乔和我约好了几周后的一个时间，准备详细探讨这些问题，并探索合理的节目形式。我们还留出了几小时，邀请乔的爱人迈克尔（Michael）和同事梅格（Meg）加入我们。我经常会鼓励创作者带一位朋友来参加头脑风暴研讨会，因为多一个人就可以多一些新鲜的精力和想法。此外，如果有了解乔的长处、弱点和能力的人在场，我们会有更清晰的思路和想法。我总是劝告大家要带一位生活中爱说真话的朋友来参加研讨会，他熟悉你、想帮助你，同时敢于提出不同意见，并能有理有据地反驳或进行辩论。

我到场的时候，乔已经把他听众化身的信息打印了出来。她是一名看起来很时髦、非常活泼的年轻女性，乔给她取名凯特。乔为凯特杜撰的简历是，她今年33岁，住在芝加哥，从事公共关系工作。她在大学里认识了后来的丈夫马特，他们于两年前结婚。凯特和马特热爱旅行，喜欢去餐馆。他们养了一条灰色的法国斗牛犬，名叫查理。凯特有强烈的集体意识，情绪上有时会起伏不定、喜怒无常，性格很外向。

看完这些后，我告诉乔和他的同伴，其中一个特点让我印象深刻。我让他们猜猜是什么，他们都猜不出来。

"喜怒无常。"我回答道，"我很好奇这是什么原因造成的？"

我让乔想象一下，凯特在生活中会遇到什么问题。

"她缺乏安全感。"乔立即回答道。经过一番思考，他补充说："她担心自己与丈夫的沟通方式不够好，这里面有一些问题是她想要解决的。"

又聊了一会儿后，乔继续补充说，凯特对她生活中的很多人际关系有类似担忧。她认为自己需要提高与别人沟通的能力，才能开启事业和人际交往的下一个阶段。

看起来，在我们开始这项练习的其余部分之前，就已经涉及了"你在和谁说话"这个问题。

当我们开始讨论"你想说什么"时，乔已经事先写下了几个答案，但都是一些常见的、平淡的措辞——"让人们思考""教会人们如何过上精彩的生活""带领人们在生活中更上一层楼"。虽然它们是有价值的想法，但都太宽泛了，我们需要更具体的东西。在和小组成员讨论乔平时如何与他人互动之后，我们很快就提炼出了乔作为一名人生导师，要向找他咨询的人传递怎样的核心信息。那就是：与其在生活中与他人斗争，不如多关注自己和他人的感受、想法和欲望。乔想告诉大家，要如何更好地活在当下，如何成为一名更好的倾听者。他希望能帮助一个人重新构建自己的观念，学会从不同的角度看待问题。以上这些就很具体了。

乔也有一份关于"你是谁"的清单，上面罗列了他在这个世界上的各种身份，包括人生导师、瑜伽和冥想教练、丈夫、沟通专家、世界旅行者、动物爱好者、狂热学习者、儿子、兄弟、朋友和热爱生命的人。结合他期望的节目谈话对象和内容，看上去人生导师似乎是最适合乔的身份。那么乔的哪些特质应该占据主导地位呢？听众应该首先认识和了解他的哪个方面？小组成员很难做出决定。他们争论说，乔代表了所有这些特质，而且每一项特质都很重要。我不断逼迫他们表达得更具体些，包括那些乔之前写的描述词在内。

"乔的众多技能之一，就是他能通过提问来告诉人们真相。"他的爱人迈克尔说道，"他利用提问来帮助人们明确自己的想法，并让自己与大家建立情感连接。"这个说法就好多了。

我又问乔，"沟通专家"是什么意思，并要求他给我一个更清晰的定义。乔说这指的是自己善于帮助他人沟通。

"你就像是一位'生活翻译家'。"我说道，"你把世界传达给你的客户，并帮他们学会将自己的感受和想法再告诉这个世界。"

小组里的人都表示同意：这就是乔想要创建这个播客的原因。

最后，我们谈到了"你想对他们产生什么影响"。对乔来说，这个播客的意义是什么？

谈话过程中，我问乔，他会对向他咨询的人说什么样的话。他举了几个例子，然后我问他，是否曾向他人说过慰藉性的话。

"你会不会拍着某人的肩膀说'一切都会好起来的'这样的话？"我问道。

"那真不是我的风格。"经过短暂停顿后，乔这么解释，"因为我不知道一件事会不会真的好起来。我只是想帮助客户进行反思，让他们可以把事情看得更清楚。"

谈到这个问题时，我们又将话题转到了听众化身凯特身上。凯特想要的是什么？

在乔的设想中，凯特积极主动，她希望得到解决方案。她收听这个节目并不是为了娱乐，而是希望改善自己。听乔的播客是一种让自己变得更好的方式，她想得到一些问题解决措施。

"她有一个自己的工具箱。"乔说，"我只是在里面放了一件新的工具。"

最终，我们确定了乔的人设，他是一位人生导师和生活翻译家，他想要帮助像凯特这样的人，为他们提供新的为人处世策略，帮助他们避免陷于情绪陷阱。

现在，圆圈上的 4 个点都填好了。

这就是一个明确的节目愿景。

2 大类，6 小类

把这一切都弄清楚后，我们该思考节目应该采取什么形式了。

我发现大多数人在形式方面想得很天真——不过，这也可以理解。一集播客节目大约是 30 分钟。很多人会问："制作一集 30 分钟的播客到底要花多少时间呢？"

这个答案取决于你选择的形式，但绝对不会是 30 分钟。

在深入探讨有关形式的话题之前，我想再花点时间谈谈你选择的节目形式与制作好这种形式的节目所需的时间存在何种关系。

在与各个领域专家、名人会面时，他们经常向我咨询与播客相关的问题，而这个问题常常是从对时间的错误认知开始的。他们喜欢播客，至少也知道有数百万人喜欢播客，然后他们来找我，问我应该如何制作一档自己的播客。

一个简单的真相是：创作 30 分钟时长的播客节目所要花费的时间，远比你想象的要久。即使是形式最简单的播客，也可能要花好几小时来制作。

最近，在我与一位当红明星谈话的过程中，对方告诉我，她是我制作的一档播客的粉丝。这个节目的核心是一段 30 ～ 40 分钟的采访。

她问我："录制这些采访需要多长时间？"

我告诉她，大约需要 90 分钟的时间来录制，然后再进行编辑。

她的眼神亮了起来。"那真是太好了！"她惊叹道，"我每周都可以安排出这点时间。"

然后我告诉她，那个播客的主持人在每次采访前都要花 10 ～ 15 个小时做准备，包括阅读大量的书籍和资料，研究采访的结构框架，还要与工作人员一起撰写并修改采访提问。

大多数听众和雄心勃勃的播客创作者都会忽略一点——真正即兴发挥的作品和听上去是即兴发挥的作品之间存在很大的区别。一档播客节目从准备录制到实际打开麦克风之间，其主持人和制作人通常都需要做好几小时的准备工作。

这位当红明星露出了难以置信的神情，又接着问了我一个许多人大概也好奇的问题——是不是有人可以不用为主持一档播客花那么多的时间？

没有这样的人，这就是我的回答。在我的那档节目中，主持人能够亲自扛下重担，也是节目做得如此出色的原因之一。接下来还有后期制作的环节，要对编辑的内容进行反馈。还有营销工作，这部分也有很大的工作量。

我问这位明星，能不能举一些她特别喜欢的播客作为例子，说说哪些是她觉得听起来很自然而且是现场录制的节目。她提到《马克·马龙搞什么》（*WTF with Marc Maron*）和《安娜·法里斯不合格》（*Anna Faris is Unqualified*）这两个节目。虽然《马克·马龙搞什么》的每一集已经很长了（大多数在 2 小时左右），但实际上制作团队在节目后期还剪辑掉了 20% ～ 25% 的时长。《安娜·法里斯不合格》的制作人经常花费 12 小时来编辑每一集播客，删除他们不喜欢的部分，调整对话节奏，让节目听上去更有趣而紧凑。这两档播客节目虽然听起来都是用松散自由的方式制作而成的，似乎没有大量的编辑和幕后投入，但真实情况并不是这样。实际上这些节目都有非常复杂的制作流程，为的就是创造一种听上去轻松、即兴的节目氛围。

如你所料，这位当红明星再也没有提起做播客的事。

你需要在做播客上花多少时间取决于实际情况。这位明星挑选的理想播客范本，实际上背后都有庞大的工作量。即使有少数成功的播客是现场直接录制而成的，没有进行后期编辑，录制前的准备工作也要花费很多心思。有人要去读、去看、去听节目嘉宾以往的作品，有人要拟定一些采访的问题。即使没有专门的人员做这些工作，主持人往往也得是节目所讨论话题领域的专家，能将多年的学习成果和经验直接带到录音中。

最令人沮丧的是，创作者投入的时间和播客作品的质量之间并不是绝对的正比关系。虽然两者之间确实有相关性，但并不存在所谓投入多少时间就能拯救一个毫无价值的节目，或缺乏时间投入肯定会扼杀一个好点子这样的因果关系——而且，有些很有才华的人可以花比普通人更少的时间做出优秀的节目。

值得注意的是，确实有成千上万播客的制作过程，基本上都是按下录音键，说了不知道多长时间，再按下停止键，然后在未经修改的状态下发布这一集节目。可想而知，几乎所有这样做的播客都很难吸引到听众。但他们这样做也没有太大问题，只要在考虑花多少时间制作节目的同时，管理好对最终效果的期望度就行。

说到时间，请允许我稍微岔开话题，讨论一下播客的时长问题。在过去的十几年里，我从许多潜在的播客创作者那里听到最多的问题就是："我的播客每集应该有多长时间？"这个问题我已经被问过成千上万次了。

如果你曾向一位所谓的播客专家提过这个问题，并且他给了你一个明确的答案，那么请永远不要再接受来自这个人的任何建议。他什么都不懂。我给你的答案，和我给所有问过我这个问题的人的答案一样，那就是：要多长就多长，但不能超过它需要的时间。播客对创作者的诸多好处之一是，你不再是时间的奴隶了。广播从业者的生死取决于时间，但在一个按需点播的世界里，没有这样的限制。这里原本就没有规则，所以不要无缘无故地制定什么愚蠢的规则。我听过只有 3 分钟的精彩节目，也听过非常出色的长达 4.5 小时的播客。每一集节目都应该有它的节奏和韵律，传达一套清晰的想法，所以答案就是要多长就多长，但不能超过它需要的时间。

关于"要多长就多长，但不能超过它需要的时间"这句话，有一个重点：几乎每一集播客都可以通过编辑的手段来改进，让整个节目变得更加紧凑和充实。把时间花在真正需要的地方，在该快的部分加快节奏，去掉死气沉沉、没有实际意义部分，这样做就会让留下的一切更加生动、更能引起听众的共鸣。如果你的编辑工作做得足够好，甚至没有人会发现你做过剪辑，他们只会认为节目中所有的演讲者、主持人和撰稿人都很聪明。一档编辑得很成功的播客最常收到的反馈，就是听众说："他们说的每句话都很有趣。"而你可以在心中回应："没错，因为我把所有无聊的部分都剪掉了！"

说完这些，让我们来谈谈播客形式——其实总共只有 2 种播客。如今 70 多万档播客，其实也就分为"人们在聊天"和"人们在讲故事"2 种类型，就这么简单。如果我的书是按字数算稿酬的话，其实我应该多说两句，但事实真的就这么简单。任何一档播客都能被归类到二者之一。[①] 这 2 种类型可以各自再细分为 3 个小类别。

人们在聊天

- 侃侃而谈式：一个人在分享一个想法或意见。这个人通常是一位思想领袖、知名人物、来自某个领域的领导者，或是持有某个特定世界观的人。有时候，也可能只是一个普通人在表达内心的想法。侃侃而谈式是播客焦点人物面对观众的一种单向对话。有时节目里会安排一个陪衬角色，比如嘉宾、联合主持人或其他人，但他的存在基本上只是为了给焦点人物提供一个谈话对象，或是担任一个提问的角色。"侃侃而谈"这个词可能看起来有点居高临下，其实没有。我用这个词只是为了强调，这是一场单人发挥的节目，而不是一个合奏的作品。以下是侃侃而谈式播客的例子：《托尼·罗

---

① 我之前甚至主张其实只有"人们在讲故事"这 1 种类型，因为大多数时候，人们在播客节目上聊天，实质上就是在讲故事。

宾斯的播客》（*The Tony Robbins Podcast*）、《和蕾切尔·霍利斯一起站起来》（*RISE with Rachel Hollis*）、《亲爱的甜心》（*Dear Sugar*）、《本·夏皮罗秀》（*The Ben Shapiro Show*），以及《TED 每日演讲》（*TED Talks Daily*）。

- 问答式：一个人提问题，另一个人回答。你可能马上会想到采访节目（这当然是问答式节目的重要组成部分），不过有些其他形式的播客也属于这一类，比如游戏和知识问答节目。问答和侃侃而谈的区别在于，前者是一种双向交流，是一种迂回的沟通，而后者是在探索某一个人的世界观。在问答式节目中，提问者也可以分享看法和观点，但重点在于主持人和观众能够从对方的回答中收获什么。在问答式播客节目中，主持人或节目焦点人物都可以是提问者和回答者。例如：《蒂姆·费里斯秀》（*The Tim Ferriss Show*）、《新鲜空气》、《马克·马龙搞什么》。

- 对话式：两个或两个以上的人互相交谈。虽然可能有一个主要的表达者（或类似主持人的角色），但他们之间不存在任何等级关系。这不是一个人在采访其他人，也就是说没有哪一个人完全占主导地位。这是一场平等的讨论，对话很丰富，每个人都可以贡献有价值的东西。例如：《没有鱼这样的东西》（*No Such Thing as a Fish*）、《文化大爆炸》（*Culture Gabfest*）和《播客拯救美国》（*Pod Save America*）。

人们在讲故事

- 季播故事：一个通过若干集节目来讲述的故事，整个故事情节在一季或一定长度的时间段内完成。随着故事的发展，你会依次听完每一集，上一集节目会为你提供收听下一集所需了解的信息。例如：《连环案件》、《慢燃》、《夺命医生》（*Dr. Death*）和《在黑暗中》（*In the Dark*）。

- 单集故事：每一集都是一个独立的故事，用一集的时长讲完。每集的故事往往与其他各集没有联系。例如：《99% 隐形》、《嵌入》（*Embedded*）和《历史修正主义》（*Revisionist History*）。

- 多重故事：在这个类别的节目中，每一集都包含多个故事，有时它们属于某个统一的主题。换句话说，一集播客里可能包含两三个或更多的故事。例如：《美国生活》、《快速判断》、《无形之物》和《蛾》（*Moth*）。

每当我向人们提起这些类别时，总有人会与我争论，试图指出一些不能归类到其中的例子。然而，至今我还没有找到一档播客是不能被归类到里面的。[①] 一旦你放弃试图（徒劳无功地）寻找例外，就能很容易地把这里提供的类别作为一种框架，去创造属于你自己的播客节目。

综合思考一下你用 4 点圆圈法得出的结论，问问自己哪些形式对你的节目来说比较合适。需要考虑的要素包括：作为主持人，你是谁？你的听众是谁？你想告诉他们什么？你想达到怎样的效果？是讲述一个故事更有意义，还是聊天更有意义？你是有一个需要很多集来讲述的故事，还是在每集中都有许多故事要讲？你是在提出问题，还是在回答问题？你认为是侃侃而谈的形式比较好，还是最好做成谈话的形式？

这里边没有什么科学依据，你只需要跟着感觉走就行了。音频节目的好处就是制作成本相当低，除了时间，几乎没有什么条件会限制你尝试不同的形式。所以多试几个形式，看看哪个形式的效果最好。随着你对节目创作越来越得心应手，你就可以开始尝试一些综合了几种不同形式的节目。例如，我正在与一位开明的基督教领袖纳迪亚·博尔兹 - 韦伯（Nadia Bolz-Weber）共同创作一个系列播客。我们在试播集里用了一个精练的故事开头，接着是一段对话，最后以一段简短的侃侃而谈式叙述结束。想要让节目拥有一个明确的焦点，不一定非要维持

[①] 好吧，严格来说确实有一些节目是不能被归类的，比如教学类播客。但我认为，这类创作者只是把播客视为一种传播手段，他们做的并不是实质意义上的播客节目，只是将播客平台作为一种传播媒介，在上面制作音频产品。

一种固定不变的形式。你既可以制作一档坚守一种形式的节目，也可以把几种形式混合起来——这里没有唯一的正确答案。重要的是，你在做选择的时候要细心体会并深思熟虑，中途偶尔也需要停一停，反思自己和最初的设想，以此找到正确的方向。

当我和我的团队与埃丝特·佩雷尔（Esther Perel）一起开发播客节目《我们应该从哪里开始》（*Where Should We Begin*）时，我们在选择播客形式上就遇到了困难。埃丝特·佩雷尔是一位顶尖的关系治疗师，发表过两次非常成功的TED演讲，也写过畅销书，被公认为是关系治疗领域的权威人士之一。她享有"最后一位可以求助的关系治疗师"的美誉。一些夫妻在尝试其他关系治疗师失败后，经常会去找埃丝特。埃丝特通常一次只见一对夫妇，每次见面长达3小时，然后就会把他们送回别的治疗师那里。虽然她自己绝对不会这样说，但有一个说法是，如果埃丝特帮不了你，就没有人可以帮得了你。我们知道埃丝特是位独一无二的天才，和她一起做一档讨论情感关系的播客节目，一定会不同凡响。

当我们第一次接洽埃丝特时，我们就她的播客应该采取什么形式列举了很多相当传统的选择。例如，让埃丝特主持一场谈话，与其他专业人士交谈，让埃丝特回答听众的来电提问，让埃丝特接受其他主持人的采访，等等。我们考虑了各种能够展示有趣思想的传统形式，但似乎没有一个很好的方案。尽管埃丝特是一位出色的沟通者，还会说9种语言，但她并不擅长照读写好的脚本。那样她的声音听起来会有点不自然，变得不像是人们印象中那位声音流畅、自在、温暖的埃丝特。讨论的结果就是，没有任何一个传统的单一形式能让团队成员一拍即合。

看到大家深受挫败的样子，埃丝特建议我们做一场录制，内容就是她现场给一对夫妇提供咨询服务的过程。埃丝特有一串长长的客户名单，很多人排队等着向她咨询，如果某对夫妇愿意匿名加入这项实验项目，就可以插队。就这样，我们很快找到了一对夫妇来录节目。埃丝特希望我们旁听她的咨询过程，以此启发我们为她的播客找到最理想的形式。

我的工作人员将至少 6 支麦克风架设在她的办公室，朝向埃丝特和那对夫妇。我与这对夫妇和埃丝特待在一个房间里，其他制作人员则待在隔壁办公室。

虽然这档播客最终记录下了一些在关系上有重大裂痕的伴侣以及他们之间相当疯狂的互动，但我们录制的第一对夫妇是非常普通的。他们是年轻的印度裔美国人，在传统婚姻理念（以及由此产生的期望）和现代夫妻关系之间挣扎。起初，我们觉得这段录音有些不伦不类，但后来我们注意到了一些东西，这段录音带着一点奇异的感染力。还记得电影《午夜凶铃》（*The Ring*）吗？在那部电影中，每个看了录像带的人都在不久后死去。有点像那种感觉，只是没有人丧命。在没有被要求和提示的情况下，每一个听过那对夫妇和埃丝特之间谈话录音的人（我强调一下，是每一个人）都在听完后做了完全相同的事情——他们与自己的伴侣分享了听到的内容，然后进行了交谈，以确认在彼此的关系中是否有类似的行为和问题存在。每一个人都这么做了，无一例外。

留意到这一点后，我们开始对更多人进行测试。每位受试者都反馈，那段录音促使他们与自己的伴侣进行了某种程度的对话。

我们豁然开朗。

与其单纯地思考把哪种播客形式套在埃丝特身上，不如找出一个方法，为埃丝特设计一个独有的框架，展示她在关系咨询领域的能力，这才是节目的重点。在最初只是为了记录咨询过程的录音里，我们意外发现了关于节目本身的巧思。埃丝特与一对夫妇在一个房间里共度 3 小时，最后我们对咨询过程的录音进行剪辑和包装。

虽然许多人称《我们应该从哪里开始》这个节目做到了形式上的创新，但核心上并不是，这个节目不过是人们在讲故事。来咨询的夫妇们有他们自己的故事，无论是属于个人的还是双方的。埃丝特会帮助他们重塑这个故事，让他们带着崭新的视角离开。但就节目的核心而言，他们仍然是在讲故事。

再说一次，关于形式的选择，没有必要持二元对立思维。认真听过《我们应该从哪里开始》这个节目的人会指出，节目综合运用了各种形式的元素。大多数选集以一个简短的小插曲开场，然后介绍这对夫妇，接着通过一段简短的故事让听众了解他们遇到的问题。经过剪辑的录音常常会预留一些空白，以便之后埃丝特可以针对听众所听到的及其代表的含义，提供一些侃侃而谈式的观点，这些和咨询录音本身都是交织在一起的。

在形式上进行创新，不一定能在第一次尝试时就成功，需要一些时间慢慢进行调整。

到目前为止，我所创造的最大项目应该是《TED 广播时间》。虽然这档节目已取得了巨大的成功，但它在诞生之初引起了很多人的担忧。多年来，TED 一直在考虑将其标志性的 18 分钟 TED 演讲 [1] 集中在一个音频节目里，但很多电台和早期播客创作者认为，要制作一个听上去不像是原始演讲的衍生节目是很困难的，而且搞不好就会让听众觉得比单纯听演讲音频的体验要差得多。因此多年来，他们仅提供 TED 演讲的播客，并不太依赖用视觉效果来分享演讲者的想法。[2]

到了 2011 年的某个时候，TED 主动联系 NPR，就潜在的合作方式进行了探讨，我也被邀请参加了这次会议，还按要求设计了一些方案与 TED 分享。当时我正好有一个点子，在会议一开始就抓住机会提了出来。

"我认为我们应该一起做一档节目，可以同时在电台和播客的平台上播出，而且听起来像是本身就属于这两个平台的。"我说，"我们可以把 TED 演讲作为

---

[1] 为什么 TED 演讲的时长是 18 分钟？这个长度是如何定下来的？最早我在和 TED 联系的时候，就向策展人克里斯·安德森（Chris Anderson）提过这个问题。他说这个数字完全是随意的，因为如果选了 15 分钟或 20 分钟这样的时长，演讲者会认为这只是一个建议，但 18 分钟就让人感觉有某种明确的目标，可以给演讲者传达一个信息——"哦，这些人是认真的"。因此，演讲者更有可能设法达成目标。

[2] 值得一提的是，从过去到现在，这档播客节目都非常受欢迎。

出发点，围绕演讲中谈到的主题，再发展出一个新的对话。然后，我们可以把演讲的音频和我们录制的新采访整合到一起。"

现在回头看，最令人欣喜的一点，就是除了有几个小细节没有实现以外，当初的提案与我们最终制作的节目几乎完全一样。例如，我长期以来都不喜欢在录音室而是更喜欢在户外的环境下录音，所以最初我就建议，如果我们和一位TED演讲者探讨关于城市发展的话题，我们可以在一条繁忙的街道上录制这段对话；如果我们选择了TED演讲中关于水回收利用的主题，就可以在溪流或湖泊旁录制这段对话。我的想法来自对TED演讲录音的研究，我发现这些演讲录音都非常干净，又有足够的氛围和回响声，让你很容易就知道它们是在一个大型会场中录制的，但这些声音大部分听起来差不多。要如何解决这个问题呢？答案是，如果在室外录制，那么声音的风格将会更加多样化。但是这个想法变成了后勤部门的噩梦，因为它的制作费用昂贵，并且很难进行后期编辑，所以最后我们大多数对话还是在有隔音条件的录音室中录制的。

确定了喜欢的形式，我们就制作了第一个系列的10集节目，从开播第一天起，这档节目就大受欢迎。在最初的几个月里，这些节目的下载量就超过了500万次（对2012年的播客来说，这是一项巨大的成就），每周在250多个电台播出（在任何时候，这都是一项巨大的成就）。节目得到了媒体的一致好评，受到了极高的赞誉，还被苹果公司评选为"年度最佳新播客"。

然后，出乎所有人的意料，我们暂停了这档节目。这是有史以来规模最大的播客新秀之一，我们却断然叫停了它，而且一停就是10个月。

尽管这档节目得到了普遍的好评，但TED的几个人以及我自己，都觉得它不应得到如此多的赞美，我们本可以，也应该做得更好。虽然这个节目获得了不错的成绩，但我讨厌"不错"这两个字，感觉这代表的是它本可以做得更好。既然没有达到心中的理想目标，我们就退后一步，剖析这个节目的每个细节。经过一段时间的思考，我们意识到，我们选择的形式是错误的。

最初的 10 集《TED 广播时间》建立在问答的基础上。主持人会围绕演讲者的演讲内容采访他们，并就此展开话题，但谈话永远不会偏离原始演讲所涵盖的内容。他们都太专注于原来的 TED 演讲，总是在回顾过去。

一番思考后，我们决定在形式上做一个改变：放弃对话，改为讲故事。把 TED 演讲作为一个跳板，前往一个完全未知的领域，不提出问题，也不做出解答。我们选择了讲故事，并鼓励那些与我们对话的人也分享自己的故事，把故事作为一切想法的载体。

这一形式上的变化，导致我们几乎需要改变节目的一切。以前，我们依赖的是 TED 所在地纽约和 NPR 所在地华盛顿特区的工作人员。随着形式的改变，我们将制作团队完全迁到了华盛顿特区。这次搬迁后，我们不得不雇用一位新的主持人。我们改变了节目的流程和节奏，并使用了更多音乐作为配乐元素。我们不断改变，到最后敲定时，基本上只保留了当初节目的名字和两名工作人员。我们改变了关于这个节目的其他所有东西，而这一切都源于一个形式上的简单变化。

效果是立竿见影的。先前 10 集节目所创下的纪录，被我们自己迅速超越了。我们原本以为自己已经创造了一个巨大的成功，但这次的改变让我们意识到，之前的 10 集才仅仅展现了节目的一部分潜力。我们曾以为《TED 广播时间》这个播客只有 3 年的保质期，但现在 10 余年过去了，这个节目仍然势头强劲，在 600 多个广播电台播出，每年的下载量达到数亿次。

所有这一切都源于形式上的一个小小转变。

回到我的瑜伽教练乔的案例，我在与他合作的后半段时间里，都在集中精力解决形式的问题。我们结束了 4 点圆圈法的练习，正如之前所说，此时我们已经确定了乔的人设——人生导师和生活翻译家，他想要帮助像凯特那样的人（一位来自芝加哥的 33 岁公共关系专业人士），为他们提供为人处世的新策略，帮助他们避免陷于情绪问题。

但节目应该采取什么形式呢？

我拿出了我那机智的"播客只分为 2 种类型"理论——人们在聊天和人们在讲故事。我还向大家解释了这 2 种类型的播客各自又分为 3 个小类别（侃侃而谈式、问答式、对话式；季播故事、单集故事、多重故事），并询问参加讨论的小组成员，这中间是否有哪个形式令人印象特别深刻，或者哪种形式是乔特别擅长或不擅长的。

一开始，小组成员认为无论采用哪种形式，乔都可以表现得很出色。尽管梅格和迈克尔才刚刚认识我，但他们已经知道我不会接受这样的答案，因为一个人不可能什么都能做得好。接着，迈克尔提议，乔可以做一档偶尔涉及其他形式的播客节目。例如，他可以做一个讲故事的播客，然后偶尔也做做采访。

"他可以这样做。"我回答说，"但这是不明智的做法。"

我提出来，一切都要回归目标听众和他们的期望。想想凯特和她对自我提升的追求，采访形式能提供这些吗？也许吧。但不要因为你可以，就决定添加一些额外的东西。我们要为满足听众的期待而增加新的东西，所做的一切都是为了听众。

在我的追问之下，大家表示，乔的关键优势之一是他的讲述能力，这是他促使客户反思的方式，也是他的瑜伽课会如此特别的原因。

"乔可以帮助人们掌控他们自己的故事。"梅格说。

"是的。"迈克尔补充道，"乔会先概述自己的经历，分享自己在人生旅途中学到的东西，阐明可能面对的挑战，提供如何自我纠正的建议，最后提供一个解决方案。"

我向大家指出，迈克尔所讲的内容几乎与约瑟夫·坎贝尔（Joseph Campbell）[1]的单一神话（英雄之旅）完全相同，这也是几乎所有故事类型的主干（第5章将对此进行详细介绍）。

因此，虽然我们仍然不知道要用什么样的形式，但我们已经确定，节目必须利用乔讲故事的才能。

经过更多的讨论，我们找到了一个我们都喜欢的结构。

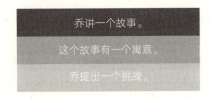

乔讲一个故事。

这个故事有一个寓意。

乔提出一个挑战。

故事、寓意、挑战。

这种套路也属于侃侃而谈式，但借用了单集故事的元素。

乔分享一个故事，一些他读过、听过、想过、目睹过的东西。无论来源是什么，这个故事都有一个寓意，乔对此进行思考。这个寓意引导乔向听众提出一个挑战，这是为听众留的作业。这种形式就是乔作为人生导师和生活翻译家，来帮助像凯特这样的人的具体方式。

在这个形式中，挑战是关键。挑战使听众得到一种主动的、超越收听的体验。例如，在讲完一个故事并思考其寓意后，乔可能会要求听众："今天，列举

---

① 约瑟夫·坎贝尔是西方流行文化的一代宗师、影响世界的神话学大师。他创造了一系列影响力较强的神话学巨作，跨越人类学、生物学、文学、哲学、心理学、宗教学、艺术史等领域，包括《千面英雄》《英雄之旅》《神话的力量》《千面女神》《指引生命的神话》《追随直觉之路》等。上述所有作品的中文简体字版已由湛庐策划，浙江人民出版社/北京联合出版有限公司出版。——编者注

3件你一直无法推进，并想要在这周集中精力去做的事情。"或是："今天，赞美某个人，而且是一个你平常不会想到去赞美的人。"又或是："你欠谁一通电话？向自己承诺会在周末前打完这通电话。"别忘了凯特，她希望从倾听中获得一些指示性的、有效的东西。她想听，想学习，想知道如何马上利用学到的内容。这种挑战是直接针对她的。

此外，由于凯特是个大忙人，不想（或没有时间）沉迷于长篇大论，乔的播客将以每集 7 分钟为目标时长。乔计划先做 4 集，然后每周更新 1 集。虽然随着节目的发展，增加更多内容是很诱人也很合理的想法，但就算这样，凯特也不会有时间每天听这档节目。

讨论结束后，乔感谢我说："这很明确，也很有意义。做这件事对我而言非常有意义。"

"这就是重点，乔。"我说，"这就是最重要的。"

**盖伊·拉兹
如何看待
形式**

《纽约时报》刊登了关于盖伊·拉兹的简介后，我开玩笑地给他发了一条短信："盖伊，你正在成为播客界的史蒂夫·哈维（Steve Harvey）。"史蒂夫·哈维是一位职业喜剧演员，主持一档每日广播节目，而且在我写本书的时候，他还主持着 6 档不同的电视节目。史蒂夫·哈维无处不在，他是一个忙碌的家伙。播客主持人盖伊也是如此，自从在 2013 年《TED 广播时间》成为周更节目时接任主持人以来，盖伊已经主持了不下 5 档播客节目。[①] 他拥有一个令他自豪的头衔，那就是唯一在苹果播客排行榜前 10 中同时占有 3 个位置的主持人。这么多播客，他是如何策划这些节目的？当他带着一个核心创意开始新项目时，是如何决定采用哪一种形式或哪些形式组合的呢？

盖伊和我已经合作很久了，当初我们一起花了好几年时间密切合作，携手打造了《TED 广播时间》。我俩还在 NPR 开拓了许多新领域。说这么多，都是为了强调我俩有非常相似的观点，你应该也不会感到意外。比如说，当我问他一档好的播客节目需要什么时，他会说："就是要简单、优雅，还要有一个非常明确的想法。"

"做一档播客并不难。你可以只拿一个麦克风，就开始把想法讲出来、录下来。"他继续说，"但要做一个让人很容易听懂的播客，真的很难。"

盖伊信奉以终为始的原则。他知道他的听众都是聪明人，一般来说，他们每天都在关注新闻，但他也（理所当然地）认为，即使是最铁杆的新闻听众也需要休息——他们不想只听新闻。但在偶尔寻找其他类型节目的时候，这些听众也仍然是聪明人。

---

① 除了主持《TED 广播时间》以外，盖伊还要主持采访企业家的节目《我是怎样创造它的》（*How I Built This*）、儿童节目《世界上的"哇"》（*Wow in the World*）、《和盖伊·拉兹一起倒带》（*The Rewind with Guy Raz*）和《顶级智慧》（*Wisdom from the Top*）。

新闻记者和制作人会用一个术语来描述一种制作类型——"深度挖掘"。深度挖掘是指在一集播客节目（或长篇文章、视频及其他形式的媒体）里，非常深入地探讨一个话题或事件，展示大量的背景和细节，同时深究一个故事的"怎么样"和"为什么"。盖伊喜欢用"深度挖掘"这个词形容我们在听众生活中发挥的作用。

盖伊说："就像你坐在一艘船上，水流十分湍急，水面波涛汹涌，这种感受是很不舒服的。"这是比喻每日新闻的动荡和戏剧性，这些新闻往往会让听众招架不住，继而想挣脱出来。

"你要做的就是潜入海面下 20 米深的地方，就算有飓风也无所谓，因为海洋深处总是平静的。"盖伊说道，"海面上的风浪并不会对海洋深处造成影响，那里总是很宁静。这就和我做节目的看法一样。虽然我们很容易被当下的新闻话题影响，但尽量不要让这些分散我们的注意力，因为我们需要从长远的角度看待问题。"

"我在制作每一集《TED 广播时间》和《我是怎样创造它的》时，都希望能找到一个位置，可以让听众退后一步，并认为'我正在这里收获一些观点。这很重要，也很有意义'。"

换句话说，盖伊认为他的节目是海洋深处平静的水域，是听众可以放心潜入、逃避动荡的地方。

这实际上是盖伊为听众准备的一份美丽而贴心的礼物。他仿佛在说："听众，你们来我的节目，就能远离每天报道的那些疯狂的新闻。我的节目不仅是一个避风港，还提供了一种观点——那些无时无刻不在发生的疯狂的事情都只是海面上的波浪，是令人分心的事物，它们终有一日会过去。在事情平息之前，我们可以在更深的静水中度过，在这里我们将是安全的。"

那么，这一切与决定节目形式有什么关系呢？

与盖伊交谈的时候，我开始真正理解他所强调的形式和节目其他要素之间的关系。

"资源和抱负之间总是存在一种紧张的关系。"盖伊说，"虽然我们一直试图将雄心壮志推到极致，但大家心知肚明，资源是有限的，比如时间资源是有限的，人力资源也是有限的。"

说白了，很多人，特别是商业领域的人，都喜欢谈论"资源"这个词。和很多商业术语一样，"资源"的意思很宽泛，可以指很多东西。它可以指金钱，如一个项目或创意在预算上可以动用的现金。它也可以指人，如被聘请来执行某个项目的工作人员。它还可以指实体资产，如录音室、剧院，或电脑、电钻、椅子等物件。一般来说，这个词是指在物质世界中，除了你的头脑和思想，你可以用来让某件事情得以实现的其他东西。

正如盖伊所说，当我们思考一个项目应该采用什么形式时，不仅需要考虑到想象力上的限制，还要考虑到资源上的限制，它们对你的抱负造成的影响也是决定形式的重要因素。

与盖伊交谈时，我也在笔记本上涂鸦。每当我在处理一些相互关联的事情时，我都会试图用公式来表达，就像一个数学程序。

我将盖伊的建议落实到公式中，就像这样：

$$\text{抱负} + \text{资源} = \text{形式}$$

值得一提的是，在我的公式中，如果资源是一个数字，它可能是一个负数（代表缺乏资源），偶尔也可能是一个正数（代表我们拥有的金钱、时间或资产比想象的要多）。

作为创作者，我们总是从拥有抱负开始，想象自己能创造什么，然后在脑海中建立一个初步的愿景，而这一过程往往在很大程度上脱离了我们现有的资源和限制。很快我们就要面对现实，我们只有有限的时间、金钱和资产可以运用。但是，一位聪明的创作者不会因为缺乏资源而退缩，他会运用自己的创造力去解决问题，并充分利用现有的资源。播客生态圈里，每天都有许多人在证明这一点。马克·马龙（Marc Maron）并没有豪华的录音室（这曾经是制作节目的必要条件），他只在自己的车库里架设了几个麦克风。《罪犯》（Criminal）的第一集是在制作人的衣柜里录制的（谁想去数一数，在其他成千上万的播客里，又有多少是在衣柜里、摞起来的枕头堆里或厨房的桌子上录制的）。缺乏资源并不能阻止你，但你必须将这一点纳入你对抱负的考量，以便决定采取哪种形式。

但是，如果你缺乏的资源是时间，那么就需要你提出另一种创造性解决方案了。比如你渴望打造一档播客节目，里面有一个美丽的、声音丰富的故事，还有大量的外景采访、定制化音效和管弦乐配乐（这些确实都很好）。但如果这个节目需要在两天内做完，这就是一个很难实现的愿望。所以你要学会利用手头的资源来调整你的抱负。

盖伊在担任《周末万事通》（Weekend All Things Considered）节目主持人的几年里，切身体会到了这一点。他们努力在节目的制作方式上表现得富有创业精神和进取心——他们非常有野心，向听众提供深入挖掘的主题，让节目成为听众度过一周的起点或终点（取决于听众对周末的看法）。但是，他们的节目长达两小时，工作人员又很少，而且没有办法延迟截止日期，节目必须在周六和周日的下午5点上线。因此，他们不仅需要将创造力用在节目的编辑制作上，还要充分运用在如何灵活把握时间、调配现有工作人员和其他资源上，力图做出尽可能好的节目。

"我们试图去做好，并且有时做得很成功。这在某种程度上传达了一个理念——即使有很多限制条件，你还是可以在内容制作方面满怀抱负。"盖伊说。

当盖伊转型做播客时，他开始将这种灵活的思维运用到如何制作新的节目上。当你有一个想法，决定创造一个丰富的故事、一个结构精美的采访或一场小组对话时，你不仅要立足于你的节目愿景，还必须考虑到在种种限制之下应该如何执行。但这一切并不会成为一种约束。

"在今天的播客生态圈里，有一些非常优秀的播客，基本上是用黑匣子录音软件制作的，其中许多节目还是一个人单独用计算机完成的。"盖伊说，"我想到了《爆炸金曲》(Song Exploder)，它基本上就是一个人用一台电脑创作出的美丽内容。你知道吗？即使像《传说》这样的大型节目也是这样，它是一个人录音，然后在电脑里制作出来的。所以即使资源有限，一个人还是可以实现自己的雄心壮志的，千万不要怀疑这一点的真实性，因为现在入门的门槛已经降低很多了。"

MAKE NOISE

第 4 章

问好问题，
让你的采访更有深度与质量

不要试图成为别人

　　1985 年夏天，我设法采访到了当时自己最喜欢的乐队之一——暴力妖姬（Violent Femmes）。当时我是校园广播电台的 DJ，不知怎么说服了唱片公司的公关人员安排了一个采访。对我来说，这就像拿到了一张后台通行证，可以和自己喜爱的乐队见面。当时，乐队要在克利夫兰的综艺剧院（Variety Theatre）举行演出，这家剧院那段时间正因为英国摇滚乐队摩托头（Motörhead）在里面创造了有史以来音量最大的音乐会纪录而臭名昭著。这不算是一个官方的纪录，因为吉尼斯世界纪录担心人们出现听力受损，已经停止记录这个类别的活动。要知道，只要暴露在 110 分贝的声音环境里 30 秒，就会导致永久性的听力损伤，而且受伤风险会以这个分贝为基点成倍增长。摩托头乐队的表演音量被测出高达 130 分贝，[①]声音大到连天花板上的石膏都掉下来了。不过这也可能是因为这家剧院是一个坑状剧院，还只是一个十分古老、勉强能用的场地而已。

---

① 这个纪录在过去 30 年里仅仅被打破几次，目前最高纪录保持者是 2008 年在德国巴德阿罗尔森演出的战神乐队（Manowar），测出的表演音量达到 139 分贝。

但当时的我坚信，我对暴力妖姬乐队的精彩采访将会让这个破旧不堪的剧院变成一座宫殿！

好吧，我不应该这样描述它。

那天，我在指定的时间来到后台，他们试音刚刚结束。我见到了乐队成员，架起了录音机，拿出了我准备好的写满深刻问题的小抄……然后，继续做错误的事。

说实话，我在写下面的内容之前已经盯了电脑屏幕整整 10 分钟，始终无法开始描述那场新闻采访界的噩梦。那真是太可怕了！几分钟后，鼓手和贝斯手都不耐烦地起身离开了，于是我和乐队的主唱兼主要作曲者戈登·加诺（Gordon Gano）一起坐了大约 45 分钟。我问了他一大堆没头没尾的问题，这些问题他以前应该被问过上百次了，再加上一些书面上观感不错但现场却需要大声解释好多次才能表述清楚的问题。我说了一些没有人会笑（除了我自己）的笑话，想让自己显得机智、敏捷一些。我走进去的时候没有任何计划，采访过程中没有追问过任何后续问题，也没有注意到他回答了些什么，只是在他每次说完后回复一句"酷"，然后把小抄举起来遮住自己的脸，期望他不会发现我手抖得有多厉害。

糟糕的是，我一边试图在戈登面前表现得很酷，一边又想显得亲近友好，以传达出一种与他很熟悉的假象。我想让听众认为戈登和我是哥们儿、是亲密的朋友。

更糟糕的是，那天我还带了一位我想讨好的女孩。我搞砸了采访，搞砸了与戈登的关系，得到的录音是一堆垃圾，天知道那个女孩对这一切有什么想法。

而且，在那一周的广播节目里，我播放了整段录音，没有做任何剪辑。

唯一值得庆幸的是，当我决定跟你分享这个故事时，我翻遍了旧磁带，想找到那次失败的录音证据，但它似乎已经消失在岁月中了。

这次采访的唯一可取之处，就是多年来我总是回忆起那个晚上，思考我为什么会那么失败。① 我得出的结论也让我明白了大多数采访者失败的原因，而要避免几乎一切糟糕采访的方法特别简单。原因不是出在给受访者准备的问题上，也不是采访者缺乏亲和力。

我相信采访中最常见的陷阱，就是负责采访的人试图扮演采访者的角色。当采访者带着对角色的预设走进来，认为应该这样或那样，他们基本上就开始扮演一种角色。这些预设是：采访者对受访者非常了解，甚至能回忆起一些隐秘的小事；采访者会问一些有深度的问题；采访者与受访者是朋友（或至少彼此有好感）；采访者要聪明、有趣、保持严肃（除非采访者要表现得另有魅力）；采访者需要经常点头，而且要很投入；被采访者在接受采访时，经常会以"从来没有人问过我这个问题"作为回答的开始；采访结束后，受访者必须感谢采访者，因为这是他们经历过的最好的一次采访。

我并不是说这些想法都是错误的，也不是说不应该有一个好的采访结果，但采访者并不是在你采访时应该扮演的角色。你应该扮演的角色，其实就是你自己。

还有另一个例子。在写本书的时候，我正在和一位知名作家一起做一集试播节目，节目要求她在每一集都采访一位客座专家。在进入演播室时，她已经准备好了一个写满话题和具体问题的清单，并读过受访者写的书，对谈话的主要内容做了相当完善的规划。

我们刚开始录音，就立刻发现有点奇怪。她说话的音调明显比平时高，听起来很呆板、僵硬。有时她会东拉西扯地陈述一个问题，有时她会把问题引入一个死胡同，得到对方只有一个字的回答。无论从哪个角度看，这虽然谈不上是一次彻底的失败，但明显也不是我们希望发生的。

---

① 需要注意的是，我是在多年后才肯承认自己当时有多糟糕。一开始我只是觉得那个乐队不够投入，或是他们还有其他事要做。在我逐渐接受事实之前，心里总是有一种奇怪和不舒服的感觉，但并不知道为什么。

录制结束后，我们在共进午餐时进行了讨论，我问她发生了什么事。

"我就是感觉不对。"她说，"我就是没办法表现得很自然。"

我问她为什么。

"我只是一直在想：如果是特里·格罗斯（Terry Gross），他会怎么做？特里·格罗斯有什么办法？"她说，"我觉得自己永远问不出特里能在采访中问出的东西。"

我告诉她："你知道的，我并不想让特里·格罗斯主持这次采访，我想让你来主持。"

也许不是所有采访者都想成为特里·格罗斯，但也许他们希望成为乔·罗根、艾伦·德杰纳里斯（Ellen DeGeneres）、特雷弗·诺亚（Trevor Noah）、瑞安·西克雷斯特（Ryan Seacrest）、奥普拉·温弗里（Oprah Winfrey）、霍华德·斯特恩（Howard Stern）——或是其他他们很钦佩并认为自己应该效仿的人。但这种心态会让采访者试图扮演一个角色，而不是简单地做自己。

再多的研究、采访问题设计和其他准备工作都比不上跟着自己的直觉走。进行采访的是你自己，而不是被定义的采访者。你已经具备了做一名出色的采访者所需的一切。

只要你是一个有好奇心的人，你就已经具备了一切，好奇心是装不出来的。如果你发现自己必须假装，哪怕是一点点，我都认为你的节目应该尝试其他不同的形式。

在继续说下去之前，我还有一件关于顺序的事需要说明。到底是先写采访的章节，还是先写讲故事的章节，我犹豫了很久，因为这两者是如此紧密地交织在一起。除非你有高超的采访技巧，否则你永远无法利用音频讲好一个故事。同样，除非你了解讲好一个故事的原则，又意识到采访本质上是讲故事的一种手段，否则你永远无法成为一位好的采访者。因此，尽管看起来很奇怪，但我给你的建议就是，你可以先读这一章，再读下一章关于讲故事的内容，然后回头重读这一章，这样能收获更多。

我们继续。

作为一名听众，我喜欢听采访类节目。我喜欢把它们当作一种结构和形式来听，并相信在呈现某些类型的故事和想法时，用采访比用传统叙事更好。归根结底，很多时候，除了主持人的旁白之外，你在叙事类播客中听到的录音内容都来自一段采访。因此，无论你的节目选择采用何种形式，知道你在做什么并且做好它，都会有益于节目。采访可以是既正式又亲密的，可以在聚焦于主题的同时，披露很多信息。

身为一名创作者，采访给了我一个理由，到达我原本无法到达的地方，与原本没有机会交谈的人对话，让我可以询问与他们自身、他们的生活和工作相关的种种问题。然而，自从那次采访暴力妖姬乐队之后，[①] 我在这方面遇到了很多困难，以至于多年前我就放弃了做那种正式坐下来采访的节目，我把这种机会留给了别人。不过，我对做实地采访有完全相反的感受，因为我可以在录音棚外的现实世界里，在受访者的住处、工作地，或是其他一些正常的环境中采访他们。也许是因为通过实地采访来构建一个故事，我能更淋漓尽致地做自己、唤起好奇心。这些想法并非来自我的专业知识，而是花了很多时间研究别人的作品学到的。如果要概括这一章节的内容，对我而言，就是各种货真价实的实战经验汇编。

我不打算向你提供一份用来做采访的问题清单，已经有很多专门讲解采访技巧的书籍和网站了。诚然，其中 90% 的内容可能无用，你应该无视。记住，无论如何都要跟随自己的直觉，至于哪些属于剩下的 10%，我就留给你自己去探

---

① 本书的读者可能会惊讶地发现，虽然我在音频节目制作方面已经建立了一定的口碑，但我的作品中有很大一部分是纸质产品（显然也包括本书），其中又有相当一部分与采访音乐人、探讨他们的作品有关。

索了。我不会指导你如何让受访者对你有好感，但你肯定要做到礼貌、友好、充满感激。虽然本书主要是教你像听众一样思考，但本章也希望帮助你学会像一位优秀的采访者一样思考。一个人能否成为优秀的采访者，取决于他是否能够自如地把自己视为听众的化身，用天然的好奇心来代替听众的好奇心，不要问数以千计的一般听众可能想问的问题，而要问一些你自己想知道答案的。你应对此有自信，相信你的大部分目标听众也想知道这些问题的答案。

"那么，我想知道……"提问法

有一个说法，在法庭审理过程中，除非律师已经知道答案，否则他永远不应该向证人提问。这句话的意思是，律师永远不要制造可能产生任何"惊喜"的机会，因为这份"惊喜"有可能对自己不利。然而作为一名采访者，刚好相反，你应该只问那些你不知道答案的问题。如果你早就知道答案了，为什么还要问呢？

采访有许多套路，大多数很烂。但有一个值得效仿，几乎可以保证你能引出一些有趣的内容。

如果你以"那么，我想知道……"作为问题的开头，这个问题几乎总是会引出一个值得倾听的答案。关键是，这必须是你真心想知道的事情。

大多数采访者认为自己的工作就是通过提问来获得答案，这种观念是有偏差的。事实上，你的工作是保持好奇心，更确切地说，你的工作是让你的好奇心在提问中自然地流露出来。好奇，就是你的职责所在。

展现好奇心最好的方法，就是提出关于你想知道的一个人、一个事件或一个想法的问题。你已经对这个人进行了大量的思考，了解了是什么让他们自身或他们的工作有趣，那么除此以外，你还想知道什么呢？

2001 年，我的第一本书出版后，我受邀去参加《乔伊·雷诺兹秀》(*Joey Reynolds Show*)，这是纽约市 WOR 广播电台的一档深夜谈话节目。就在进入演播室之前，制作人对我说："听着，在你进去之前，我希望你能了解一些情况。乔伊还没有读过你的书，他甚至不知道你的书名，也没有读过关于它的任何东西。他甚至没有看过相关的新闻稿。这么说吧，乔伊对你一无所知。"

"好的……"我回答道，语气有点犹豫不决。

"不管你做什么，"制作人继续说，"当他开始和你说话时，不要马上提到你写的书，他不喜欢这种做法。如果你这样做，他就会把你请出去。你只要跟着他的思路走就行了。"

当时是晚上 11 点，我刚刚结束巡回签售，已经筋疲力尽。现在，我即将走进演播室，不仅主持人对我和我的书一无所知，居然还有人告诉我千万不要提这本书。

"没问题。"我说，"现在可以开始了。"

我本来要在演播室里待 20 分钟。乔伊一开始在节目里谈熏牛肉和各种熏牛肉的供应商，还问我在纽约吃过的最喜欢的熏牛肉三明治是在哪家店。我告诉他，我不住在纽约，也从来没有吃过熏牛肉三明治。然后他莫名其妙地把话题转到布兰妮·斯皮尔斯(Britney Spears)和贾斯汀·汀布莱克(Justin Timberlake)上，想知道我对他们是否在交往这件事有什么看法。我说我最近都没有听到过布兰妮的消息，但我希望事情能有个好结果。① 乔伊认为这很有趣，我们就继续以这种模式聊下去——他谈起一件事情，在这个过程中以某种方式向我提问。乔伊让我在演播室里待了一个半小时，一直来来回回聊些有的没的。无意中，在没有任何明显过渡的情况下，我们谈到了我写的书和书中提

---

① 题外话：我并不认识布兰妮，也没有见过她。不过几年后布兰妮在推特上关注了我，直到今天也没有取关。

到的许多音乐人。

当我走进演播室的时候，我以为这会是一场很烂的节目，结果并不是。

为什么呢？

因为乔伊是一个充满好奇心的人，也是一个健谈的人。他有很多问题，也会把这些问题大声说出来。回想起来，我记得他说了"那么，我想知道……"这句话不下几十次。乔伊的做法就像高空走钢索般的高难度表演，他在没有任何准备，甚至不知道嘉宾名字的情况下，让自己每晚随心所欲地度过这几小时的节目时间。他花了几十年时间来磨炼这项技能。不可否认，这是一个相当极端的例子，但也简单得要命。乔伊并没有做任何别人做不到的事，每个人都会有一些想知道答案的问题。只是乔伊学会了如何大声发问，并以此为职业。

世界上已经有一个乔伊·雷诺兹了，①不再需要第二个一模一样的人。你不需要尝试做乔伊做的事，把他当成你的采访者榜样。而且，我也绝对不希望你照乔伊那样做。说实话，乔伊也不是一位特别伟大的采访者，但他是一位娱乐性很强的即兴谈话大师。乔伊是乔伊，你是你。每个晚上都有几小时，每周都有几个晚上，如此反复几十年下来，乔伊的节目就成了一个很好的例子。这说明只要有一点点好奇心，你就可以走得很远。

适时的沉默

这是我经常对我的小儿子说的一句话，频繁到他一听到这句话就要翻白眼。虽然他是个聪明的孩子，能自如地与成年人交谈，但他还没有完全意识到打断别

---

① 在我写本书时，乔伊的电台职业生涯已满 50 年，他仍然做着一档每周日晚上更新一期的节目。

人说话是一个很不好的习惯。他这样做时，我经常会对他说："你在说话，就代表你没有在倾听。"

同样的想法也适用于采访。虽然我坚信作为一名采访者的先决条件就是要有好奇心，但我想强调，紧随其后的关键素质就是善于倾听。成功的采访来自优秀的倾听能力——由你来倾听。作为一名采访者，你的目标应该是尽可能少说话，保持安静。

与正常交谈不同，在采访中，沉默可以成为你的盟友。当一个人在接受采访时，他也在扮演一个角色，即受访者。在这种情况下，我们基本可以假设受访者的工作就是说话。我发现，每当我采访一个人时，如果让他的回答和我的下一个问题或陈述之间出现一些沉默，他就会意识到他没有完全说清楚，然后迫切地开口补充。而他为填补沉默所说的话，往往是回答里最精华的部分。一开始，他会告诉你事先计划好的答案，但当沉默出现时，他就会打破沉默，成为一名真正的受访者。这时他所说的内容会超出早期停留在舒适区的答案，提供更多、更深的东西，以及他之前自己都没有想过或说过的新鲜内容。值得一提的是，你应该把沉默留到可以揭示最有价值的答案的时候。如果你让每个回答和下一个问题或陈述之间都出现沉默，你的受访者可能会发现这是一种采访技巧，这会让你们之间产生莫名的抵触和不舒服的节奏。你的目标是让他们保持参与的积极性，最重要的是，让他们继续说下去。

多年来，我在与一些采访者交谈时，他们都告诉我，他们在采访中的目标就是尽可能地少说话，只需要点到为止，让受访者再次开口。通过不主导谈话，甚至不占据谈话中超过一半的时间，你可以向受访者和听众展现出嘉宾才是这次采访中的主角，他们要说的东西才是重要的。所以，采访者只要展现出一定的存在感，让谈话朝着希望的方向发展就行了。你的沉默是为了把舞台中央让给你的嘉宾、他们的故事，以及他们要说的东西。

我曾经听说，追问的功能相当于转动宝石，向观众展示受访者的各个方面。虽然最初的介绍可能已经相当夺目，但转动宝石可以让光线流动起来，真正展示出宝石每一面的品质和光辉。

你大可不必对贸然开始这些尝试感到担忧，直接将你的目的告知受访者并没有错。谈话开始之前，在你和受访者逐渐平静下来后，常见的做法是复习一遍采访的基本原则：再次感谢他们接受采访，告诉他们如果他们需要休息，或者想重新回答一次的话，你会如何处理等。在这个交流过程中，你可以简单补充："我真的希望这次采访是以你为中心，所以如果我的话不多，请不要见怪，我只是想给你尽可能多的时间来表达。如果我没有阻止你或是追问另一个问题，请你放心继续说！"

记住，受访者其实很明确地知道，他们的任务就是开口说话。这就是他们答应要来做的事情，也是他们该做的事情。所以，如果你事先告诉他们，他们有足够的空间和自由，可以花尽可能多的时间来回答问题，他们会很乐意配合的。你也要做好准备，后期你要对谈话内容进行大量编辑，但你最终会得到更有趣、更好玩、更有启发性的内容，而不是那种干瘪的废话。

有时你也会遇到那种不情愿接受采访的人，但大多数时候不会这样。人们有一种与生俱来的渴望，那就是希望被人倾听和理解。他们希望你和你的听众站在他们的角度看待问题，至少希望你能以他们希望的方式看待问题。这就是为什么他们愿意在一天的时间里抽出空来，与你探讨他们对事情的看法。他们并没有打算从采访中学到什么，大多数人有比参加采访对他们个人更有利的事可做，但他们仍然选择接受采访，因为他们觉得，能够让别人站在他们的角度看待事物是很有意义的。他们希望别人了解他们为什么觉得某一件事很有趣，感受到他们在某一件事上的兴奋、热情、痛苦或好奇心。

既然如此，何不用你希望受访者对待你的方式，帮助他们实现心愿呢？真诚地倾听，远远比简单地向受访者解释为什么你不会说很多话更有效。在采访开始前，花上几分钟时间，确保双方都对受访者这个角色有共同的理解，会让你收获更有质量的节目录音。

准备充分，但不要准备过度

不管做什么事，最好是先做一些调查。大多数新手采访者在做准备工作的时候，就像是直接对着消防水管喝水一样——未免有些过度了。他们觉得，为了做到准备充分，就必须了解一个主题或某个人的全部作品，阅读受访者写的每一本书，浏览每一篇相关的文章，观看受访者编剧、导演或主演的每一部电影，听他们的每一张专辑或看每一集剧作。我并不主张少做或不做准备，但有必要说一下，成为受访者所在领域的专家，并不是做出一场有趣采访的先决条件。你确实需要知道自己在说什么、在和谁对话，但除此之外，准备工作的边际效益会递减。

如果你要采访一位作家，请读一下他写的书；如果你要采访一位电影制片人，请去看他的电影。[①] 你还需要深入研究其他人对他们的评价，或是他们在别的采访中分享过的内容。如果你发现单靠自己很难做到这一点，那就请一个人来帮你完成这些准备工作。如果这点功课也不做，坦率地讲，那么你就没有理由去做这次采访。

在这个阶段，很有必要回顾一下描述你节目的 10 个关键词。从 10 个关键词来看，你对你的节目有着简要、明确的定位。那么，如何运用这些词来组织采访呢？更具体地讲，它们指引你去做哪些准备？这 10 个关键词可以为你节省很多时间，帮助你积蓄精力。

如果你的采访是一个宏大叙事的一部分，那么你应该尽可能多地去阅读和了解这个故事。如果你不知道这个故事在说什么，就不能指望找到值得问的问题、逻辑上的漏洞或有关故事的新鲜想法。

---

① 出人意料的是，采访者没有看过受访者参与的电影，没有听过他们制作的专辑或是没有读过他们写的书，这种情况是很普遍的，而且几乎所有受访者在采访过程中都能很快发现这一点。

一个获取新材料的简单技巧就是，向你的受访者讲述那些你从别处读到、听到和看到的相关报道。最坏的情况，你会得到诸如此类的回应："对，事情就是这样的。"但根据我的经验，更多时候，你的受访者会为你找到切入故事的新角度。

你 我了解到你在五年级时买了你的第一把口琴，并在随后几年里自学成才。这是真的吗？

不，不完全是。当地的音乐商店有一个口琴 受访者
老师，但他完全是个混蛋。每次我犯了错误，
他都会打我的嘴。所以我就不去上他的课了，
开始自学吹口琴。有时候我也会想，自己能
走到今天也是拜这个口琴老师所赐。

好极了！这就是新鲜、原创的内容——只是因为你给了他们一个表达的机会。

与此同时，确实有可能存在准备过度的情况。

虽然对一个故事或主题了如指掌是件好事，但你不需要成为一名完美主义者。完美主义者也许会想知道很多事，但最终他们想知道的那些事都太深奥了，没有多少人愿意了解。

你 我注意到保罗·罗曼（Paul Roman）在你们的
前三张专辑里都担任了鼓手，但第四张专辑
里是约翰·哈默斯坦（John Hammerstein）担
任鼓手，再之后保罗又回归了。你能聊一下
他们两位在打鼓风格上的不同吗？

谁在乎这种事呢？ [①]

我可以为准备过度的情况找一些很好的理由，比如说你知道的越多，你需要去问的就越少，但实话实说，准备过度对讲故事并没有好处。

在准备提问内容方面，一些采访者告诉过我，他们心里最矛盾的地方是，如果他们有意在某一主题上留下一点空白，那么万一问了受访者一个他们以前回答过的问题呢？

那又怎样？这又不会是他们第一次被重复问到一个问题。就算是问了之后，你没有得到一些有趣或有启发性的回答，或是可以推动故事的东西，你也可以在后期进行编辑。关于编辑的重要性，以及为什么编辑是采访者最强有力的工具，我会在后面的部分讲到。

另外，即使问了一些蠢问题，也要分情况讨论。

有些问题确实很愚蠢：只要稍加准备，就可以避免问一些本应自己弄清楚的问题，因为受访者已经在其他采访中讨论过它们了，或者它们已经被人反复写过并研究过了。

还有一种比较好的"蠢问题"：对应该得到理解却没有被理解的事物表现出一种老派的好奇心，它会像灯塔般指引你。比如，你可以说："不好意思，虽然这个问题听上去很愚蠢，但我还是想知道为什么……"如果你天生拥有好奇心，并在做了充足的准备工作之后，依然很想知道一件事的话，那就大声说出来。不要担心这个问题是不是很愚蠢。如果你是在做了适量的准备工作后才想到去问的，那么它基本上不会是个蠢问题。

---

① 基本上很少有听众会在乎这种事，除非你是在主持一档研究 20 世纪 80 年代鼓手的小众播客节目。

对方喜不喜欢你，重要吗

许多新手采访者在是否需要与受访者或嘉宾建立友好关系这一点上感到困惑。

我的回答是：很简单，不需要。

我指的是，不要做一个没有感情的混蛋，但也不需要非让他们喜欢你不可。

正如之前提到的，受访者不是非要接受这次采访，他们还有其他事情要忙。他们贡献出自己的宝贵时间是多么慷慨的行为，你要反复提醒自己和与你共事的每个人，这一点很重要。此外，我们已经说过，表达认同的最好方式就是展现感激、友善和尊重的态度。感激并不意味着阿谀奉承或是表现出过度的谢意。友善和尊重也不意味着只能问简单问题或回避敏感话题，而是我们要以认同的态度，迅速、有条不紊地做出安排，让对方知道你在认真对待他们的时间。这代表我们要告诉他们采访过程中的基本规则，比如他们是否可以停下来休息，或是停下来思考一下他们想说的话等。

每当我采访一个人时，我总会在采访开始之前说出以下这些话，只是每次的遣词造句会根据情况略有不同。

> 我　在我们开始之前，我有几件事要说一下。你看到我放在你面前的这个东西了吗？就是这个麦克风。①

> 看到了。　受访者

---

① 澄清一下，这是我故意说的玩笑话。他们当然知道面前是什么东西，我只是想在一个轻松愉快的气氛里开场。

我　好的。它已经连接到了这里，这是我的录音设备。机器已经开了，所以现在开始我们所说的一切都会被录下来。

好的。　受访者

我　现在，有些事情需要你了解。你所说的每句话都会被录下来，一直到我们离场。你能对着话筒说一下，你知道自己正在被录音，而且我会用这段录音来制作播客节目吗？

好的，我知道我说的话会被录下来，在你的播客里播出。①　受访者

我　很好，还有几件事要说一下。如果你想停下来，重新回答一次问题，或者想休息一下，或是想让我关掉录音机，只要说一声就行了。我会照做的。

好的。　受访者

我　还有一点，我可以自由使用录下来的任何内容。在录音机开着的时候，我们双方什么都可以讲。但就像我刚才说的，如果你出于任何原因需要停止，请告诉我。我现在跟你说这些，都是为了征得你对本次录音的同意。我很感谢你来参加节目，所以我希望能尊重你的意愿。

———————————

① 99% 的情况下，他们会以为这是刚才那个玩笑话的后续，但实际上，在录音中获得他们的许可是一个非常重要的流程，这能为你提供一些自我保护措施（美国有些州规定，录音需要录音者和被录音者双方都表示同意才算合法）。

采访是个很奇怪的事。它们发生在一个完全人为的环境中，而且依赖的是人与人之间不自然的互动。无论是提出问题还是回答问题，对受访者和你本人来说，这一切都是不自然的。但我们必须接受采访的真面目。

你们不需要成为朋友，甚至受访者是否喜欢你都不重要。你的目标是让他们感到被尊重，因为他们即将与你分享他们的智慧、经验和专业知识。你应该努力让受访者觉得这场采访很舒服，但这并不意味着你们之间必须存在某种纽带——即使是一条假的纽带，也没必要。

剪辑访谈的好帮手：录音日志

采访不只是提问和回答那么简单，对你和你的听众而言，这还是一次学习的机会。和世上任何事情一样，在一个叙事的框架里，学习会变得更容易。这就是为什么最好把你的采访看作一次讲故事的机会，再以此进行建构。

无论你是在填充一个故事的细节，还是想通过采访来讲一个故事，采访本身就是故事。不仅如此，故事还提供了许多轻松有效的手段，来帮助你组织采访。

想一想你要问的问题和你要讲的故事顺序，采访就会更容易开展，事后编辑也会更轻松。如果一个采访缺少好的结构，你和受访者就会花很多时间在几个话题之间反复，或导致你只能以随机的方式毫无章法地询问各种信息。如果一个采访没有完善的框架，你所讲的故事也不会有逻辑可言，最终只会让你自己、受访者和听众都感到困惑。如果你有方向感，并且善于对已经提出的问题进行追问，就能引导受访者思考，你也可以继续在一个问题上挖掘下去。

搭建采访结构的最好方法，就是以章节为单位进行思考。例如，你要采访一位音乐人，手头可能会有他刚开始玩音乐时的一段故事。你可以创建故事的另一个章节，介绍他如何进入音乐领域。再来一个章节，讲述一下他出道后的情况。接着再说说，名气是如何成了一把双刃剑。然后，你可以把已经准备好的问题穿插在每一章的故事中，填补那些留白的地方。这样，后期编辑采访也会变得更简单，你就不需要把每个问题都搬来搬去。如果一整段内容都毫无进展，你就可以把这一章节轻松删掉，而不需要剖析采访的每一句话，逐个斟酌讨论过的问题。尤其当你提的某个问题是建立在之前问题的基础上时，它们就会交织在一起。如果你没有按照一个结构对问题做出规划，那在后期编辑的时候就很难将它们分解开。

接下来，我们就说说后期编辑这件事。

在听采访录音的时候，我经常会听到采访者说："这段对话将在未经编辑的情况下播出。"出现这种情况，通常要么是采访中发生了一个失误，要么是嘉宾重新思考了一个答案，然后对采访者说："哦，我相信你会把前面的话删掉。"然后采访者宣布，不行，之前的话不会删掉，因为他们的播客要反映真实情况，不能后期编辑。我在电台广播里经常听到这种对话（其实这通常是由于缺乏时间或资源做后期编辑造成的），现在这种情况在播客界也很普遍。一些播客节目的主播还会对这种做法引以为豪，仿佛获得了什么荣誉奖章。

但这就和一个厨师认为自己做的食物很难吃是一种荣誉一样荒谬，就像厨师为自己辩解道："我在烹饪时不使用任何调味料，也不会做任何食材处理，因为这样就不正宗了。"

要知道，除非你是一位现场直播人员，而且当下要传达的信息非常紧迫且重要，因此必须马上推进采访，否则你几乎没有理由播出未经后期编辑的采访录音。说实话，这样做对你的听众是很不礼貌的，而且肯定会让节目对潜在听众的吸引力大打折扣。说到这里，我知道有可能会得罪数以万计的从不编辑采访录音的播客主播。那就请允许我告诉你吧，你这样做是错误的。

接下来，我就来说说为什么这种做法很糟糕。请你先问问自己，这次采访的目的究竟是什么？在这里，也可以回顾下你写的 10 个关键词。这次采访是为了让听众了解受访者的生活状态、思维方式或专业知识吗？如果它们才是重点，为什么不把那些无益于此的信息删掉？比如那些不能引出优质答案的问题、那些由于受访者还在思考而发出的"嗯""啊"的声音，还有那些持续时间过长却没有什么实际意义的题外话。或者说，你的采访是想要丰富听众的世界观或提高听众的理解力吗？如果是，那为什么要让他们听一些无关紧要的题外话或是令人摸不着头脑的对话，浪费大家的时间呢？

对一位有创意的采访者来说，后期编辑给了他一种自由。如果你突然想到一个有点疯狂的问题，希望临时追问一下，那就问吧！即使不成功，你也可以随时删掉它。关于受访者的第二本书，你有一连串问题想问，但他明确表示对这个话题不感兴趣怎么办？没关系，那就把这部分删掉。受访者又突然想起了一些有趣的事情，想要补充到 15 分钟前的一个回答里？很好，尽管说。你可以稍后把这段追加的内容移到合适的地方。

编辑录音内容、重新安排采访顺序、剪辑回答以推进谈话进程，这些就是你为听众创造一个真实聆听体验的方法。在我写作时，我倾向于先写下很多文字，往往是最终保留字数的 2～3 倍。这样做是为了把我脑海里的所有想法都写在纸上，然后再梳理并修剪出最核心的内容，提供足够的信息量，最终把这些想法传达给受众。但是相信我，你并不希望看到初始内容。保留全部内容实际上会增加理解难度。

我的一位电影制片人朋友最近告诉我，他已经完成了对自己纪录片的第一次剪辑，半成品将近 7 小时。他打算如何利用接下来的 4 个月制作周期呢？把纪录片剪辑到 90 分钟。我相信当观众看到成片时，很少有人会说："哎呀，我想看这个故事的 400 分钟版本。"我的这位朋友的工作是删掉所有（坦率地说）不值得观看的细节，确保观众在没有这些细枝末节的情况下，仍保有一个完整的观看体验。

编辑一段采访录音也是一样的。不做编辑会限制你吸引潜在的听众，因为通常只有一小部分铁杆粉丝才会对原始采访感兴趣，而不是所有人。

我们可以更深入地探讨关于烹饪的隐喻，原始的采访录音就像生食。相比熟食，有些人确实更喜欢吃生食，但这是比较极端的情况，他们的口味不能代表大多数有健康意识的食客的口味，更不要说普罗大众了。如果一家餐馆只想着满足生食爱好者的需求，那也可以，但要做好大多数食客会选择去其他餐馆的准备。我并不是说选择只提供生食是错的，只是你要为它的连锁反应做好心理准备。

只提供原始采访录音的播客主播要注意，确实有偏好这种形式的听众，但大多数听众会做出其他选择，因为你提供的不是他们想要的。他们更想要一种精心策划过的收听体验——并不是说节目一定要短小精悍，你也可以有一段精心策划的长达 90 分钟的采访，但这 90 分钟一定得都是优质内容，其他没什么价值的部分都已经被删掉了。

如果你和很多制作人有过交谈，就会发现他们各自都有编辑加工的风格和技巧，并宣称自己的方法是最好的、最具智慧的、效果最佳的。但世界上并没有一个完美的方法。所谓最好的方法，取决于你接受的训练、你的同事采用的体系、你崇拜的人用的方法，或者纯粹只是你觉得某个方法适合自己。

我之前在 NPR 的许多同事有非常具体的编辑方法，与我自己的方法（将在本章稍后的部分分享）大不相同。NPR 的编辑方法以速度为核心，因为从录制采访到播出往往只有几小时，有时甚至只有几分钟，节目制作人和编辑需要快速剪辑录音。

通常情况下，制作人和编辑会旁听录音过程，两人都会做大量的笔记。然后，他们会在录音结束后迅速开会，讨论如何缩减节目长度，哪些点要突出，哪些材料要删除，以及确定剪辑后的最终节目时长。接着，制作人就开始剪辑录音。在使用磁带的时代，制作人的磁带机、桌子、椅子，有时甚至他们的身体都会被磁带淹没，每一条磁带都代表一小段采访，被剪断之后再重新粘起来，形成最终的版本。制作人完成这个步骤后，编辑会再听一遍（为了节省时间，通常是以双倍的速度播放），确保编辑好的录音内容符合预期。再说一次，刚才描述的一切工作都可能是在采访结束后几小时甚至几分钟的时间里发生的。

这是个高难度的工作，只是观看这个过程都可能会让人头晕目眩，困惑于其中的每个人是怎么做到掌握一切的。但是，当你每天都做这些事并接受了特别训练后，就知道这只是办公室日常而已。有时候，即使 NPR 的制作人可以花费几天或几周的时间把一集节目整合在一起，他们也会坚持用平时在每日新闻工作中使用的烦琐到惊人的流程。

由于我自己多年来所做的大部分节目是可以花上几天或几周的时间去完成的，我的方法远没有那么疯狂，更多是利用充足的时间来深入理解一段采访和它的潜力——从重新审视采访结构开始。

你在列问题大纲时规划的采访结构，不一定是你最后录下来的结构。如果说采访前的准备工作是为了搭建一个故事框架，那么采访后的编辑工作就是为你获得的答案规划目的、流程和形式。简单来说，有时你并没有得到期望的内容，受访者的回答也有好有坏，采访中你可能略过了一些内容，也可能临时问了几个问题。

编辑采访录音要做的第一件事，就是确定你手上现有的东西。为了做到这一点，你要为录下的采访内容做一份带时间标记的录音日志。对有些人来说，做录音日志和接下来马上就会提到的做文字稿是很相似的工作，但你做的首份录音日志只是为了设计一份路线图，帮你在录下的所有内容（有时候是时长为若干小时的磁带）中找到关键节点。如果你是自己进行的采访，可以在采访后做录音日志。如果你是一位记录别人采访的制作人，那在录音过程中就可以做很多标记（详见下一章）。

一份录音日志可能长这样：

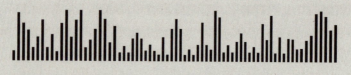

00:00:		录音开始，闲聊。
02:35:	问	那么，你第一次遇到小丑是什么时候？
02:50:	答	9 岁的时候，我的阿姨带我去看马戏团表演……第一次去的时候……就在表演刚开始的时候，一辆小丑车出来了……12 个小丑从小小的车里出来。我被迷住了。
03:15:	问	你书架上的这张照片是那天拍的吗？
03:20:	答	是的……你居然会注意到。（受访者起身走到书架前拿照片的声音……我们听见他吹掉相框上的灰尘的声音。）
03:35:	答	是的，就是他……小丑通博（Tumbo）……当时谁知道我们的友谊会发展到今天。

　　录音日志有两个功能。第一，它让你有机会再次聆听你录制的内容，而这次你听它的感受会和在录制现场时有很大不同，有些内容听起来比当时更有趣，有些内容则不然。如果有可能，我希望你在现场录音和回头做日志这两件事之间留出一点时间，这样你再去听的时候就会很有新鲜感，你的采访录音听起来一定会很不一样。第二，它能为你提供一张录音地图。比方说，你在两天内录下了对某人的两小时采访，你想找到某一段有趣的交流，即采访者问受访者第一次上台的

情况，受访者分享了一个跟怯场有关的搞笑故事。可是，这段内容在哪里呢？难道要在长达两小时的录音中慢慢寻找吗？不用，直接从你的录音日志中查找就可以了。

录音日志还有一个意想不到的好处，它可以借由强迫你仔细收听和记录大家说了什么、做了什么，来帮你全面熟悉录音内容。当我在剪辑采访录音时，我真的想把整个采访都记在脑子里，我希望能够看到这段录音的每个角落。这样一来，当我日后看到录音对应的文字稿时，无论是要决定用什么还是要决定删什么，都不需要再去听录音了，因为这些录音日志和文字稿已经帮我在脑海中聆听过了。

录音日志还提供了一个额外的好处。我的公司联合创始人杰西·贝克（Jesse Baker）说过，在她还是一名制作人时，录音日志对她的影响很大。那时她刚搬到纽约，给几个节目打了电话，询问是否可以为他们做录音日志方面的工作。大多数制作人很乐意将这份工作外包给一位感兴趣的新手，有些节目也愿意付钱请人为他们做这件事。① 无论你是以略高于最低工资的价格，还是以志愿者的身份做录音日志，这门差事都能让你听到别人最原始且完整的工作过程。他们是如何确定问题的？他们如何与受访者建立信任？他们用什么招数来获得优质的采访录音？对许多人来说，聆听其他主持人和制作人的工作录音，是一个边学习边赚钱的大好机会。

在时间和资源允许的情况下，我建议你将录音内容转换为文字稿。现在有许多利用人工智能实时转录的服务，费用通常很低甚至免费，不过转录效果有好有坏。如果受访者说话有口音或现场环境有大量噪声，就会影响转录质量，但这种操作通常还是可行的。也有些人提供有偿人工转录文字的服务，但这种服务的要价相比人工智能实时转录的高得多，称得上奢侈，建议酌情使用。

一旦文字转录完毕，我就会把转录后的文字稿视为主要编辑工具。在对采访

---

① 虽然这是编辑的必要工作，但说实话，写录音日志有时候真的很无聊。

内容进行数字化编辑之前，我会先做一个书面编辑的工作。首先，我会在阅读文字稿的同时再听一遍采访录音，并在空白处记许多笔记，标记下参与者的情绪、有意思的停顿或思考时间。如果是在户外做的采访，我还会标记下一些有趣的声音。我也会把所有我确定不会用的内容划掉。然后，就是一个逐步筛选的过程。我会标记出效果最好的段落，继续剔除其他段落，再标记重新调整后留下的段落顺序。

有时，我只要在文字稿上写一些关于结构的说明就够了。例如我会给段落编号，方便后续重新排序。有需要的时候，我也会把文字稿的纸张剪成几片，有些纸条只包含一两行内容，还有些几乎是一整页。然后我会把所有剪下来的纸条放在桌子上或地板上，将每个段落或是整个采访重新排列成我想要的顺序。

无论你的工作习惯如何，无论你是以录音日志、便捷的人工智能实时转录，还是完整的文字稿为基础，最后一步总是相同的：拿出所有的笔记和纸张，以你的编辑记录和文字稿作为指引，在电脑上编辑你的采访录音。接着，再听一遍你编辑过的内容，记录一下还要修正的地方，然后重复上述步骤。通常，你要重复好几次这个过程，才可能达到完美的效果。

虽然这些编辑工作需要花很多时间，但这是值得的。你最终会得到一份效果最佳的采访录音。

尽管我一直在强调后期编辑的重要性，但同样重要的一点是，我们也很容易过度编辑。一段经过认真编辑的采访录音，不应该听上去像是刻意剪辑过的，而应该听起来很"正常"，就像人和人之间自然发生的谈话。一些急于求成的制作人有时会在编辑上做得有点过火，他们会消除每一个停顿、语气词、深呼吸和结巴的地方。我不会这样做。虽然我也希望采访能够听起来很流畅，但我经常会留下偶尔出现的语气词或磕磕绊绊的地方，这样听起来会更真实。后期编辑的痕迹永远不能做得太明显，那样绝对不行。

"完整施瓦茨"采访术

我想与大家分享一个我遇到过最古怪、最不寻常，但也非常有效的采访策略。它被称为"施瓦茨技术"，又名"完整施瓦茨"。

施瓦茨技术让普通人在接受采访时，也能在引导下提供细腻生动、令人产生共鸣的细节。施瓦茨技术就是将录音棚①改造成一个适合冥想的环境，让受访者的状态放松下来，然后用可视化手段来引导受访者说出那些可能会被忽视的细节。

这项技术的创始人斯蒂芬·施瓦茨（Stephen Schwartz）是一个美国人，曾在丹麦广播公司（Danish Broadcasting Corporation）工作了 30 多年。他是一名纪录片专家，而他制作的纪录片从不用旁白。

多年来，我经常听到国际上许多音频制作人讨论两种不同形式的音频纪录片：美国式和丹麦式（有时候也叫欧洲式）。美国式音频纪录片的特色，是由主持人、制作人或报道人作为主要叙述者（比如《美国生活》《广播实验室》《99%隐形》），这些人会成为故事的一部分，在故事中占据重要地位。丹麦式音频纪录片则偏爱自我叙述的风格，你唯一能听到的声音来自被记录的人本身，没有任何旁白或是主持人念稿、提问，连旁观者也没有。如果受访者并没有说某一件事，节目就不会呈现这个内容。说实话，我也不确定"美国式"和"丹麦式"这两种说法是怎么形成的，但已经反复听到好多年了，所以我猜除了那些和我聊过天的人以外，应该还有很多人在使用这些术语。

施瓦茨在丹麦公共广播电台（Public Danish Radio）工作时，曾与丹麦式节目制作之父威利·鲁纳特（Willy Reunert）共事。有趣的是，鲁纳特并不是丹麦人。他们想制作一些节目，让受访者能直接与听众对话，这在当时是一个相

---

① 其实不仅是录音棚，任何地方都能改造。

当激进的理念。

但他们很快发现，并不是所有受访者都天生会讲故事。那你要如何让一个普通人为你讲述一个丰富、迷人的故事呢？有一个简单的方法，可以让一个老掉牙的故事变得生动，让采访充满情感，那就是挖掘讲述者的记忆，找出他们在过去讲述的过程中没有分享过的细节。

当人们第一次分享自己的一个故事时，无论这件事是发生在他们自己身上的，还是他们目睹或正在报道的，他们往往都会按时间顺序来叙述主要内容，比如发生了什么，发生在谁身上，以及事情是如何结束的。令人遗憾的是，在这样的讲述中，许多故事没有得到进一步挖掘。其实，我们是利用所有感官和情感在体验这个世界的，那么你作为一名采访者，就应当为你听到的故事引入一些新的叙事元素。这就是完整施瓦茨的用武之地。

值得一提的是，斯蒂芬·施瓦茨并没有将他的方法命名为"完整施瓦茨"，他自己把这个方法称为"捕捉瞬间"。这个借用了施瓦茨名字的术语很可能是他的仰慕者后来创造的。

施瓦茨技术实践起来很容易，可以参考以下步骤。

1. 在进入演播室前的预采访或谈话中，与受访者一起确定故事中的一些关键场景。想象一下，如果用一张照片代替一个故事，在那个场景里会发生什么。虽然这是受访者的故事，但故事中的关键时刻是由你来标记的。
2. 采访前就要进录音室或其他安静的地方做准备，调暗或关闭灯光，在地上放上软垫，在周围点一些蜡烛。①
3. 让受访者舒服地躺在地上，并让他们闭上眼睛，做几次深呼吸，真

① 我听过的所有关于施瓦茨技术的案例都提到了蜡烛。使用蜡烛可以帮助受访者放松，并营造出亲密的氛围。

正放松下来。

4. 将麦克风架好，放在离受访者的嘴很近的地方，鼓励他们用平和、平静的声音说话。

5. 告诉受访者，你想重温他们故事中的一些场景。选择一些关键时刻，让受访者像描述一张照片一样描述这些场景，关键是要让他们描述每一个细节。在他们回答后，反复询问他们更多细节和接下来发生的事。

6. 除了像描述照片一样描述场景以外，也要让受访者回忆其他细节：他们在那一刻的感受是什么？他们在想什么？有没有什么气味、声音或其他感官体验给他们留下了深刻的印象？

让施瓦茨技术成功发挥作用，有两个关键。

第一，要做好让受访者反复回忆关键场景的准备。问出更多细节，然后越问越多，唤起他们在那一刻的全部感官体验和情绪。他们是否记得有热或冷的感觉？是否有与气味相关的记忆？当时外面的天是亮的还是暗的？是否有与那个时刻相契合的音乐？他们是否记得自己当时的感受？当时他们心里在想些什么？

例如，如果受访者在描述一场橄榄球冠军赛定胜负的接球达阵瞬间，你可以问问他，运动员接球时是在奔跑还是站着不动？他是跳到空中接球还是在地上？在比赛中有没有把一块草皮踢飞到半空？还有多少队员围在一起？当然不会有人记得每一个细节，但也千万不要预设他没有记住任何细节。他记住的东西会给你惊喜。深入挖掘，继续问他还看到了什么，还记得哪些细节，然后做好准备让他反复回忆同一场景。

第二，也是最重要的一点，引导受访者用客观的语言描述当时的场景，如果他的表达过于主观，你可以请他重新叙述那段回忆。不要让他说"我记得教练扔下了他的写字板，然后我觉得他高兴得叫了起来"，而是引导他说"教练扔下了他的写字板，他高兴得叫了起来"。

还有一种施瓦茨技术的变体，被称为"半施瓦茨"。它是"完整施瓦茨"采访术的简化版。使用半施瓦茨这一技术时，你不用要求受访者在黑暗中躺在地上。你可以只是把灯光调暗，请他坐在椅子上。你仍然可以请他闭上眼睛，专注于你希望挖掘细节的场景，但不需要营造额外的氛围。

备用问题

多年来，我收集了一些采访问题作为备用，以便在难以找到更有趣的问题时使用。可惜的是，尽管每一个问题都是我通过听别人的采访搜集到的，但我没法很好地归纳这些问题。因此对那些教会我这些的人，我要同时表达歉意和感谢。

- 当有人在描述一件事时，可以问他们："这与你预期的或想象的结果有什么不同？"
- 当你和在某一领域有所成就的人交谈时，可以问他们："为什么有些跟你做同样事的人会失败？"
- 在采访一个已经接受过无数次采访的人时，我喜欢问："人们经常对你有哪些误解？""人们对你的哪部作品有误解？""人们对你的哪本书有误读？""人们对像你这样的人有哪些误解？"，等等。这不仅能为你的采访开辟一条道路，还能帮你避免犯其他采访者犯过的错误。

特里·格罗斯的采访生涯始于 1973 年，当时她在美国纽约州布法罗市的 WBFO 电台主持一档名为《女性力量》（Woman Power）的广播节目。这档节目主要关注布法罗附近女权主义社区发生的事情，包括近期的专题谈话、演讲和其他活动。尽管她以前从未主持过广播节目（她以前是一名教师），但她很快就晋升为《这就是广播》（This is Radio）节目的联合主持人，这档节目的播出频率是一周 5 天，每天 3 小时，需要大量的内容来填满这些时间。

在《这就是广播》节目中，特里·格罗斯的声音听起来和我们熟悉的那个她十分不同。有一些当时的节目片段被保存了下来（特里经常会在做讲座或演讲时播放这些片段）。我很好奇，当她回顾这些节目时，她听到了什么。

"我听到了一个不自信的声音。"特里回答，"我听到的是一个还没有完全适应在广播里讲话的人，连音调都比平时高得多。"可以说，当时的特里·格罗斯还没有弄清楚如何成为今天的特里·格罗斯。

"那时，我主要是靠我的好奇心工作。"特里告诉我，"要填满每天 3 小时的节目，好奇心就是我的全部。"

如今在《新鲜空气》中，特里会在一群制作人的协助下，花费数小时准备每一次采访：阅读关于每位嘉宾的大量资料，花时间研究他们的作品，撰写、编辑和修改问题，然后花上更多时间做采访内容的后期编辑工作。对于每一位出现在《新鲜空气》里的作家，特里都会阅读他们写的每一本著作。

但当她在布法罗工作的时候，她每周主持节目长达 15 小时，没有助手，也没有太多的时间做准备工作。

"我们的部分工作就是通过《乡村之声》（The Village Voice）的分类广告，寻找那些通过授课来赚取外快的爵士乐手。"特里说，"我们会给他们打电话，请求采访他们。我们会有一段简短的对话，然后播放一些音乐，节奏不是很紧张，内容也没有那么深入。我当时远没有现在这么努力，不会去尝试了解事物的内涵。我也没有时间做这些工作，有时为了做采访我会读一篇文章，但仅此而已。"

取代准备工作的是天然的好奇心。特里说："我总是想弄明白为什么这个人很重要，为什么值得听众花时间去了解。"

经常有人咨询特里，询问应该如何做采访。她回答，采访的准备工作都始于一个简单的思考——你想从受访者那里得到什么，而且是从别人那里得不到的？除此之外，她建议根据故事的顺序排列问题，并在采访结束后做大量的后期编辑。她还给出了一些其他建议：

- 要在做准备工作的时候尽己所能，尽可能多地了解一个人，了解他的工作内容或专业领域。
- 没有必要做到万事俱备的程度，也不用写出一篇论文。你不必成为某方面的专家，但必须掌握足够的知识，才能了解这个人的特别之处。
- 问问自己想从他那里得到什么，答案可能是他的个人经历，也可能是他对自己专业领域的见解。但你必须思考"我为什么要和这个人谈话？"这个问题。
- 规划一下，你将如何展现这个人的特别之处。请记住，如果只是坐下来问一些寻常问题，你可能永远不会达到目的。一定要做一些研究，否则你不会知道有哪些内容他已经说过无数次，你也不需要他们再回答你同样的话。

特里·格罗斯被誉为世界上最优秀的采访者之一，那么她认为采访者最常犯的错误是什么？那就是不知变通地使用事先准备好的问题。"我认为大家有一个常犯的错误，特别是在刚开始做采访的时候，那就是无论采访现场的实际状况如何，都坚持跟着问题大纲走。"她说，"尽管你的问题应该要有一个故事性的顺序，但你不应该把自己束缚在里面。采访者应该认真倾听，然后提出后续问题，并推进采访节奏。你应该知道自己有一个结构，如果需要的话，可以马上把扯远的话题绕回来。但是，提前把问题写下来不代表你就不用倾听和回应你的受访者。"

MAKE NOISE

第 5 章

会讲故事，
播客领域最重要的技能

2008 年，我撰写了一本非虚构类图书，内容与当代流行文化中的吸血鬼有关，名为《亡者行千里》（*The Dead Travel Fast*）。当时我投入了很多精力到 NPR 的音频事业中，但同时对新的写作项目心痒难耐、跃跃欲试。我心想，也许是时候写一本小说了。

我从来没有涉猎过小说创作，即使是短篇小说也没怎么写过，所以想寻求一些可以帮助自己梳理思维的工具。那年圣诞节，我妻子买了我愿望清单上的一件礼物送给我，是一个叫作《你能写小说》（*You Can Write a Novel*）的写作工具包。它被装在一个盒子里面，含有一本 200 页的指导书，教你如何勾勒你的小说，还有几叠纸，上面有勾选框和引导提示，让你可以根据表单填入想要创作的小说章节、人物、场景等信息。盒子的背面写着一句产品承诺："消除'从哪里开始'的恐惧，因为它可能会毁掉小说创作这件事。《你能写小说》为您提供将灵感变成一本可上架售卖的小说的一切必备工具。"我写本书的时候，已经来到了 2019 年，而那个盒子还在我的书架上，几乎是原封未动。唯一的使用痕迹，就是夹在书本第 32～33 页之间的一张 10 年前的 NPR 名片，再往后的内容我连碰都没碰过。那几叠纸完全是原本的模样，因为我简单翻阅过一次，只是把最外面的塑料包装撕掉了。这本书中讲小说场景构思的页面上，提供了以下几个选项，要求读者打钩，选择创作某一个场景的目的：

- 推进故事线。
- 解决一个问题。
- 介绍或丰富角色。
- 铺垫未来场景。
- 引入或激化问题。
- 营造气氛。

页面的其他部分，则要求作为准小说家的读者写出场景冲突、背景介绍、人物角色等信息。另外几张纸上的提示，又分别要求读者填写关于小说的其他元素。

这份写作指南提供了所有易于操作的步骤，并在我的书桌旁放了超过 10 年，只可惜它终究没能帮助我写出一本小说。[①] 然而，它让我确信了一件事：一个优秀的故事是有其组成要素的，讲好故事是存在一套规则的。从语言诞生，到今时今日，几乎所有好的故事都遵循着一套规则。要讲好故事，就要掌握这套规则，而它尤其适用于播客和其他音频创作领域，因为在这些领域，故事的讲述者提供了文字、语音和音效——这些都是在听众脑海中激发想象的催化剂。

在播客和其他音频领域中，乃至生活中，最重要的技能之一就是懂得如何讲好一个故事。

人们喜欢故事，人们会通过故事传道授业、建立人际关系、开展营销活动。多项研究表明，如果用故事的形式呈现，人们能更容易记住信息并学到理念。

正如我的朋友阿尔·莱特森（Al Letson）所说："对故事的喜爱是人的本能，这一点深深刻在我们的基因中，我们就是离不开故事。"

[①] 必须澄清一下，我没有任何指责《你能写小说》是某种劣质产品的意思，其实问题都出在准小说家的身上。

鉴于故事本身以及讲故事的重要性，你可能会认为人们天生就擅长讲故事，就像天生擅长听故事一样。遗憾的是，情况并非如此。

要写一本关于伟大的故事有哪些组成要素，以及如何讲好一个故事的书，其实很容易。我能确定这一点，因为我已经读过很多这样的书了。如果你看一下本书的推荐阅读列表[①]，就会发现那里已经列出了很多我认为对音频创作者特别有指导性、启发性、实用性的书和文章。在这一章节中，我既不想花篇幅来介绍推荐阅读列表里的内容，也不想总结或提炼那些书和文章里的精华。我建议读者在读完本章后，如果感兴趣的话，可以自己找来看看。这些书和文章可以教给大家的，远比我在这里说得多。

回到我们的话题，作为一个从十几岁就开始在电台讲故事的人，我发现如果想用音频的形式讲一些令人回味的故事，就必须尊重讲故事的一些规则。

如果你像我一样，有哪怕是最轻微的排斥既定规则的倾向，我就仿佛已经能看到你对"讲故事有规则"这种说法的抵触。但这些规则都是经过时间考验的，不是只经过几年或几十年的考验，而是经过了更漫长的人类历史的考验。

经常有播客主播问我："如何确保一个故事很有趣？"我的回答一直没变，那就是：

- 了解讲故事的规则。
- 尽可能简单明了地服从这些规则。
- 别做得太明显。

最后一条很重要，虽然乍看之下，大多数人会以为它的意思是不要让听众一眼就能看出故事的结构——确实也有这个意思，但它还有一个更深层的含义。如

[①] 为方便阅览及搜索，正文中所有相关延伸阅读内容均制成电子版。查看全书最后的"延伸阅读"页，扫描该页下方的二维码，即可获取推荐阅读列表。——编者注

果一个故事的结构是它的骨架，那么故事的其他组成要素就是它的血肉。就像你看一个人时，你不会直接看到一副骨架（虽然骨架就在那里，并且影响着一个人外在的观感，但你也并不想直接看到它）。在讨论故事和故事结构时，经常有人喜欢向我列举那些违反讲故事规则的叙事作品。其实在他们举的例子中，几乎没有任何作品违反了规则。那些作品只是有意践行了"别做得太明显"这一条。

有一次我在对一群满怀抱负的播客学生演讲时，播放了我的朋友兼前同事哈娜·沃克－布朗（Hana Walker-Brown）拍摄的一部纪录片，名为《赫斯勒路的精神》（*The Spirit of Hessle Road*）。这是一部哈娜为英国广播公司（British Broadcasting Corporation，BBC）第四电视台制作的时长 30 分钟的纪录片，属于前面提到的丹麦式风格，取材于她的家乡——英格兰东海岸的海滨渔镇赫尔。我在课堂上播放了纪录片的前半部分，在这一部分里，有不同的小镇居民讲述赫尔镇的历史、吟唱民谣、回忆他们的小镇生活。赫尔镇是一个工薪阶层聚居的小镇，经历过一段困难的时期。纪录片的声音和音效都非常丰富且清晰，称得上是一部美丽的作品，但大多数学生一点都不喜欢它。

"我听到很多人说话的声音，但我不知道他们是谁。"一位学生说。

"我不明白这个故事在讲什么。"另一位学生点评道。

于是，我们花了一些时间来解构这部作品，分析其中是否有身份不明的人的声音。的确有一些，但不是全部，而且这真的很重要吗？纪录片中隐匿的人名是否妨碍了我们作为听众去了解他们的生活、希望与奋斗？这种风格是否妨碍了我们理解他们无论是作为个人还是作为集体所做的努力？完全没有。我甚至在演讲中提到了科马克·麦卡锡（Cormac McCarthy）的经典小说《长路》（*The Road*），整部小说从头到尾都没有提两位主角的名字。

这部纪录片有没有讲述一个故事？我们花了些时间来整理听到的内容大纲，我可以看到学生们脸上慢慢浮现出认同的神情，因为他们发现作品中确实有许多故事，只是没有被说得很清楚或做得太明显。和许多故事一样，《赫斯勒路的精神》也包含多重叙事线索，一个故事可以是一个更大故事的一部分，或者它本身也包含一些多层次、相互关联的故事。以第一部《星球大战》（Star Wars）电影为例，这部电影自身是一个完整的故事，包含了开头、中间和结尾，但它也属于一个更宏伟的故事（该系列的所有电影），这个大背景在几乎十几部不同的电影中都有呈现。

演讲结束后，几乎所有学生都对这部纪录片有了完全不同的看法，或是至少认同这部作品中有他们最初没有认识到的巧思。哈娜的作品并没有违反或无视讲故事的规则，她只是极其巧妙地利用了这些规则来发挥她的优势。

就像当年我第一次练习冥想时，一位朋友告诉我，初学者应该坚信冥想是有益的，其中一个原因是它经历了超过 2 500 年的测试和验证。这很有道理，人们之所以练习冥想，是因为它已经经历了漫长岁月的考验。这个道理放到讲故事上也一样。规则之所以存在，是因为它们有效。

每当人们为该如何避免自己的作品无聊而烦恼时，我总是告诉他们，无聊只是糟糕的故事结构所产生的副作用。如何才能避免无聊呢？简单来讲，就是确保故事能满足人们原始本能的渴望，也就是找出偏离故事结构的内容，将其调整回原位，同时放入听众需要的内容，使故事与他们息息相关。正如某位智者曾说："没有不好的故事，只有讲不好故事的人。"

有趣的事不等于有趣的故事

1999 年秋天的一个下午，我正在打电话，向艾拉·格拉斯和他的一位制作人讲述我的想法。那是关于艾拉的新播客节目《美国生活》的一个点子，当时我感觉自己有许多想说的话都憋在胸口。

在那几周前，我在一个活动中遇到了艾拉，交谈中我告诉他夏天时我去了一个叫珍奇世界（Exotic World）的地方旅行。它的全称是珍奇世界博物馆和滑稽名人堂（The Exotic World Museum and Burlesque Hall of Fame），专门展示 20 世纪 20～60 年代流行的滑稽歌舞剧。珍奇世界位于加利福尼亚州海伦代尔的一个废弃农场上，就在莫哈维沙漠的中心。那里有许多与滑稽歌舞剧相关的纪念品，比如演出服装、标牌和工艺品，并且都是由一群已经退休的舞者策划并收集的。他们的领头人是一位名叫迪克西·埃文斯（Dixie Evans）的女士，那时她已经 80 多岁了，她在职业生涯中被称为"滑稽歌舞剧界的玛丽莲·梦露"。如果我称珍奇世界是一个民间自建的博物馆，那已经是很给面子的说法了。因为它本身位于一个老旧的山羊谷仓里，屋顶漏水，所有的标牌都是手绘的，而且各种建筑设施看起来也很有问题。可以说，那是个破烂不堪，但又非常讨人喜欢的乱哄哄的地方。

每年，为了给博物馆筹集资金并提高其知名度，迪克西都会在园区中一半是沙砾的游泳池里举行珍奇世界小姐选美比赛。在选美比赛中，年轻的滑稽歌舞剧复兴主义者们将争夺"珍奇世界小姐"的称号。但最吸引人的卖点是那些退休的老年舞者。她们经历过滑稽歌舞剧的鼎盛时期，如今她们重新走上舞台，展露当年的风姿和舞步。这些女性现在已经七八十岁了，有的甚至 90 多岁了，她们在舞台上尽情地蹦着、晃着。

这一切都很不可思议。也许你认为这是个精彩的故事，只不过，这是现实，还不是故事。

我与艾拉和他的制作人通了电话，跟他们讲了关于珍奇世界的事情，电话里笑声和赞叹声不绝于耳，最后终于有个人问我："所以，你要讲的故事是什么？"

"什么意思？"我很疑惑，"我已经把故事都讲给你们听了。"

"听上去是很神奇。"他们说，"但你准备讲一个什么故事呢？发生了什么事？有哪些故事内容呢？"

我当时完全不知所措。我担任过电台制作人，也当过记者和作家，以前的工作大部分是报道事件。事件就是发生的事情，这些事之所以引起人们注意，是因为它们有更深远的含义，能够揭示或解决问题，甚至有时候随着你了解的深入，你会变得更喜欢或更讨厌这件事。

大多数新闻报道里的事件就像是一张快照，反映的是值得注意的时刻。例如，你通过网站或电视了解到，你所在的小镇上有栋房子着火了。记者会马上告诉人们，房子里的住户状况如何，财产损失有多严重，但你不太会了解到事故背后的原因，对住户的身份也一无所知。除了眼前那一幕，你并不知道这场火灾对居民造成了什么影响，也不知道这场灾难将如何改变他们的生活轨迹。这则新闻充其量只是一个小插曲，距离一个完整的故事还差得很远。

叙事性故事遵循了新闻学的基本原则，即在构建场景、角色和情节的过程中回答"谁""什么""什么时候""为什么""什么地方""如何做"这几个问题。故事必须有一个明确的开头、中间和结尾，有些角色会在寻找某件东西的过程中遇到一些阻碍。这种故事里要有场景、主题和寓意，往往隐含了某种价值观，还藏着许多充满惊喜、波折和难以预料的转折。

而我在讲述珍奇世界的过程中，没怎么涉及上述内容。

我的叙述中确实包含了一些令人瞠目结舌的细节，能够反映出"谁""什么""什么时候""为什么""什么地方""如何做"这几个方面，但没有故事。大多数新闻报道、趣闻轶事，以及人们阅读、观看和分享的东西包含了故事结构的某些元素，但不是全部。它们是一些有趣的瞬间，信息量大，发人深省，但如果你仔细分析就会发现，你能看到的只是一个宏大叙事里的一小部分而已。

我向艾拉推荐的珍奇世界小姐选美比赛很疯狂、很古怪，它充满了情感并赋予人灵感，但这并不构成一个故事。除了盛会之外，我对那个空间里发生的事一无所知。那里存在许多令人惊叹的人物角色，但都太平面化了。

在珍奇世界里发生过真实的故事吗？当然，而且数不胜数。博物馆本身的故事就很有价值，博物馆创始人和退休舞者的身上都有故事，复兴主义的新人舞者身上也有故事可以挖掘。在接下来的几年里，我又去过那里好几次，很多舞者自身和她们颂扬的滑稽歌舞剧历史以及分享的相关历史资料中，都有十分精彩的故事，只是有些我当时并没有意识到。它们都是让人感兴趣的故事，但不见得都能被创作成播客。

在播客领域，大家都认为一个故事应当具有叙事性：给我一个情境，告诉我里面有追求某样东西的角色，他会遇到一些阻碍，然后通过自己的努力改变局面。这样就成了一个故事。

精彩故事必备的 8 个元素

任何听过 6 岁孩子回忆他们前一晚梦境的人都明白，如果一段叙述缺乏关键元素，听上去就让人感觉进退不得。故事都有共性，作为一个讲故事的人，你必须明白这些故事的关键元素在发挥哪些作用，否则就永远无法发挥自己的全部潜能（坦率说，不管你接不接受，只要你在大声说话，你就是一个讲故事的人）。关键元素需要存在，虽然或多或少也是有一些弹性的，但想要一个故事具有吸引力并让听众满意，这些元素就一个都不能少。当你开始构思一个完整的故事，就会发现以下必要元素：

- 精彩的有声故事要包含**场景**。
- 场景中有**角色**。
- 角色拥有**动机**。
- 动机促使角色采取**行动**。
- 角色遭遇**阻力**。
- 角色找到**解决方案**。

- 故事告诉人们一个**道理**。
- 最好的故事都有**转折**。

总结下来就是：场景、角色、动机、行动、阻力、解决方案和道理，如果有转折就更好了。每个故事对于这些元素都保持着自己独特的平衡。对电台和播客故事来说，每个元素的呈现方式又与文字、视频或其他媒体有些不同。

精彩的有声故事要包含场景

许多用音频讲故事的新手都忽视了场景的力量和作用，这可以称得上是一种大错了。严肃地说，如果这一章节的内容只能教会你一件事，那就应该是认识到场景的重要性。

想象一下故事的场景，就像是想象一部戏剧的场景一样，这是所有行为发生的地方。一个优质的场景可以确立一部戏剧的基调，放大戏剧中的冲突、行为和情感。一个优质的场景几乎本身就是戏剧中的一个角色。场景在音频节目中也起着完全相同的作用。自从人们开始通过电台广播讲故事，场景就是优秀有声故事的生命线，是音频节目的基石。拿你听过的任何一个令你印象深刻的音频故事来说，我确定你的脑海中会浮现出关于这个故事的一系列场景。

场景由图像组成。这些图像只存在于听众的脑海里，却能唤起他们对地点（事情发生的地方）和行为（那里发生了什么）的记忆。

接下来，我给大家展示一下音频节目新手是如何把事情搞砸的。当你在构思一个抢劫银行的音频故事时，你很容易把重点放在犯罪行为本身上，比如窃贼如何进入大楼、接近柜员，柜员把什么东西放进了袋子里，以及窃贼是如何逃走的。但是银行本身是什么样子呢？是一幢高耸的大理石建筑，还是一座有着低矮天花板的 20 世纪 70 年代建筑？柜台上是破损的胶合板台面吗？银行的内部环境是繁忙热闹的，还是在布满灰尘的柜员窗口后有一位白发苍苍的女士，令人昏昏欲睡的？如果细节足够丰富，听众就可以根据劫案发生的场景，设定一些预期和推断。然而，许多新手制作人花了太多时间专注于故事里的具体行为，忽视了围绕角色和行为存在的生动细节，而它们本可以揭示真相、反映犯罪现场的真实情况。

场景可以成为隐喻、寓言和其他各类文学表述的载体。场景里的一切都很重要——不仅仅是场景本身，还有行为发生地的声音、气味和能量。场景将故事情节从一个黑白的图像转化为一个丰富多彩的环境，在听众的脑海中留下一个生动的画面。

当你关注场景时，它就是一个拥有成千上万信息的环境，包括人、家具、挂在墙上的物品、声音等。那么，你应该关注哪些细节呢？

你听说过"一画胜千言"这个说法吗？它的意思是，如果你要展示某人正在生气，你可以展现他们生气时的反应，或播放他们生气时说话的录音，而不是光用嘴说一句"他很生气"。场景就是用来达成这个目的的极佳工具，它能最大程度体现出当下情境、角色、即将发生什么以及故事的主题。

如果你想介绍一个人物，并注意到有好几沓报纸和杂志散落在他身边，那就描述这些堆积的杂物，而不是直接说："她有囤积癖。"如果你正在写一个关于白人至上主义者的故事，却发现他收藏了洛乌·罗尔斯（Lou Rawls）和雷·查尔斯（Ray Charles）[①]的唱片，那就去讲这一点，这有利于确立这样一个主题——这个人物比他表面上看起来的更复杂。这些场景的展示可以指出事情不一致或相互矛盾的地方，也是避免故事听起来过于雷同或落入俗套的好办法。

场景对广播节目来说非常重要，因为它可以把听众带入故事之中，并让听众从叙事中的一个节点自然地过渡到下一个节点。作为一位利用音频讲故事的人，你需要构建出一个能让听众沉浸其中的场景，并且尽可能地让这个场景生动。

---

① 两位都是非洲裔音乐家。——编者注

场景中有角色

虽然场景在故事中往往是被低估的元素，但真正推动故事发展的仍然是角色，而且往往角色的成长过程就是故事本身。

角色，尤其是好的角色 [1]，一般是比较复杂的，但这种复杂性不需要在故事一开始就展现出来。一个好的角色就像一个俄罗斯套娃，应该随着每一次揭示慢慢展开，呈现出更多模样。可惜很多新闻报道和纪实性文章都没能做到这一点。大部分文字充斥着平面化的角色：流于表面的人物描写和性格刻画，缺乏深度和细节，故事中很少或根本没有对角色的挖掘，导致角色缺乏变化。新闻记者或报道者只是对角色做了一个基本介绍，并没有用更多笔墨描绘他们的性格和细节。

在播客中讲故事和在新闻报道中讲故事不一样，播客对角色有着不同的需求。营造亲密感是利用播客讲故事的主要特点。如果角色像纸片一样单薄，就无法引起听众共鸣，所以我们需要对角色做深刻、生动、丰富、多维、色彩饱满的刻画。

我们看到的角色，会是他们价值观、信仰和行为的总和。角色之所以会吸引人，不仅是因为他们有能力、有性格或与众不同，还因为他们身上存在弱点、矛盾与反差。光有角色还不够，他们还需要踏上某种征程，需要有追求。

角色拥有动机

每个人都有想要追求的东西，不是吗？

在一个故事中，角色的动机就像是发动机的燃料。当主角处于某种情境时，

---

[1] 这里的"好"指的是角色拥有丰富的内涵，能够令人印象深刻。

就算一切没有变化，他们还是想追求更多，或是追求不一样的东西。这种愿望会迫使他们改变、打破常规、藐视传统，或是冒险。

这时事情就变得有意思起来，也令人兴奋。如果你看到的是一个所见即所得、一成不变或是从未遇到过挑战的角色，那相当无聊。它们是平面化的，是陈腐的。一个生动的角色是能够做出改变的，或者至少愿意尝试去改变的。

作为讲故事的人，我们有义务阐明角色的愿望，去展示他们的动机。动机不必是直接且具体的，一个善于讲故事的人可以通过暗示或提示为听众指出正确的方向。一个好的故事还会展示出动机是如何演化和改变的，或是一个动机如何掩盖了另一个动机。毕竟在生活中，很少有人会在脑海中打定一个主意，只被一种欲望所驱使并不惜一切代价地坚持去做一件事。现实世界要更复杂一些，所以你的故事也应该反映这一点。

问题也可以成为动机。一个没有答案的问题会促使人们产生寻找答案的动机，也会产生悬念。作为一名创作者，你必须认识到问题的力量。问题会引出谜团、奥秘、悖论和未知，这些都是创作者最好的朋友。揭示隐藏的动机，也是在故事中构建转折的好方法。

动机促使角色采取行动

仅仅心里想追求某种东西是不够的，你必须付诸行动，才有可能获得它，让梦想成真。虽然一个角色采取的行动与故事的情节有所不同，但在一个故事中，行动依然是构建情节的重要元素。

情节是一系列包含了因果关系的行动，推动角色在故事中成长。从字面意思上看，情节就是一个故事告诉你，正在发生一件什么事，接下来会发生什么，然后又发生了什么，后来又发生了一件别的事。讲故事的人负责组织并分享故事情节，由此揭示自己心目中的主旨。

情节还包括与角色没有直接关联的事件。比如说，龙卷风的动态可以是一个情节，但没有角色能控制它。然而，故事中的大多数情节，要么是由角色引起或发生在角色身上的，要么就是促使角色采取了更多行动。比如说，龙卷风来了，大家去地下室躲起来吧！

行动则不同。行动是指角色为了追求某种事物而采取的行为。例如，当龙卷风来临时，"角色躲进了地下室"是情节，而"主人公决定把握这个最佳时机亲吻他心仪但一直不敢告白的女孩"是行动——他爱这个女孩但不敢告诉她。

当我遇到那些非常消极地对待角色行动和故事情节的音频创作者时，我总是感到十分惊讶。他们会根据手头掌握的录音资料或自己理解的事实，用平铺直叙的方法来阐述发生的事情。可是，如果在录音的时候只是复述事实，这种工作机器也可以做到。决定关注哪些行动和情节，应该是一个更积极主动的过程，此时创作者要做的就是研究故事、确定情节，尤其是要关注符合主题的情节。

你的 10 个关键词可以在这里派上用场。还记得我为《科克西部》这档系列节目提炼的 10 个关键词（悬而未决的谋杀案，爱尔兰乡村小镇的内幕）吗？在制作过程中，两位记者兼主持人采访了 80 多个人，收集了数百小时的录音资料，积累了和故事主题有关的大量信息和数据。我们应该如何对这一切进行分类？哪些行动是最重要的？请使用 10 个关键词法。如果一个行动有助于揭示这桩谋杀案如何暴露了这座小镇的秘密，就把它留下。如果这个行动不能做到这一点，就把它放在一边。

角色遭遇阻力

如果一个人每次尝试后都能得到自己想要的东西，那就太好了，可惜现实从来不会这样。如果一个故事真的一帆风顺，那它听起来也不会很吸引人。你的主人公就像世界上的其他人一样，需要遇到一些阻力，这样我们的听众才能够投入故事中。有麻烦才有趣。

当一个人想要某样东西时，往往需要其他人先放弃这样东西。一个角色要改变，就需要别人也跟着一起改变。有一种说法是，只有襁褓里的婴儿才乐于改变。

虽然角色本人可能不同意，但阻力对他们是有好处的。阻力可以培养和磨炼性情，压力和紧张可以创造出新的事物，而且这些事物通常会更有价值。想想将普通的碳转化为名贵钻石的过程吧！

角色遭遇的阻力、障碍和压力，不仅使故事变得更精彩、更耐听，还可以用一种好的方式使情节、角色和场景更加复杂化，让故事更精巧、更深刻，最终揭示出更多内涵。

角色找到解决方案

在讲故事的过程中，解决方案是一个非常有趣的元素。因为就算没有它，故事仍然可以发展，但是必须精心安排，否则故事就很难成立了。

要解决故事中的复杂问题和阻力，有两种方法：改变世界或改变自己。

罗伯特·麦基（Robert McKee）在其具有开创性的著作《故事》（Story）中，详细地介绍了好莱坞式结局（Hollywood ending）。好莱坞式结局包括两种类型。一种是封闭式结局，意思是所有事情都有了答案或得到解决，并用一个漂亮、规整、令人满意的方式收束起来。简而言之，一切都有一个明确的解决方案。另一种是开放式结局，指没有明确结尾的结局。它不是干净利落的，有些问题没有得到回答，还有些问题没有得到解决。

我对开放式结局情有独钟，主要是因为现实生活中的故事很少有干净利落、完美收尾的情况——总会有一些旁枝末节，或是不够完美的地方。有时候我很难相信一个封闭式结局，我觉得制作人只是没有深入挖掘，所以找不到那些散落的线索。

故事告诉人们一个道理

每个故事都包含一个寓意。每个故事都会告诉人们一个道理。否则，讲故事有什么意义呢？

即使是再喜欢避重就轻的人所创作出来的大众新闻，也常常会包含某种寓意，哪怕这个寓意只是"行动会产生后果"这么简单。

你会发现，讲故事的人喜欢就寓意进行辩论：故事的寓意应当是直白的还是隐含的，或者应该完全留给听众自己去发现？

正如我在本书前面所说，我相信在通往答案或解开谜团的路上，要带领听众走完 85% 的路。但我不想用填鸭式的方法直接把答案告诉他们，这样做一点乐趣都没有，也剥夺了听众自我探索和启示的权利，令他们无法享受自己琢磨故事寓意的美妙之处。

我经常对广播和播客节目的制作者说，一个好的故事应该能用一句话就说完，那句话就是故事所揭示的道理。

最好的故事都有转折

每当有创作者向我提交一个故事方案，或是跟我闲聊起还在润色的故事时，我都会一边听一边尝试在脑海中再现它。假设有一位创作者，正在写一位精于制作木质时钟的钟表匠的简介，我会马上猜测，这个故事可能会提到当下从事一门过时的手艺有多么困难，背景里会响起嘀嗒的钟表走针声组成的交响乐，还可能包含一些关于时间意义的阐述。

为什么要这样做呢？因为我希望创作者能在对话中加入出乎我意料的东西——一个转折。令人意外的转折和意义重大的转折，组成了故事中充满欢乐和惊喜的核心。每一个好故事都包含了新的场景及故事走向，或者令人无法预想的复杂情况。

一个好的转折能揭示一个故事的真正含义。也许你一开始被某个故事吸引，是因为它是一个真实的犯罪故事，讲了一桩悬而未决的谋杀案，可是一旦深入了解，你发现它其实在讲种族主义和文化冲突。或者你一开始被某个故事吸引，是因为它看似是一个关于疯狂的"阴谋论者"的故事，可是一旦深入了解，你就遇上转折，揭示出那个古怪的"阴谋论者"其实一直都是正确的，故事的核心转变成要如何对待外来者和违背文化规范的人。

一个故事的转折如果可以预测，那它就是沉闷而平面化的。如果一个故事有着不可预测的转折，就会让人愉快、惊讶，或具有启发性和挑战性。

最近我很喜欢用一个例子来证明转折的力量，它是《美国生活》中的一个故事，名为《魔术秀》（*The Magic Show*）。[①] 这个故事的主角是魔术二人组"佩恩和特勒"（Penn and Teller）中的特勒，他讲了一个名为"浮球表演"的魔术发明。

这个故事讲述了浮球表演是如何发明的。许多魔术师会告诉你，这个表演需要花很多年练习才能做到完美无缺。

特勒分享说，他对浮球表演的灵感来自 20 世纪初一位名叫戴维·P. 阿博特（David P. Abbott）的魔术师。阿博特认为魔术表演的最佳场所是客厅，所以他只在内布拉斯加州奥马哈市自家的客厅中表演。来自世界各地的魔术师，包括哈里·霍迪尼（Harry Houdini），都曾前往阿博特家中观看他的表演。阿博特在 1934 年去世前，正在写一本详细介绍他发明的所有魔术的长篇著作。他的遗孀原本计划要出版这本书，但她在两年后也去世了。之后这本书就消失了，成为一个神秘的话题。许多人在寻找这本书，但每次只能找到几页内容，直到 20 世纪 70 年代，人们才发现手稿的其余部分，其中提到的一个魔术就是浮球表演。

---

① 《美国生活》第 619 集，节目首次上线时间是 2017 年 6 月 30 日。

特勒学会了这个魔术，并花了将近一年的时间完善它。他有点痴迷于这个魔术，甚至在度假时也会带着球练习。最后，他为他的合作伙伴佩恩·吉利特（Penn Jillette）表演了这个魔术。佩恩在剧场后台观看表演，魔术结束后，佩恩一言不发地走了出去——他讨厌这个表演。

佩恩觉得，这个魔术像是太阳马戏团会做的，不符合他们组合的演出风格。他认为这个魔术过于附庸风雅并缺乏创意，没有任何故事性可言。

这就是《美国生活》这一集故事中的转折点。这个故事不再是关于如何创造一个魔术，画风一变，说的其实是佩恩和特勒作为合作伙伴的关系，说的是两人之间的互动——他们如何为表演设定标准？如何沟通？如何解决冲突？有关浮球表演的魔术相当于一个窗口，让人们得以了解这对搭档如何在40多年的时间里保持合作关系。有关他们两位互动的内容占了整个故事的绝大部分。

我们看到了佩恩和特勒都是诚实的人，并极力让表演保持在一个很高的水准。佩恩讨厌浮球表演，因为他认为这虽然是一个精彩的魔术，但还没有达到他们组合应有的水平。而他们之间有过约定，除非双方都同意，否则任何魔术都不能上台。

这个故事以剖析一个魔术表演的趣味话题作为开场，后来变成了什么是与他人合作的模板。最后，尽管两位魔术师对这个魔术的感受完全不同，但他们还是共同找到了一个解决方案，将这个魔术提高到他们满意的水准。其实还挺暖心的。

故事中嵌入了一句艾拉·格拉斯的台词，是他在提到创作一个精彩魔术表演所需要的工作量时说的："创作任何好东西，都需要时间。"对好的音频故事来说也是这样。

经典故事结构及其调整

现在，你已经了解了构建故事的元素和基础，那么，如何把这些东西组合到一起呢？

法国电影制片人让－吕克·戈达尔（Jean-Luc Godard）曾经说："一个故事应该要有开头、中间和结尾，但可以不按照这个顺序。"他是对的。

当我们审视经典的故事结构时，就忍不住想要从头开始，按顺序进行到最后。没有什么东西比从出生开始、以死亡结束的传记更乏味的了。构建故事还有其他方法，但在谈到这些方法之前，我们还是先来看一些讲故事的经典套路。

约瑟夫·坎贝尔是故事结构方面的权威人士，他是莎拉劳伦斯学院（Sarah Lawrence College）比较神话学和宗教学的教授。他的开创性作品《千面英雄》（*The Hero with a Thousand Faces*）于 1949 年出版之后，他声名鹊起。如果你还没有读过这本书，去找来看一下吧，它绝对值得一读。坎贝尔的理论是，所有优秀故事都是一个单一优秀故事（单一神话）的变体，即使在今天，大家也会反复使用这个故事结构。基本上，坎贝尔认为史诗叙事都遵循同一套公式。他提出的"英雄之旅"模板是这样的：一个人在经历了巨大的痛苦之后获得胜利，然后把新发现的智慧、经验或其他一些能改善人类的东西带回来。这个基础的故事结构经久不衰，具有持续的吸引力。

坎贝尔提出的单一神话共包括 17 个阶段，分为 3 幕。

第一幕"启程"，包括以下阶段：

- 历险的召唤。
- 拒绝召唤。
- 超自然的援助。

- 跨越第一个阈限。
- 鲸鱼之腹。

第二幕"启蒙"，包括以下阶段：

- 考验之路。
- 遇到女神。
- 妖妇的诱惑。
- 与天父重新和好。
- 奉若神明。
- 最终的恩赐。

第三幕"归来"，包括以下阶段：

- 拒绝回归。
- 借助魔法逃脱。
- 来自外界的救援。
- 跨越归来的阈限。
- 两个世界的主宰。
- 生活的自由。

如果不做进一步解释，上面的某些表述可能没有任何意义（按照今天的标准来看，有些完全是厌女主义的产物）。有许多著名作品被认为具有经典的坎贝尔单一神话结构，如《星球大战》、《白鲸》（*Moby-Dick*）、《简·爱》（*Jane Eyre*）、《指环王》（*The Lord of the Rings*）和斯蒂芬·金（Stephen King）的《黑暗塔》（*The Dark Tower*）。如果这一切有点令人难以消化，也许你可以通过坎贝尔自己归纳的这句话来理解："追随上天恩赐的幸福。"

自从坎贝尔在 20 世纪 40 年代末首次提出单一神话结构，许多文学专家和作家对这种结构进行了深入探索。其中最新且最广为人知的研究成果出自丹·哈蒙

（Dan Harmon），他是电视节目《废柴联盟》（*Community*）和《瑞克与莫蒂》（*Rick and Morty*）的创作者兼首席编剧，同时也是一位著名的播客主播。哈蒙将这个经典英雄之旅结构提炼为更简单的 8 个阶段，并将其称为"故事圈法"。

这 8 个阶段是：

1. 一个角色处于舒适圈中。
2. 他渴望某样东西。
3. 他进入一个陌生的环境。
4. 他适应了这种环境。
5. 他得到了想要的东西。
6. 他为此付出了沉重的代价。
7. 他回到了自己熟悉的环境。
8. 他因旅行而产生改变。

哈蒙后来把这 8 个阶段提炼为 8 个关键词——个体、渴望、奔赴、搜索、寻找、获取、返回、改变。

根据哈蒙的说法，可以将这 8 个阶段看成 8 个点，围绕一个圆圈排列（图 5-1）。

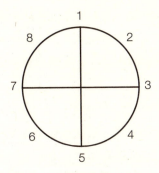

图 5-1　故事圈法的 8 个阶段

圆圈中的两条直线将故事分成若干部分。横线（历险的门槛）以上和以下的区域分别代表生命中的对立面：秩序与混乱、意识与无意识、生与死。左右两边分别代表故事前半部分（沉沦）和后半部分（崛起）。

如果这一切让你眼花缭乱（我也因此头昏脑涨了很久），有一个更简单的方法，只需要 3 个词就能理解：

有一个"主角"，他遇到了一个"难题"，然后找到了"解决方法"。
主角、难题、解决方法。

在讲故事的时候，你还要确保沿途抛出一些转折点，以达到良好的效果。

那么，故事要从哪里开始呢？

上过文学课的人应该都研究过故事线的常见顺序：背景说明、剧情铺陈、故事高潮和故事结尾。但是，也不要害怕从别的地方开始。实际上，选择一个故事从哪里开始以及如何开始，是讲故事过程中最重要的一环。

在短篇小说中，有一种流行的做法是在故事开始时就尽量写出结局，然后再回溯过去，告诉读者故事是如何发展到那个结局的。电影《美国丽人》（*American Beauty*）和《猜火车》（*Trainspotting*）就是例子。在讲故事时，我最喜欢的技巧之一是确定故事中的决定性时刻，即所有事情都被翻盘、成为焦点或无路可退的时刻。在那一瞬间，好像某个开关被按下了，一切都无法恢复原状。这种找出决定性时刻的创作手法，会让听众提出许多问题，然后创作者就可以据此填上（或努力填上）答案。

一个教科书式的例子就是风靡全球的播客节目《连环案件》。它的第一季最受欢迎，主要内容是调查 1999 年在巴尔的摩发生的年轻女子李海敏（Hae Min Lee）被谋杀的案件。萨拉·凯尼格在第一集中提到，整个系列，包括你对阿德南·赛义德（Adnan Syed）是否有罪的判断，都取决于李海敏死亡当天的 17 分钟。在那段时间里发生的事情可以解答听众的每一个问题。在这个系列的其余部分，萨拉把故事带往许多不同的方向，但最后总会回到最初的问题，就是在那段短暂的时间里到底发生了什么。她大胆地将故事向前推进，又折返回来，几乎创造了一个像孩子画雏菊花一样循环往复的模式。

这种技巧的另一个例子是之前提到的一档系列节目，叫作《科克西部》。这个系列的故事从一个叫莱恩的人开始，他是 20 世纪 70 年代在伦敦工作的一名会计师，后来辞掉了工作，变卖所有财产，搬到了科克西部，买了一间破旧的小屋、一头驴和一辆马车，在乡村开始了崭新的田园嬉皮士生活。莱恩并没有涉入正在调查中的犯罪案件，几乎不认识被侦查的对象，对这起犯罪也没有什么特别的见解。那么，故事为什么要从这里开始呢？

回到我们的 10 个关键词（悬而未决的谋杀案，爱尔兰乡村小镇的内幕），有人可能会问，内幕指什么？好吧，在科克西部的这座小镇有很多乱七八糟的事情，大多数是由社区中潜在的文化冲突导致的。社区内土生土长的群体和迁入这里的人口之间关系十分紧张。这些迁入人口是从其他地方搬来的，通常来自大都市。这两个群体都不喜欢也不信任对方，但同时又十分嫉妒彼此，经常会为了追求自己想要的东西而与对方发生冲突。从很多方面来看，1996 年在小镇发生的索菲·图斯卡·杜普朗捷（Sophie Toscan du Plantier）谋杀案就是由这种紧张关系和分歧造成的，而这种局面至今没有得到解决。因此，我们强烈地感觉到需要从这种紧张的关系、从莱恩这样的人开始讲故事，后者来到科克西部寻找一些东西，而索菲和那个大家公认的谋杀嫌疑人也同他一样。

正如我之前提到的，你选择从哪里开始讲一个故事，完全取决于这个故事本身和你自己。我认为，要想弄清楚这个问题，最好的办法是对你的故事进行画图分析。你可能还记得以前上学的时候，作为语法教学的一部分，老师会要求学生进行句子图解（他们现在不这么要求了）。如果你能明白我所说的句子图解是什么意思，画图分析一个故事的概念其实和它差不多。

当我着手准备一个故事时，我喜欢用图像把它画出来。这类似列一个大纲，我主张一开始就列出所有的场景、角色、行动、情节关键点，以及其他需要在故事中体现的内容。如果它是一个复杂的故事，我会把这个通常有几页纸长的清单打印出来，然后开始裁切纸张，最终每张纸条都包含一句话（类似前一章节中关于编辑访谈内容的建议，只是这次要做得更详细、更复杂一些，而且不能只关注文本）。

然后，我开始设计。作为一名音频创作者，要牢记最重要的一点——以一个生动的、难以抗拒的诱饵作为故事开端。你要时刻提醒自己，听众在收听节目的同时，也在做其他事情，比如开车、做午饭、遛狗、叠衣服等。你的任务是，在他们的身体被日常琐碎的家务活占据时，让他们的大脑保持活跃和快乐。在这种情况下，如果你吸引不了听众，他们就会分心。如果没有人听你说话，你就是在胡言乱语。

因此，在故事的开头，最关键的任务之一就是给人们一个理由，让他们保持头脑清醒，集中注意力。不同制作人在应对这一点上会使用不同策略，大多数人会选择他们手上"最火热的录音"（采访中的最佳时刻）。千万别把听众的关注当作理所当然，也千万不要默认听众已经把注意力放在你身上。在每一个场景中，都要努力赢得这种关注、配得上这种关注，尤其是在开场的几分钟里。

当我和创作者一起编辑故事和节目时，他们经常说我对一个作品的前 3 分钟非常重视。我花在这前 3 分钟上的心思，可能比我花在这集节目剩余所有时间上的精力加起来还要多。为什么呢？因为前 3 分钟正是听众做判断的时候。他们会在这 3 分钟里决定，是否要花几小时来听你和你的故事。

这种做法的另一个版本是使用便利贴，将每一个场景、角色、行动、情节关键点等内容写在一张张便利贴上，然后把它们摊开。无论采用哪种方法，我都建议你按照自己认为正确的顺序摆放它们，然后移动这些纸条或便利贴，之后再移动一次。结合手头拥有的声音和采访录音，思考你的想法和你打算说的东西，将它们穿插在你的录音片段之间，然后再排列一次。

除了反复试错，没有什么获得成功的捷径。请记得使用"6 顿午餐试讲练习"

（本章后面将详细介绍这种方法）、倾听朋友的反馈、相信自己的直觉。当最佳安排出现的那一刻，你会立刻发现它，但你必须经历这个把故事细节摊开来再反复排列的过程。

"重要的"未必"吸引人"

我曾与一些记者和新闻制作人进行深入的探讨，他们在过去的职业生涯里一直追逐新闻故事，但现在开始涉足播客。虽然很多优秀的播客节目依然遵循着新闻领域的道德伦理、最佳实践和原则方法，但并不是所有新闻都能做成优秀的播客节目，主要有以下几个原因。

首先，新闻领域有两种基本的故事形式：一种是讲述新闻本身的故事，另一种是促进大众对事件和事件相关人员理解的故事。那些讲述新闻本身的故事基本上涵盖了一个具有新闻价值的事件中的"谁""什么事""什么时候"这几项要素，而那些促进大众理解的故事则对事件中的"为什么""怎么做"进行了深入广泛的探讨。

头条新闻在生活中随处可见。一位年迈的名人刚因心脏病发作而晕倒，就有成百上千的消息源告诉你——而且往往是以迅雷不及掩耳的速度告诉你，这位名人已经去世了。这就是为什么很多记者努力想要写出新的故事或挖掘出故事的新角度，因为只有这样做，才能在众多新闻里脱颖而出，才能让自己和别人有所区别。

出于同样的原因，记者更喜欢写促进大众理解的故事，因为报道这类新闻的魄力能使记者或他们所属的新闻单位大放异彩。这样做当然很好，但我想说，好的新闻报道之所以好，是因为它往往集中体现了一个故事的重要性与现实意义，而不是它能操纵读者和观众。

举个例子，最近，一位老熟人打电话给我，说她想要创办一档播客，来问我的建议。当我问及播客内容时，她告诉我，他们当地有一名医生，这名医生被指控猥亵年轻的女病患，而且是非常年轻的女病患。我的这位老熟人想在播客中谈谈这件事。

"跟我说说看。"我问道，"为什么会有人想听这个故事？"

"因为这是个重要的故事。"她回答道，"而且我们深入研究了这个人的身份背景和他做出这种行为的深层原因。"

我告诉她，我并不怀疑这个故事的重要性，我很欣赏她为处理这种障碍重重、高度情绪化的新闻主题所做的努力。但是，这些都无法成为别人听这个故事的理由。即使它算一个理由，这个理由也不足以支撑她选择播客作为传播渠道。

我跟她说，很难想象有人会想寻找一个有关性犯罪的播客节目。我并不是说他们对这个人以及对他罪行的描述无法引发听众的反响，但这个材料还是太粗糙了。

"但是没有人讲过这类故事。"她反驳说，"我们采访了许多受害者、认识这名医生的人，还有其他人。我们基本上掌握了完整的故事。"

我告诉她，如果在其他平台的新闻节目中报道这件事，这些都是很好的素材，但要创建一个独立的播客节目，这些东西就很糟糕。

她不明白我为什么这么说。这个案件之前就被广泛且深入地报道过，现在他们有了一些新的材料，她认为人们一定会对它感兴趣的。

我继续跟她解释，在广播领域，有成千上万个被媒体广泛报道的新闻故事，其中不乏影响深远、内容重要、意义重大的故事，但实际上，很多听众对这些内容不感兴趣，比如叙利亚难民、海湾战争、饥荒、埃博拉病毒。所有这些都是非常重要的新闻故事，但许多听众依然选择了离开。

原因很简单，大众无法忍受一下子听到那么多的坏消息。

声明一下，我绝不是说记者不应该报道这些事件。事实上，他们在新闻节目中进行报道时，往往会注意保持客观信息与新闻故事的平衡。比如说，记者讲了一个关于难民儿童的令人揪心的故事，就会讲一些其他事来平衡。况且，许多新闻报道只有短短几分钟。为了做一名关心时事的公民，忍受几分钟的坏消息还是能做到的。

但是，常规情况下，一档播客节目讲述一个故事的时长在 6 ~ 10 小时，如果用这么长的时间来讲一个难民儿童的故事，效果会怎么样呢？或者是讲一个对年轻女孩的性侵犯事件呢？那简直太长了。

还有一个大多数记者没有把握住的要点：播客是人们主动寻找的东西。如果有人在上班途中观看《今日》(Today) 或收听《晨间新闻》，那他是为了追求一种体验。《晨间新闻》或一些当地新闻提供给听众的是一份相同的承诺："我们会告诉你今天发生了什么，好消息和坏消息都有，也会有各种主题、各种类型的故事。如果某些内容没什么意思，或者你不感兴趣，那也没关系，几分钟后还有另一个主题的故事。"这些节目是根据听众期望所打造的一个拼盘，而拼盘就是新闻观众或听众想要的。

播客就非常不同。听众之所以收听一档特定的播客，是因为他们对某种故事或对话感兴趣。有时候，这种选择倾向会非常具体，比如，一些听众收听某个播客节目只是因为一位特定嘉宾，他们甚至不会定期收听该节目。

所以，如果仅仅因为一个故事很重要，或是有一则精彩的新闻报道，你就打算把它做成播客节目，那么听众可能对此并不关心，也没有兴趣去听它（除非你预设的听众是记者同行）。

为了吸引听众，播客的故事和对话要引人入胜、有黏性，并且真正做到有趣，要充满引人注目的角色和冲突，还要让听众感觉这一切都与自己相关。大多数听众选择播客并不是因为它们重要或它们提供了有价值的新闻，他们收听节目只是为了娱乐和学习。所以你要找出让他们对你的故事感兴趣的方法，想办法让你的故事变得具有娱乐性和吸引力，听众才会不舍得不听。就好比你打算供应西兰花，并让人们选择去吃它而不是去吃糖，那最好的办法就是在西兰花上挤一些奶酪酱，这样人们才会来尝它。

访谈类播客也不例外。这个世界上有各种各样的播客访谈，都是那些所谓做"重要"工作的"重要"人物在说话，但没有人去听，因为这些节目无聊得要命。一名优秀的制作人不会袖手旁观，任凭故事或嘉宾的重要性躺在那里等人发现。优秀的制作人会主动组织节目、故事或采访，使内容尽可能地深入人心。你对听众的要求越少，就越能吸引他们，他们就越能从你的节目里受益，也会越爱这档节目。

如果你做新闻报道的初衷是告知和启发尽可能多的人，那么一开始就要把重点放在如何以吸引听众的方式讲故事，然后再去告知和启发他们。从来没有人因为应该听播客而去听，如果那样的话，听播客就变成了工作而不是娱乐。

暂停，分享你的想法

所有音频故事都应该具备一种可贵的特质——思考和反思。

以人们最欣赏的叙事类播客，如《美国生活》《广播实验室》《快速判断》等为例，它们的制作人提供的不仅仅是一个好故事和引人入胜的音频，还会提供论述性观点把整个故事串联起来。节目可以采取很多方式来阐述观点，比如主角、主持人或记者的内心独白，又如解释背景或表达意思。这些论述性观点可以帮助听众更加深入地思考故事的含义。

音频创作者有能力让听众进入一个场景，也有能力暂停该场景，或是带听众退出去休息一会儿，或是带听众达到一个很高的高度，以便他们用更广阔的视野观察周围。创作者可以时不时因为一个场景所引发的短暂思考而停下来。我经常对新手主播说，在讲故事时，每隔一段时间就要停下来，分享一下自己的想法。

一般情况下，我并不相信经验法则，因为它们会导致我们养成莫名其妙的习惯。但如果一定要说我认可的经验法则，我会说，你应该至少每分钟暂停一次故事场景，提出某个想法，或是对某个想法的评论。

有时故事可以从一个想法开始，然后进入情节；有时可以从情节开始，然后再到想法。一个好的想法有助于确定故事的主题和意义，同时在通往寓意的旅途中，留下一个路标。

为什么要使用音频

如果你已经完成了上述工作，那此刻你拥有的绝对是一个好故事。但为什么要用音频呈现它呢？为什么不能用文字、视频或其他形式？我们需要思考背后的理由。

答案就在你的录音里。讲故事的人是谁？他们能否用生动的细节和细腻的情感讲述故事、表达思想和观点，并且吸引人去听呢？你是否有档案录音、环境录音和其他音效资源，可以用音频来呈现这个故事？

许多情况下，音频可能是一个首选的媒介。理由很简单，因为视觉会分散人们的注意力，可能导致听众过早做出判断或贸然得出结论。无论如何，搞清楚为什么要用音频这个问题，是构建你的故事并完善它的结构这个过程中的一座重要里程碑。

何时需要考虑声音设计

如果要我预测本书有什么会被批评的地方，我猜测有些人会指责我没有更详细地讨论音效和音乐在作品中发挥的作用。其实我是有意地把这个话题排除在外的（除了这部分），尽管我可能每周要花很多时间纠结用什么样的环境音效、音乐、混音和配乐——如今这些通常被统称为声音设计。我这么做的原因有两个：首先，声音设计和讲故事一样，能占去一整本书的篇幅，在有限的篇幅里几乎不可能彻底讨论这件事；其次，声音设计是一项高级技能，尽管我的广播生涯是从音响工程师和混音师开始的，如今我也不会亲自处理作品中的声音设计。这项工作现在已经发展得很先进了，所以我会把它交给专业人士处理。本书专注于讨论更广泛的话题。

这并不是说所有创作者都不用思考音效和音乐方面的问题。事实上，音效和音乐是非常强大的工具，能表达没有被明确说出的事物，把听众的注意力引到一个重要的方向，还能为听众提供关于情绪和感觉的线索，并为节目增添美感。当一个故事在不同场景间切换时，音效和音乐也应随之变化，反映新场景的不同特点。音效和音乐是一个风向标，用来表明事情正在发生变化，指出哪些事情很重要。当然，这种做法也有弊端，所以许多记者不喜欢在节目中使用音乐。

网络上有很多高质量的教程和资源，可以拓宽和磨炼你在使用配乐方面的思维和技能。这些教程内容包括自然音效、音响效果、环境音效和背景音乐等。丰富的资源完全可以启发创作的灵感，所以我鼓励你潜心研究，体验它们给你带来的兴奋感。

我在这里提到声音主要有两个原因。通常情况下，创作者考虑声音设计的时间节点要么太早，要么太晚。太早会造成本末倒置。很多急于求成的制作人在刚开始制作节目时，就想把声音设计的元素（如音效和音乐）放进去，但此时他们还没来得及弄清楚整个故事。在我看来，这就是把顺序颠倒了，因为往往故事才能决定节目需要什么样的音效和音乐。

这就像在买车的时候，先决定汽车的颜色，然后才选尺寸、功能和价格。好吧，你可以决定想要哪个特定的颜色，但从颜色开始选择，说明你对自己作为一个司机的需求缺乏认识，播客也是这样。话虽如此，我也经常在编辑节目时用音乐来启发灵感，但坦率地讲，我从未见过其他音频创作者有这个习惯。我经常会在编辑节目的时候听音乐，或把轻柔的音乐放进编辑文件中。当然，要听到细节很难，但我习惯了在编辑时放点纯音乐，帮助自己从不同角度听节目的效果。

那些太晚考虑声音设计的人往往会错过在室外录制采访和收集音效的机会。这是一个使用数字录音技术和充电电池的时代，所以我经常劝告学生要随时录音。当你产生困惑时，就让录音机开着。当然，你可能最终只得到了数小时的噪声，比如开车的噪声、走路的噪声和街上的各种噪声，还有大量来自空调的嘈杂气流声。但是，一旦有一些特别的或意想不到的事情发生，或者是你灵机一动想用录音机捕捉灵感，那么正好此时录音机已经是开启的状态了。你还能用它来捕捉现场的音效——海滨小镇里鸟儿的振翅声和飞溅的浪花声，游乐园里的音乐声和孩子们的欢笑声。如果你忘记捕捉这些当下的声音，以后会后悔的。所以请记住，让录音机保持常开，直到远离要记录的场景时再把它关掉。

6 顿午餐试讲练习

我几乎是在一个偶然的情况下想出 6 顿午餐试讲练习这个方法的。我出差做采访的时候，会学到很多东西，结识许多有趣的人，收获很多优质的录音。回去上班后，我会找人一起吃午饭，午餐中我的伙伴一定会问我："你最近在忙什么？"

我会给他们讲手头正在创作的故事。接下来的几天，我会向不同的午餐伙伴复述这个故事，每次我都会为了把故事讲得更好而做一些调整。有一天我突然发现，自己每讲一遍这个故事，就是在摸索如何把它讲得更好。通过反复讲述，故事也变得更有力量，好玩的部分愈发有趣，紧张的时刻也变得更剧烈，一切都更加生动了。

所以我充分投入这个过程中。与其等着别人来问我，不如我主动寻找朋友。因此，每当有了一个新的故事，我就会安排一系列午餐饭局，有时甚至主动买单。作为交换，朋友们会听我给他们讲故事。

现在，这种午餐饭局已经成为我故事创作的一个常规流程。多年来，我反复打磨这道工序，也乐于传授这个技巧给其他人，然后他们也会付诸实践，形成一种习惯。以下就是6顿午餐试讲练习的具体操作方法。

第一步，花一些时间了解故事的细节、事件、场景和角色。如果有必要，可以出差去采访、与人交谈、记录声音。做一些准备工作，弄清楚手上掌握的故事元素，对故事结构做出初步判定，并甄选有趣的部分。

第二步，联系你的6个朋友，邀请他们共进午餐。最好一开始就直截了当地说出你的计划，表示虽然见到他们很开心，但这次聚会有明确目的——他们是要来听你讲故事的。还有一句忠告，就是要邀请各种各样的人，可以邀请一些热爱你节目的人，但也要邀请一些对你的节目不太感兴趣的人，甚至还要邀请一些你不太熟悉的人，就把它看成与新同事和新朋友交流的机会。然后，在午餐期间试讲故事。请遵从直觉，从你觉得最合适的地方开始讲，直到把整个故事讲完。

讲故事其实不是最重要的环节，最重要的是观察朋友们的反应。他们从什么时候起看起来很投入？什么时候笑了？什么时候被感动了？他们是否提出了问题？是否有时候看起来不对劲，比如看起来很无聊或不感兴趣？他们是否有不理解的内容？这实践起来有点棘手，但你必须做到一心两用，一边给你的朋友讲故事，一边仔细观察他们的反应。

午餐后，你需要回想一下他们的反应，问问自己应该如何改进讲故事的策略？想一想，哪些部分效果比较好，又应该如何放大这些效果？你要做的，就是让有趣的部分更有趣，让感人的部分更感人。

第三步，把修改过的故事带到第二顿午餐，重复整个流程。讲故事、观察反应、记录意见、进行调整。再去吃第三顿午餐。重复 6 次之后，你应该对这个故事相当了解，并且有了一个非常精练的版本。在经历 6 顿午餐试讲练习后，你对这个故事已经进行了 6 次修改。此刻，请你坐在电脑前，想象自己在第七顿午餐时讲故事，并写下整个故事。

然后你就会得到一个相当不错的故事初稿，它有着良好的节奏和韵律，在该搞笑的地方搞笑，该悲伤的地方悲伤，该感人的地方感人。它将满足所有高质量故事的条件，角色会出现在正确的地点、正确的时间，诸如此类。

诚然，这种策略只有在时间充裕的时候才奏效。除非你每天不只吃一顿午餐，否则至少需要 6 天的时间。如果不是截止日期迫在眉睫，我建议你与朋友隔几天共进一顿午餐，间隔的几天时间用来做试讲模拟。这个模拟的核心目的之一，就是花时间让收到的反馈在脑海中沉淀。

如果时间紧迫，也有办法更快完成 6 顿午餐试讲练习。有一些比较轻松的版本，比如"6 杯咖啡试讲练习""6 杯啤酒试讲练习""会议室快速试讲练习"等。无论你身处什么场合，关键在于反复讲述一个故事，然后为下一次讲述做出调整。

给予和接纳反馈

由于本章中的许多内容，特别是 6 顿午餐试讲练习，涉及反馈这个环节，那么我们就来讨论一下如何给予和接纳反馈。首先，你要接受自己的节目是不完美的，并且承认它往往可以从别人的反馈，也就是意见中受益。

为什么要虚心接纳别人的反馈呢？因为这会让你的节目变得更好，也会让你变得更好。请你也积极寻找机会向他人提供反馈。作为一名创作者，培养一种能够坦承给予和接纳反馈的修养很重要，而你可以努力成为这种修养的代言人。

每当有人向我征询针对某个项目的意见时，我问他们的第一个问题都是："为什么问我？"

大多数人会立即回答"我想知道你对它是怎么看的"这样的话。

这真是让人受宠若惊，但我经常会推诿一下再回答，因为大多数要求反馈的人实际上并不想听到批评性的反馈，他们想要的是称赞和肯定。他们在创作中全心全意地付出，希望你能像他们一样喜欢这个作品。也有可能他们投入了大量的时间和精力，担心自己不能客观地做出评价，所以想找一个人给他们一点鼓励。

给予他人赞扬和肯定当然没有错，事实上，我常常鼓励大家要尽可能多地练习如何称赞优秀的作品，甚至要赞扬一些尚不完美的作品。如果你在作品中看到了创作者闪闪发光的才能和还在酝酿的想法，或是一些他们做的大胆尝试，就开口称赞他们吧！

许多年来，我已经养成了称赞他人的习惯。我尝试每周都去赞美其他创作者至少两次，有时也会寄一张卡片，称赞创作者给我留下深刻印象的作品。你会惊讶于有很多人会记得这些卡片，有人甚至在很多年后都会提到它们。如果你愿意花时间去买一张卡片，在上面写下你的想法，贴上邮票，然后把它寄出去，那你就做了一件很有意义的事。在数字时代，这种行为听上去好像很麻烦，但正因此才显得特别。我有时还会公开做这件事，比如发推特或发帖子，赞扬我欣赏的作品。当我举办研讨会或做演讲时，也会公开赞扬他人的工作，并称以他们为榜样，而不是只谈我自己的东西。有付出就有收获，总有一天，①你也会需要别人对你这样做。你支持过的人会在将来的某个时刻回报你的好意。

但赞美与反馈是不同的。反馈是借助他人的技能和视角，找出你作品中的弱点，就好比问别人："如果你来编辑这个作品，你会怎么做？你会关注什么？"征求反馈的目的不是听别人夸一个作品有多棒，而是要整理出一份崭新的、需要留意的项目要点清单，而且最好是一份自己写不出来的清单。那些陷入停滞并需要帮助的人往往一开始就会提出这个请求，他们知道自己作品的不足之处在哪里，于是向别人寻求帮助，来解决这个问题。这才是寻求反馈的正确姿态。

有一个关于给予反馈的小技巧，能让这个过程对你和创作者来说都更容易接受。无论意图如何，创作者在接受反馈时往往很紧张，即使他们是真心想听反馈。尽管创作者愿意改进作品，他们还是很在乎你的看法，因为你是他们尊重和钦佩的人，而且他们做出的是专业领域中最亲密的行为——向你展示他们创作的半成品。

为了安抚他们紧张的情绪，我经常会抛出一个话题，然后立即询问他们的看法，再提出自己的想法。我发现，如果一开始就请他们分享自己认为什么地方做得好、什么地方有待改进，他们往往会先讲出我的心里话。不管是因为有点紧张，还是察觉到你是抱着审慎的态度在倾听他们的作品，他们都会很庆幸能在你张口之前把事情讲出来，这样就可以避免必须由你来指出问题的局面。

当创作者谈起一些项目时，你可以同意他们的观点并提供反馈，或者先表示同意，再从一个稍有不同的角度来点评。有时候在谈话中，你还会发现他们对自

---

① 注意，我说的不是"可能有一天"，而是"总有一天"。

己太苛刻了，问题并不像他们想象的那样严重。关键是要让这场对话成为双向的讨论。

大多数人会把批评性反馈想象成带着一大堆别人的罪过、疏忽和缺点的清单兴师问罪，而接受反馈的人已经做好被痛击和打倒的准备了。人们似乎总认为批评性反馈意味着消极或批判。为了缓和这种感受，有些人把它称为"建设性反馈"，据说是为了让它听上去更积极，而这样能让事情变得更好。[1] 既然如此，那就让创作者先开口，提供一些东西让你给出反馈，这样感觉就不会那么对立了。如果创作者对如同海啸般席卷而来的负面情绪没有戒心，就更有可能接纳你给出的反馈。

你也可以利用这个技巧讨论作品的细节，包括具体制作和编辑上的决策。比如你可以说："我们来谈谈船上的场景。我注意到你一开始就解释了弗兰克是如何拿到船长执照的，为什么你会把这一段放在场景的最前面？你认为它是怎样发挥作用的？"或是："我注意到，每当你提出一个新的话题，嘉宾 A 总是会先开口。你能告诉我为什么吗？这是一个刻意的决定吗？"

这些年来，我听到很多人提出，在给予反馈时要使用各种各样正负面的配比，例如每说两条负面的意见，就要说一句正面的表扬。或是像做三明治一样，先说点积极的话，再提到缺点，最后用赞美的话收尾。这些东西在我看来都没有意义，它有点像是把很苦的药捣碎，混到一大勺甜甜的果冻里。你以为这样能骗到小孩，但他还是可以尝出药的苦味——甚至只能尝到苦味。

在对话中强行加入一定配比的正负面反馈，这种策略主要是应付那些表面上想听反馈，实际上只想收获赞美和肯定的人。另外，我认为这么做会陷入二元谬误。好的反馈并不是单纯积极或消极的，重要的是在评价一个作品时，你能坚持

---

[1] 如果去查一下，就会发现 "critical"（批评性的）这个词在英文中有两个意思——"thoughtful"（深思熟虑的）和 "analytical"（分析性的）。批评性反馈其实指的是花时间提供见解，并给予特定的考量。如果刻意称之为"建设性反馈"，听上去就有点冗余。

用你的标准来审视它，这样才有机会让作品变得更好。因此，硬要把反馈分为积极反馈和消极反馈是一种愚蠢的做法。如果你能表述清楚，就不要对创作者含糊其词。对创作者而言，如果他们是出于正当理由寻求反馈，就不会害怕受伤。只要你把谈话重点放在如何让思路更清晰、让感情更生动、让观众更投入上，这场对话就会充满支持和鼓励的感觉。

通常情况下，当我给团队开总结会议并对节目提出反馈意见时，我会先直截了当地说："我在今天谈话中没有提到的部分，就可以认为我很喜欢它们，不用做任何修改了。"

这是播客节目《美国生活》其中一集的开场：

《我如何读懂它》(*How I Read It*) 这一集节目在 2018 年 12 月 7 日首次播出，图 5-2 是艾拉为其 10 分钟序言所写的大纲。

序言内容是对 InspiroBot 发明者的采访。InspiroBot 是一个互联网机器人，它可以在一张充满宁静祥和氛围的图片上随机生成自创的励志语录——或者说，理论上它会这样工作。

根据台本设计，艾拉本应问发明者他们是如何做出这个机器人的。

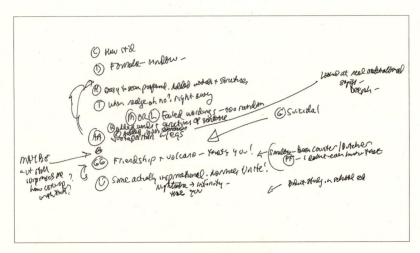

图 5-2 艾拉准备的序言大纲

然而，后来艾拉这样开场："InspiroBot 最有趣的地方，就是创造它的人。一开始他们以为自己做出来的是一个可以写出励志语录的机器人。"艾拉说："可随着机器人开始工作，他们意识到，'哦，原来它做的是更奇怪、更有趣的事'。它生成的那些语录，引起了某些人奇特的共鸣。"

比如说，这个互联网机器人会生成这样的句子：

"变成你犯过最糟糕的错误的化身。"

"爱是一种动物，它会吃掉你的大脑。"

"教育像一个愤怒的孩子。"

"前往火星旅行，只需要一个男孩和一面旗子。"

一张星空下男人的图片，搭配着这样的句子："你在地球上能活多久是随机的。"

一个女人拿着一支燃烧的烟花棒的图片，搭配着这样的话："你很普通。"

艾拉联系了 InspiroBot 的发明者。他们此前从未接受过采访，也没有公开谈论过这个机器人，但他们同意接受艾拉的采访。在此之前，艾拉与他的团队坐下来，思考这个故事以及他们期望对话发展的方向，这也是《美国生活》制作团队的常规工作流程。

艾拉坚信，每一个故事都能通过采访或现场录音的形式来讲述，录音就是他讲故事的核心。"你要坚持围绕录音内容组织和架构节目。"艾拉曾对我说，"我从 19 岁就开始用这种方法，利用录音资料来架构和调整节目。基本上，你要做的就是获取录音，然后确定录音里最精彩的部分，接着重新组织它们。"

他补充道："在做采访之前，我们要对故事结构有一个明确的想法，否则就没法获得好的录音。"

以前我就听艾拉说过这句话，他提出在实地采访之前，应该先想好故事的大纲、场景和结构。从根本上说，我同意他的观点，但每次听到他这样说的时候，我还是有一丝担忧。

"把故事局限在一个先入为主的框架里面，会不会有风险？"我问艾拉，"比如你可能会错过意想不到的转折，或者故事并不向你期待的方向发展？"

"当然有这种风险。"艾拉回答，"但是，你遵循的大纲只是一个起点。你最想获得的当然还是令你惊喜的内容，那种超越想象的东西。"

"那如果你带着一份准备好的大纲走进录音棚，如何做才能让自己不被遮住双眼呢？"

"我想说的是，首先，大多数故事其实没有那么复杂。"艾拉回答，"当然，它也有可能与你想象中的非常不一样，但更有可能的情况是，受访者对故事里你没有想到的那部分，会有很多感触，于是整场采访就会自然而然地往他们最有感触的那个方向倾斜。你明白我的意思吗？"

对艾拉来说，具体的录制环节在整个流程里比较靠后。在此之前，艾拉和他的团队会花很多时间进行研究。他们会打电话、核实内容、讨论、策划，并为采访大纲想出若干个场景。这些准备工作给了他们一个明确的计划，让他们知道为了讲好故事，自己需要从采访中获得什么。

这种结构带来的就是自由。有了坚实的基础，他们就可以偶尔离题，追随自己的好奇心，因为他们知道总有一个计划可以供他们折返（这是一个在本书中反复出现的理念）。

回到关于 InspiroBot 的采访上。制作人认为要使故事顺利往下发展，他们还需要一些信息。"我还需要根据他们一步步的发明过程来获取情节关键点，比如我会问他们是如何制作这个软件的，早期犯过哪些错误，以及这个机器人一开始会干什么。"艾拉说，"但故事中必须有明显的转折点，那就是他们什么时候意识到机器人并没有在做他们预期的事情，而是在做更有趣的事情。显然，如果受访者描述不出这一部分情节，这个故事就宣告死亡了。"艾拉需要做的另一件事是让发明者回答，他们是否发现机器人偶尔在以一种令人吃惊的方式制造深刻的内容。缺少这两点，故事就不存在了。

这次采访是在一个周二录制的，节目将在周五播出，所以没有太多时间来安排结构和撰写内容。

采访过程中，艾拉让一位制作助理坐在旁边，写了一份现场录音记录。以下是录音记录中的一页（图 5-3），艾拉的提问是大写的，每个问题后面都记录了相应的回答。

HOWEVER WANNA BE IDENTIFIED - IF WANT TO COME OUT AS PPL YOU ARE LIKE TO IDENTIFY W FULL NAMES BUT KINDA THING WHERE IF YOU DON'T WANT TO -

always been element of mystique that we've est and never told anyone who we are ppl wondering asking but we've never blown our cover when you contacted us we said why not just blow cover it's not a big deal anyway

always enjoy secrecy

DO YOUR FRIENDS KNOW?

not sure whether we keep it

DON'T HAVE TO DECIDE THIS SECOND - NOT GOING TO BROADCAST FOR FEW DAYS. DO YOUR FRIENDS KNOW

some of them - some get very surprised. parents finding out thought it was pretty weird

FRIENDS SAW INSPIROBOT THEN U REVEALED TO THEM

don't remember - yes ppl who knew inspirobot already but found out later we were behind it

friends who shared images from inspirobot and had not idea that i was a part of it

THAT IS SO EXCITING - THAT'S LIKE GET TO REVEAL NO NO NO I AM SPIDERMAN

laffs yeah

AND THEN SHOULD SAY WHAT COUNTRY YOU'RE IN

yeah -oslo norway

AND ARE YOU BOTH PROGRAMMERS

i'm a programmer -

I'm a writer

SO JESPER YOU'RE PROGRAMMER

no peter is programmer and me jasper is the writer and we've sort of developed system together where peter is handling the technical difficulties and i'm trying to put together the syntax and spellings ok and everything vocab and everything

HONESTLY JUST WANNA HEAR STORY OF THIS - HOW MANY YEARS AGO START ON THIS EXPLAIN WHAT IDEA WAS WHAT WANTED BOT TO DO

started in 2015 in spring. bc we saw lots of ppl posting around then and still really posting lots of inspirational images words on fb twitter instagram looked like system behind whole thing. no idea where it came from but felt like machine should be able to do this as well. give so much of what it does you kind of have to give meaning to it yourself in a way. so started exploring how a machine by using modern machine learning techniques try to figure out make computer do same thing

图 5-3　艾拉的采访现场录音记录

你会注意到，在这一页记录的三分之二处，有一个中括号，旁边有一个画圈的字母 B，下面一个中括号旁边有个画圈的字母 C。这些都是采访中的对话，艾拉认为这些标记出来的话在故事中可能有用。于是他在重听采访内容的时候，会一边读这些记录，一边在纸上做记号。当他把所有英文字母表上的字母都用完一遍后，他就开始用 AA、BB 做标记，以此类推。

"你能看到，我把任何有可能用上的录音内容都标出来了。"艾拉说道，"因为我要把所有可能用到的录音片段都列到一个清单上。"

之后，艾拉在笔记本上写下一个新的录音清单（图 5-4）。

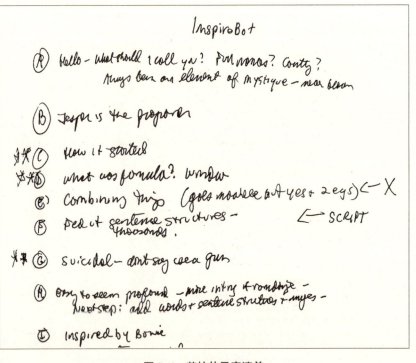

图 5-4　艾拉的录音清单

当艾拉做到这一步时，他会在确定使用的录音内容旁边打上两个星号（注意星号在 C、D 和 G 的旁边）。

"这不是写给别人看的，所以字迹很潦草，只要用一些我自己可以理解的短语就行。"艾拉说。

艾拉想根据自己的顺序进行采访，也就是说他会先介绍嘉宾，然后讲述这两个人想发明一个能编写励志语录的机器人的故事，再询问他们这么做的原因。故事的下一节中，他们会发现这个机器人并没有按照预期的那样做事，而是做出了一些更有趣的行为。这时，艾拉要读一些机器人写的话给大家听。

经过仔细筛选后，艾拉确定了这个故事的落脚点在哪里（图 5-5）。

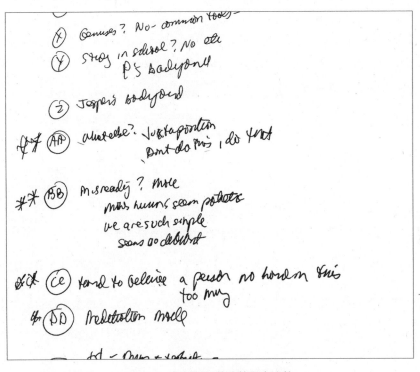

图 5-5　经过仔细筛选的录音清单

"如果你去听录音清单中的 CC 这段，就会听到'很难相信没有真人参与其中'，这是另一个我觉得值得深入挖掘的点。"艾拉说，"BB 是我认为可以当作结尾的内容，那就是'机器人的行为使人类看起来很可悲'。"

最后，艾拉对手头的录音碎片进行反复排列组合，然后写下了这样的笔记（图5-6）：

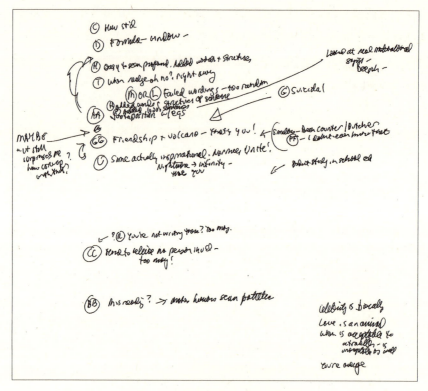

图 5-6　经过反复排列组合的录音清单

"它看起来之所以杂乱无章，是因为我在思考。好吧，显然我们要从 C 开始：'这个想法是怎么开始的？'"艾拉说，"然后我们进入 D：'套路是什么？'怎么说呢，在接下来这堆乱七八糟的东西里面，我还有一堆的选择，比如 H、T，等等。"

然后，艾拉在剪辑音频的间隙写下笔记，整理出一份录音脚本（图5-7）。

艾拉的这一套工作流程——给录音做笔记，给节目需要引用的话标注字母，排列组合确定要使用的录音内容，然后写录音脚本，是近 30 年来他每次写录音脚本时都会用到的。

From WBEZ Chicago, it's This American Life.

> Jesper: You can call me Jesper
> Ira: Jasper
> Jesper:Jesper. With an E
> Ira: Jesper.
> Jesper:Yeah And it's peder here
> Peder: Yeah. Hi Ira.
> Ira: Are those your actual names
> Jesper:Yaah! It's not a joke.

Peder Jørgensen & Jesper Sundnes ... this is the first time they've agreed to do an inteview about this thing they created ... or even idnetify themselves as the creators ... they say it all began ... back in 2015 they were killing time together... scrolling through facebook bored ...

The location?

> Jesper: At work. We were supposed to be working.
> Ira: Because you had a lot of free time?
> Peder: No!
> Jesper: Yes!
> Peder: We were probably on a lunch break. We were working very hard.
> Ira: I love that one of you said yes and one said no.
> (laugh)

They were working in radio ... they live in Oslo Norway.

Anyway, they noticed on their friends' facebook feeds ... very common ...

> people were posting lots of inspirational images with inspirational words. And Peder it kinda looked there was system behind the whole thing. Like it felt like a machine should be able to do this.
> Yeah. Like a robot would be able to do that.

Could make an inspirational quote.

After all they're so formulaic! ... every day might not be a good day but there is good in every day. -If you fell down yesterday, stand up today. the secret to getting ahead is getting started.

And so Jesper and Peder set about to program a computer to create these ... to generate inspirational sentences and paste them onto stock photos of beaches and starry nights and people staring into the distance. ~~Neither had worked as computer programmers, but Peder had taught himself to code ... years before ...~~

~~And using a grabbag of standard programming tools ... they set to work.~~

And what's interesting is just how quickly the program sort of took on a mind of its own...

at first ... the computer really did generate very typical inspirational quotes ...

but as they gave it a bigger vocabulary ... and taught it to string together a wider variety of sentences ... the kinds of sayings it started to crank out started to evolve ... as they got more random ... they got funnier ... and darker ... and – I don't wanna oversell this but it's true ... actually sometimes kind of profound ... the bot started to take on the personality that it has now ... ~~pretty quickly!~~

~~And when these kinds of quotes started to appear ... Jesper and Peder were like ... whoa ...~~

图 5-7　经过整理的录音脚本

　　"基本上我在办公桌前坐上一小时，就能写出这样的东西，我会把一个半小时的录音内容转化成一份真正的大纲，然后我就能非常迅速地根据这个大纲来写脚本。"他说，"浏览录音记录和制作有字母标记的清单，还有另一个作用——这个过程就像把采访放到你自己大脑的随机存储器中。也就是说，它迫使你对信息进行分类，分辨哪些话是有用的，哪些话是无用的。"

艾拉的方法就是在迫使制作人高效地完成数小时的录音制作工作。

　　"这些步骤的好处是，它把一项本质上具有创造性和编辑性的任务，完全变成了一项文秘式的任务。也就是说，变成了一项没有创造性的任务。"艾拉说，"这么做很有用的原因是，我和大多数有创造力的人一样，真的很害怕要全身心投入某个故事并对它做出决定的那一刻。因此，我们很容易拖延，先去做其他事情。很多人会发现自己很难静下心来写脚本，很难决定先说什么，再说什么，接着说什么，更别提真正坐下来把这些都写下来。而我前面提到的那种方法就可以帮你克服困难，把你做决定的过程变成文秘式的任务。如果你沉浸在这一步步的流程中，道路自然就会变得清晰。我相信这绝对是完成节目制作任务的最快方法。"

MAKE
NOISE

第 6 章

建立忠实听众，
关键在于积极触达

营销不是别人的事

在一次播客领域的峰会上，我听一位资深广播制作人谈起她最近在开发的一个节目，也是她做的第一档播客。我们得以在这场峰会上碰面，就是因为她要为这档新节目找一家合作的播客网络公司。[①]

"为什么要找一家播客网络公司？"我问道。

"我只负责制作。"她说，"营销和推广节目的事情，需要找其他人来干。"

以下是我对她的回应，同时也是解释为何在一本关于创作的书里会有一个章节专门讲营销。我对她说："营销不是别人的事，而是你自己的事。"

---

① 如果你对此有疑问，可以读一下这里的解释。一档播客节目从开始在创作者的电脑上制作，到最后在听众的手机或其他终端上播放，中间会经手很多不同的人和公司。比如，用来听播客的应用程序、满足听众需求的播客平台和播客网络公司都会参与其中。播客网络公司就是专门帮播客主播赚取收入并扩大听众规模的公司。这些公司为许多播客节目提供服务，帮助主播降低成本、提高效率。相较于每位主播自己做这项工作付出的时间、精力和资源，这种方式要高效许多。

许多创作者以为自己生活在一个神话般的时代，自己只要负责创作，然后就可以把营销和推广等"脏活""累活"交给别人。然而，这既不符合现在的实际，也不符合任何一段历史时期。如果你以为从前的节目就是这样操作的，那很可能是当时根本没有人在做有意义的营销。一切不过是你的幻想罢了。

即使是那种营销预算高达数千万或上亿美元的院线大片，也需要制片人和明星出面，为作品站台。

关于营销这件事，创作者需要在极度怀疑的同时认清现实——没有人比你自己更适合宣传你做的节目。

没有人会像你一样对它充满热情，没有人会比你更了解它，也没有人会比你更了解该在什么样的场合使用哪种手段，来吸引未来的听众去搜索并收听你的节目。

营销不是别人的事，而是你自己的事。

我绝不是说请专业的营销人员没有用。只是你无法指望他们像你一样全身心投入，也不能寄希望于他们在你节目上花的那一丁点时间，那只不过是他们在浪费时间从头认识你早已熟悉的目标受众，并试图挖掘你节目中的亮点罢了。

如果你有幸能与专业的营销人员合作，那么恭喜你，这是大多数创作者非常期待却从未享有，更谈不上满足的一个特权。在本章余下的部分，我会假设你要靠自己培养听众，因为要么你实际上就得这么做，要么你至少是名义上的营销负责人。总之，无论节目如何制作，你要和谁共事，工作如何分配，在这里我都先假设培养听众是你个人的责任。

作为一名创作者，很容易低估或高估营销的重要性。

令人惊讶的是，我经常看到创作者无视智慧营销的重要性，更遗憾的是，这种情况极为普遍。也就是说，一个人或一个团体投入了大量时间和精力去创作播客节目，却从不考虑节目应该如何存活下去，又该如何找到属于它的听众。创作者似乎默认只要把播客放到市场上，它就会自然而然地在这片有着 70 多万档节目的红海里被发现，并能取得成功。

在制作完节目后，他们还会强词夺理："就把它放在那里，看看会发生什么吧。"我现在就来为你揭开谜底，可能什么都不会发生。

从古至今，许多创作者认为参与营销会在某种程度上降低他们作品的档次。他们觉得，一个人不能既是一名创作者，又是一名营销人员。这种认知是完全落后并错误的。当今所有数字媒体要面对的现实是，创作者需要学会像营销人员一样思考，而营销人员也需要像创作者那样思考。

从好的方面看，创作者和营销人员是相互依存的，双方都应该和对方共享信息。两者遵循的是对立统一原理：不可分割但相互独立，需要彼此的存在才能发挥作用。两者没有孰优孰劣之分，而是互相包含、互相影响的关系。

可能有人会说我的观点不对，创作者在创作过程中不应该考虑市场或受众的问题。可如果这样，你的作品就应该叫艺术，而不是大众媒体。虽然从艺术创作的角度来看这样做没问题，但这就意味着你可能无法收获足够多的听众，节目的影响力也有限。我不是说所有的艺术都是小众的，但确实存在这个倾向。你需要思考：节目是做给谁听的？是为了创作者自己，还是为了听众？如果创作意图仅仅是自我表达，那别人就既可能对它感兴趣，也可能对它没兴趣。如果你的意图是接触大众（这里所说的大众，规模可以由你定义），就需要考虑触及目标听众的最佳方式并做出选择，确保节目能被那些感兴趣和喜爱它的听众找到。有人认为，把这个过程称为培养听众更合适，但实质上这个过程就等同于传统的市场营销。

虽然创作者和营销人员一起工作并互相影响很重要，但更重要的是，每个人都要认识到自己在对方的领域里并不是专家。我承认，我自己也犯过同样的错误。因为参与过太多新节目的营销活动，有时我会觉得自己跟做营销的同事一样专业。其实我并不专业，我身边的许多同事让我意识到了这一点。并不是说我没有营销创意，只是做营销的同事对一些事件、成功案例和创新手段的关注程度，依然是我无法企及的。同样的状况也发生在营销人员的身上，我见过很多营销人员觉得自己才应该是节目编辑方面的决策人。虽然他们对节目受众的理解值得大家尊重，但每个人都要意识到，不同领域之间是有边界的。

只考虑创作，而不考虑节目的宣传，就等于只做了一半的工作。那些声称"节目做好就放着"的人只是应付性地完成了一半工作，而且可以预料到，他们的付出是不会有回报的。

不过，创作者也可能高估营销的重要性。给大家分享一个我刚开始做咨询时遇到的案例。有一天，一家初创媒体公司的播客节目制作人打电话给我，问我是否有兴趣为他们提供咨询服务，帮助宣传推广他们的播客。他们之前已经推出了几档播客，并计划在未来一年内再推出十几档新的播客节目。他们想咨询，如何增加现有节目的收听人数，让新节目推出时就能拥有一个强大的听众基础。

在准备回复这通咨询电话的过程中，我听了他们现有的节目，并做了一些简要的笔记，以便在通话时能派上用场。到了通话那天，一开始我就询问制作人，他认为现有节目的优势和机遇是什么。

他说："哦，大家都很喜欢这些节目。"然后就没有下文了。

好吧，我想了想，开始把自己收听过程中了解到的节目情况拿出来分析。简而言之，我认为这些节目缺乏一个清晰的结构，很容易让听众迷失方向，不知道自己为什么在听。此外，编辑方面也有很多不合理之处，节目听起来有些混乱且难以理解。

我还没说多少话，这位制作人就打断了我。他说，他很尊重我的意见，但他们公司想咨询的问题是如何扩大听众规模，而不是如何改进节目。我告诉他，这两个目标是不可分割的。大多数时候，扩大听众规模的最有效方法，就是把节目打磨成一个更好的版本。只有这样做，才能向潜在的听众宣传这个节目。

可他不是这么想的。

我问他，目前还有哪些节目跟他们的节目比较像，比如有相似的立场和情绪，并涵盖了相似的主题或观点。他提到了几个纪实类节目，如《慢燃》、《美国生活》和娱乐与体育电视网（Entertainment and Sports Programming Network，ESPN）的《30 对 30》（30 for 30）。要知道，这些节目的每一集都要花费数万美元和一个月左右的时间来制作，并且已形成惯例。而他给自己节目的预算经费是每集 3 000 美元，还觉得这已经绰绰有余。

他说："我只想让你告诉我，该如何花掉我手上的广告费。"

我告诉他，我从来没见过哪个播客节目花在营销上的哪怕一分钱，是让我觉得值得的。我告诉他，用来推广节目的高明营销手段有很多，但如果想让别人关注你的节目，那就必须确保它值得关注。

他说他认为这个想法很吸引人，之后会再联系我，聊聊聘用我为咨询顾问的事。

我至今还在等这通电话。

在这里，我有必要把自己的观点明确一下：花更多钱并不是生产优质内容的必要条件，也不能保证作品一定优秀。然而，在做播客这件事上，投入和产出之间有一定的相关性。投资和回报是相关的。投资可以是金钱，也可以是时间和精力。

如果说低估营销的重要性就和完全没有营销计划一样愚蠢，那么高估营销的重要性就等于迷信营销是解决所有问题的答案。换句话说，有些人会贸然地做出判断，将节目遇到的所有问题归咎于缺乏营销。高估营销的人以为，他们要做的就是在广告一类的付费媒体上花更多的钱，获得更多的宣传机会。

通过营销运作来放大你的工作成果，确实是一种方法。但正如现实一次又一次证明的，实现目标、培养听众、赚取收入的最好方法就是坚持不懈地努力，让节目尽可能精彩绝伦。大多数营销工作实际上始于生产环节，没有什么比引人入胜的故事和谈话更管用。没有任何营销计划、没有任何网络效应、没有任何技巧或秘诀能够比得上为节目投注更多的心血，让下一集比上一集做得更好。

在此再次强调我的观点：我从来没见过哪个播客节目花在营销上的哪怕一分钱，是让我觉得值得的。确切地说，我指的是传统营销。我见过许多创作者、网络公司和发行商会积极发布平面广告，制作华丽的宣传视频，在公共汽车上贴标语，做室外广告牌，付钱在社交媒体上发帖，在公交车站牌上做广告，印刷小册子，还有的会制作钥匙扣、T恤衫、徽章和贴纸等周边赠品。在所有这些活动中，我从来没有发现任何一个案例可以证明这种投入在收听率上产生了可量化的成果。

我也不是说营销播客是不可能完成的任务或是浪费时间。相反，有个好消息——成熟有效的节目营销和培养听众的方法并不会花费你一分钱。

如果你熟悉"游击营销"（guerrilla marketing）这个词，接下来的很多内容你会觉得耳熟能详。我算不上是游击营销的信徒，但总的来说，我觉得这套方法很不错。在为播客培养听众这个问题上，你看到的一些行之有效的战术，往往都属于游击营销的框架范畴。

"游击营销"这个词广为人知，是从 1984 年开始的。那年，由杰伊·康拉德·莱文森（Jay Conrad Levinson）撰写的同名书《游击营销》（*Guerrilla Marketing*）首次出版，此后这本书又多次再版。游击营销奉行两条核心原则。第一，虽然发布传统广告对大企业来说可能很奏效，但是这种手段对类似播客的小规模团队来说，往往性价比不高，且很难执行。游击营销就是为那些不得不找到其他方法来建立、发展和维护客户群的企业量身定做的。游击营销鼓励你投入时间、精力、想象力和信息量，而不是投入金钱，旨在用成本较低、参与度较高的方式取代花销不菲的传统营销方案。第二，也是更重要的一点，莱文森解释说，游击营销中的营销包括了你与外部世界的每一次接触。这也就意味着，营销不是一次性事件，而是一个与你现有受众和潜在受众持续性接触的过程。

我不打算向你复述那本书的全部内容[1]，但书里的观点在播客营销方面的适用度确实很高，那就是：营销不是你为了获取新客户（本书所说的听众）而做的事情；营销的关键是与客户建立一种双向关系，它将你与你的现有客户紧密连接起来，并激发新的客户不断加入。这种双向的紧密沟通并不是在节目播出时才发生的，它必须从一开始的构思阶段，就内生于你的项目内核之中。它会提醒你做一些能引起听众注意的事情，让听众参与到你的事业中，而你需要与他们进行定期的、清晰的、有针对性的沟通。

除了莱文森关于游击营销的建议以外，大多数营销人员还认为，每个人都需要做到以下事情，才能成功达到宣传目的。这些事包括：

- 从一个美妙的想法开始（如果你一直照着本书的建议在做，就请打钩，然后看下一项）。
- 知道是什么使你的内容与众不同（打钩）。
- 了解你的受众是谁（打钩）。
- 最重要的是，去实际地接触你的受众，并与他们互动。

最后一个阶段对刚开始培养听众的创作者来说是最难的。经验老到的创作者更习惯于在制作完音频后，像丢皮球一样把作品从墙的这边抛向墙另一边的观众，就像本章开头我的朋友所做的那样。对他们来说，这是一种单向的关系——我来做，你来听。大多数内向型的创作者[2]会被直接接触陌生群体的外向型工作吓倒，即便是谈论自己熟悉或非常在意的事物也一样。

---

① 推荐你买一本来看看。那是一本读起来很快、能给人许多启发的书。
② 大多数音频节目作者是内向型人士。

而创作者和听众之间的亲密感，源于打破阻隔彼此的墙。你要把你自己、你创作的过程和投注在节目上的所有努力，都赤裸裸地呈现给听众。这需要你敢于暴露自己脆弱和偶尔不完美的那一面。坦率地讲，这需要你花时间去适应，因为这真的不容易做到。但这种做法是有效果、有价值的，还会让你对自己的行动感觉良好。

在你开始担心之前，我们先来了解一下你未来的听众会是哪些人。首先，回想一下第 2 章提到的听众化身和为那些化身杜撰的人物简介。现在，我们把这件事再延伸一下，摘取简介中的一两句话，扩充为一段有关他们生活方式、兴趣爱好和如何开始对你的播客主题产生兴趣的介绍。问问自己：像他们这样的人可能会在哪里聚集？在现实世界中或在网络上？

我可以举一个例子，向你展示一下这样做的结果。

比方说，你要做一档关于收集喜姆娃娃的播客节目。具体来说，节目将包括新闻资讯、历史和对话，节目内容更适合资深的娃娃收藏家，而不是为新手收藏者做的入门介绍或收藏指南。通过第 2 章的练习，你应该已经建立了目标听众的画像。假设她的名字叫克拉丽斯，住在匹兹堡郊区，是一名半退休的图书管理员，愿意接触新科技，喜欢听有声读物和一些播客节目。她对有关工艺品的内容特别感兴趣，她和她的丈夫汤姆都喜欢收藏工艺品。30 多年前，在她祖母去世的时候，祖母把自己收藏的喜姆娃娃留给了克拉丽斯，然后克拉丽斯也开始收藏娃娃。从那时起，克拉丽斯变得非常好学，不仅扩充了自己的收藏品，还积极参加会议和活动、阅读杂志，经常活跃于线上论坛和用户群组，也会阅读一些专门讨论喜姆娃娃及其收藏活动的博客。她曾尝试在网络购物平台上买卖娃娃，但不是很喜欢这种方式。相较而言，她更喜欢面对面交流，因为这样就可以结识其他收藏者和卖家。她甚至在当地成立了一个喜姆娃娃爱好者小组，该小组每个月在图书馆聚会一次，如此已持续了好几年。另外，虽然克拉丽斯喜欢所有类型和来自所有年代的喜姆娃娃，但她还是对收藏 20 世纪 50 年代的娃娃最感兴趣。

如果你在阅读第 2 章时还没有想到如此详细的程度，不妨花几分钟时间再丰富一下你的听众画像。你可以为一档有关真实犯罪的播客节目粉丝杜撰类似的简介，或者你想做一档关于汤姆·汉克斯（Tom Hanks）电影的播客，或者想做一档梦想已久的有关香料种植的播客，又或者想通过播客分享第一代移民的故事。无论你的播客主题是什么，你都可以如法炮制。

你可能会注意到，在构建听众化身克拉丽斯时，我在她的简介里明确了两件事：她从哪里获取资讯，以及她如何与同好互动。如果你要为这档喜姆娃娃播客写一份游击营销方案，你就需要在克拉丽斯的简介中落实所有细节。

一旦写好了听众化身的简介，你就能把目标受众可能会在网络上和现实生活中出现的地方列出来：线上论坛、讨论小组、简讯、爱好者聚会、图书馆兴趣小组、网络小组、线下聚会、社交媒体标签，等等。以克拉丽斯为例，我会从写在简历里的内容着手，但随后会迫使自己想一些别的地点，如跳蚤市场、工艺品商店、社区中心，以及专门收集古董、葡萄酒和其他各类收藏品的商店。虽然这些都可能是克拉丽斯所在的社群，但一定要先考虑全局，再关注各行各业和不同地方的人会在哪里聚集。比如，你正在考虑一档关于 20 世纪 50 年代女性时尚的播客的听众会出现在哪里，那么也许你可以在列表上加入位于芝加哥或纽约的著名古着店，而不是一家本地商店。又或者你想制作一档直播形式的播客，主要讲述关于收养孩子的故事，那么在你列举的场所里，除了当地市中心俱乐部举办的"飞蛾故事会"（Moth Event）① 以外，还可以考虑一下区域性或全国性的讲故事活动。

有了这份清单后，你还要花点时间想想人们在这些地方是如何互动的。也许有聚会和会议这样的团体活动，也有在线对话和一对一形式的互动与指导，还可能有通过博客、商店活动、教学等形式展开的一对多互动。

接着你要同时做两件事。

---

① "飞蛾"（The Moth）是一家位于美国纽约的非营利组织，致力于讲故事的艺术，会在世界各地举办讲故事活动。"飞蛾故事会"是其举办的活动之一。——译者注

第一，至少成为若干社群中的活跃成员。你不需要主动宣传自己的节目，只要成为一名参与讨论、互动和评论的成员就好。你可能没时间去这些人聚会的所有地方，但可以先去几个感觉适合的地方，然后随着时间的推移，再拓展到其他地方。作为社群中的一员，你要在场并参与到他们的活动中，这一点非常重要，如果你抓住机会融入了他们，那么当你开始宣传自己节目的时候，大家已经认识你、了解你，这样就更容易接受你的节目，并愿意通过收听和协助宣传等方式来支持它。

第二，你应该着手准备你的 10 个关键词和其他描述性材料，然后向潜在听众推荐你的节目。在本章末尾，我会附上一个练习，你可以通过这项练习来写一份提案，同样的提案可以用于许多不同的场合，也能吸引新的听众。

在加入线上社区的同时，你也要尽力找到参与听众现实生活的方法。举例来说，如果你正在创作一部音频广播剧，而能让你接触到听众的一个活动是在图书馆举行读书会，那就放手去做吧。你也可以尝试参加研讨会或大型书展，诸如此类。

一旦你成为某个社群中的一员，请在你的节目上线早期就开始宣传。不要等到已经完成了几集节目，突然说："嘿，大家好，我有一档播客，现在已经上线了，请各位马上去听！"即使还在策划和制作阶段，也请让你的社群成员参与进来。你可以向他们征求意见，让他们帮你做决定。给他们一个提供建议和反馈的渠道，让他们为你的节目投入更多，他们会因此更愿意帮助你。本章后面有一个名为"揭开面纱"的段落，会对此进行更详细的探讨。

每隔一段时间，我都能听到有制作人对这种高度开放、高度参与的营销过程持保留意见，担心有人会窃取他们的灵感。我很欣赏他们对自身脆弱性的坦诚，但这实际上是无稽之谈。首先，如果别人听到你的想法，就能立即进行复制，那么，要么这个节目的概念不是很独特，要么你和你的团队并不是制作这个节目的最佳人选。其次，当你开始在社群中建立人脉的时候，你就已经领先一步，所以不用太担心别人会抢先一步制作并发布这个作品。

当你与潜在听众建立联系并维持关系时，还应该制作一份名单，列出你认为能影响你目标听众的个人与组织，比如媒体机构、相关领域的权威人士，甚至是政治家和明星。拿我虚构的喜姆娃娃爱好者克拉丽斯来说，她和相关领域的博客写手、杂志编辑、会议主办人以及她经常光顾的商店的老板，都有着密切的联系。在你与这些有影响力的人接触时，请向他们全方位地介绍你的节目，包括你的节目愿景和目标。有能力的话，也可以邀请他们来做某一集节目的嘉宾。无论如何，要善用他们。你花费的这些时间都会成为最好的投资。通常来说，这些权威人士在他们的小众领域里拥有很大的影响力和话语权。一篇帖子、一条推特、一次商店橱窗里的展示或是一次在他们组织的活动中担任嘉宾的机会，都可能吸引新的听众对你的节目产生浓厚的兴趣。

以上内容，看起来像是有很多工作要做——事实上也是。但如果做得好，你的节目就会达到社会公认的高质量水平。请放心，这么做并不会让你的编辑决策过程变得一片混乱。我提倡的是敞开心扉与听众互动，让他们在你的节目上有所投入。你还是能掌控整个流程，决定外界的参与度，以及是否听取并采纳反馈。只有做好这些事，才会有更多的听众收听你的节目、和别人分享你的节目，甚至在必要时为你辩护，成为你最坚定的支持者。况且，说不定他们偶尔真的会给你出一个好主意。

现在你应该明白，为什么我认为营销工作不是别人的事，而是你自己的事。因为有效的营销和关系搭建来自同一个源头，就是你。

既然营销节目和创作节目是彼此关联的，你可能会渐渐意识到营销和创作不应该各自为政。正如我多年来向播客团队和创作者倡导的那样，营销和创作确实是同一行为的两个不同组成部分，就像阴和阳。它们又是两个相互依存的部分，合在一起才是整体。每当有人问我，为什么我的许多项目能够成功时，我都会说大部分原因是我处理好了营销和创作这两者的关系。我有一句口头禅——如果一名创作者想要成功，他就必须同时是巴纳姆（Barnum）和贝利（Bailey）①。

---

① 简单介绍一下，巴纳姆经常被视为一位创新者和表演者。确实，他称得上是一位表演者（营销人员），但他的搭档贝利才是发明了现代马戏团的创新者（创作者）。

我之所以反复强调这种方法，是因为它确实很有效，而且它不是偶然才会起作用，只要你努力尝试，几乎每次都会有效果。虽然这不代表每个具体的营销策略都能帮你赢得新的听众，但只要你花心思和精力去执行有价值的宣传策略，你就能找到听众。

营销之所以让人觉得做起来很难，是因为它需要实实在在的承诺。

我想分享一些史蒂夫·普拉特（Steve Pratt）教给我的东西。史蒂夫是太平洋内容公司（Pacific Content）里众多聪明人之一，该公司是一家位于温哥华和多伦多的播客公司，专门为品牌方制作播客。史蒂夫是一个很有趣的人，不仅是因为他在音频制作方面非常有才华，还因为他对生活有着极其乐观积极的心态。如果史蒂夫说他的人生没有遇到过什么低谷，我也不会惊讶，因为他总能很快找到扭转局面的方法。有一个很好的例子，就是他会利用一个叫作图表的工具，让项目在一个积极的氛围中推进。

一天吃早餐时，史蒂夫给我分享了一张图，是他的同事罗布·利德利（Rob Leadley）制作的，用来构建他们与潜在客户的对话框架。起初，史蒂夫和他的同事把这张图称为"播客成功秘诀图"。后来，他们觉得这个名字读起来有点拗口，就决定简称为"图"。他们用这张图来调整潜在客户的期望值，让他们知道哪些事是可行的，以及需要怎样做才能取得成功。

值得说明的是，这张图是太平洋内容公司专门为一种特定类型的播客制作的。那就是这家公司擅长的项目——品牌植入型播客，即由品牌方付费制作播客，用来推广品牌并与客户分享一些话题和故事——有点像广告，但没有直接要求你购买任何产品。虽然这张图是针对想做品牌植入播客的公司设计的，但其中包含的理念，对任何规模的项目几乎都很有用。这张图让大家认识到，成功没有捷径。营销计划里的每一个步骤都需要努力，而努力就是承诺的代名词。

在与客户一起使用这张图时，史蒂夫会画两条坐标轴，横轴代表勇于创新，纵轴代表承诺（图6-1）。

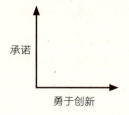

图 6-1　史蒂夫和同事制作的图

勇于创新是一个非常容易理解的概念。在横轴上，标出你愿意为创新所承担的风险水平。举个例子，两个人录制一段 20 分钟的对话，能冒多少风险？很明显，这样的行为在勇于创新坐标轴上的位置是很靠左的。那么，想不想突破界限，去创造一些大胆、创新而富有挑战性的内容？只有这样，我们才能在横轴上走到更靠右的位置。太平洋内容公司的团队还列出了其他可以提高勇于创新数值的元素，比如：为节目聘请一位出色的主持人，而不是让公司的普通员工来主持；不因截止日期和预算牺牲节目质量；问问自己，如果你不是制作团队中的一员，是否还会去听这档节目，并诚实地回答。

没有错误的答案，只有真实的答案。只要团队成员意见达成一致，在这条代表勇于创新的坐标轴上选择任何位置都没有问题。从工作团队的角度来看，勇于创新就是确保你的播客足够有创意，是一份送给观众的礼物。

图上的另一条坐标轴，代表了更具挑战性的一面——承诺。对太平洋内容公司的许多潜在客户来说，他们希望创造一档标新立异的播客，能达到真正拓展品牌影响力和提高认知度的目的。很多客户以为的承诺就是提供一张支票来付制作资金，再加上贡献一些早期的编辑想法，再对几集节目提供一些反馈。然而，大多数客户会惊讶地发现，史蒂夫和他的团队只会把这种等级的承诺放在纵轴上距离横轴很近的地方。

这里有一个隐含的信息：拥有一个品牌并愿意花钱做一档播客，不代表你就能实现目标。正如史蒂夫所说："如果勇于创新意味着制作一档出色的节目，那么承诺就意味着让你的目标受众知道这档节目。"

如何在承诺这条坐标轴上走得更远？对品牌方来说，这意味着要把做播客这件事变成制度上的承诺，而不仅仅是根据营销预算开一张支票就完事了。工作团队应该把所有火力对准播客，深入挖掘每一个可以与潜在受众产生接触的点，包括社交媒体、线上小组、网站、电子邮件和线下活动。如果你们是一家有实体店面的公司，就要思考，如何利用你们的实体空间来吸引大家关注你的播客。如果你们只是一支小团队，这种思路和方法仍然适用。每当你采用一种创新进取的方式来调动你的网络优势和秘密武器时，就能在承诺这条坐标轴上再前进一步。

围绕这张图得出的所有灵感和行动计划，都是为了确保最终你的播客能尽量达到靠右上角的位置（图 6-2）。

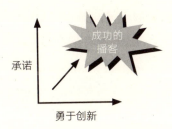

图 6-2　有助于成功打造播客的图

培养听众的 7 条策略

除了上述强化宣传效果的方法以外，我还想为你提供 7 条具体策略。这些都是我最喜欢的培养听众的技巧，有许多大机构和独立个体正在使用它们，并且取得了相当好的效果。我非常欢迎你把这些点子都"偷走"，甚至可以完全照搬我和其他人过去的做法。虽然不是每条策略每次都会有用，但我希望这些策略能够激发你的灵感，让你尝试新的手段来开拓你的下一批听众。

策略 1：DIY 播客网络

正如之前章节里提到的，创作新手最常问我的一个问题是："我的播客每集应该有多长时间？"

第二个最常见的问题是："我应该加入一家播客网络公司吗？"这是一个很复杂的问题。对大多数播客主播，尤其是新人来说，我的答案通常是不。只有当你的播客发展到很难独自应付的阶段时，加入一个成熟的播客网络公司才有意义。有些人以为播客网络公司会发掘有潜力的新人，让你至少能在播客领域发财或出名，其实这是完全不可能的。播客网络公司往往只垂青于有潜力进一步扩大影响力的播客人才，这代表你必须靠自己创造最初的热度和早期的成功。通常情况下，若想引起播客网络公司的重视，你需要已经赚到一些钱，并获得一些听众好评，然后他们才会愿意与你交流。播客网络公司不能让你在赚钱这条路上实现从无到有，他们只能让你从赚钱到赚更多的钱。同理，他们不能让你出名，只能让你变得更出名。播客网络公司不是造星机器。

每当我问创作者，他们想通过播客网络公司获得什么时，他们经常提到钱，但他们更常提到的是，希望通过播客网络公司来培养听众。

好吧，尽管播客网络公司对你来说可能没有意义，但利用网络效应是相对正确的做法。所以我在回答关于播客网络公司的问题时，经常会建议咨询者创建他们自己的播客网络，完全 DIY（do it yourself，自己动手）。

做法很简单。

一种做法是召集 4～5 位播客主播，尽量挑选那些可能与你的受众有重合的播客节目的主播[①]。这些主播可以是跟你制作差不多节目的人，也可以是你认为

---

① 比方说，你制作的是一档关于养蜂的播客，他们制作的是一档关于建造蜂箱的播客。或者说，你制作的是一档现场讲故事的播客，他们制作的是一档现场即兴喜剧的播客。又或者，你们的播客都关注在自己家乡发生的事情。

能吸引到相似听众的人。

找到这些人应该很容易。你可以去相关会议和活动上找，如果放眼全世界，每隔几周就会有一次相关活动。许多城市有播客主播的线下聚会，你可以通过留言板、社交媒体群组或内部通讯找到他们，每一个渠道都有丰富的选择。如果实在没有别的办法，也可以简单地浏览一下播客节目的目录，找到志同道合的人，然后直接与他们联系。

接下来，你就可以安排大家互相宣传彼此的节目了。你可以制作一条30秒或60秒的短播广告，插入别人的节目或频道更新资讯中，或是向主持人提供一些话术来介绍你的节目，让他们想办法说几句话，鼓励他们的听众也去听听你的节目。你还可以通过社交媒体、网站、简讯等非直播的方式来为对方做宣传。无论你们选择了哪种方式，请就宣传频率方面达成一致。[①]

另一种做法就是轮流推广。先选择好同意合作推广的主播。假设你们共有4位，那么每个星期，你们中的3个人都要推广第4个人的节目。接下来一个星期，则轮到推广下一位主播的节目。通过轮流推广，每个人的节目每个月都会被其他人推广一次。试着用这种方法推广几个月吧。这招很简单，但很有效果。

策略2：回复消息

美国著名礼仪专家埃米莉·波斯特（Emily Post）肯定很欣赏这一招，这个技巧很好理解，也方便实施。每当有人在网上发和你节目有关的内容，比如电子邮件、推特，任何提到你本人或节目的信息，请一一回应，不要错过任何一次机会。

---

① 一个建议：相互宣传的行为要维持一定的频率并持续一段时间。比如说，至少要每周6次、持续6周。

在过去 20 年里，我写了 4 本书，收到了成千上万封读者的电子邮件，每一封我都回复了。我还公开了自己的电子邮箱地址，并在网站上设计了一个表单，供大家给我发送简讯时用。我收到的简讯数量往往不多，但很有规律。在每本书出版前后，随着发现并阅读我的书的人渐渐变多，简讯也会增加，但我仍然能保证回复每一封信。

另外，我也会通过推特和其他渠道做出回应。每年我都要举办十几场讲座和研讨会，通常会进行实况直播，我的听众都可以观看。有时我会给一些帖子点赞，也经常转发，只要别太频繁就好。

当你回复消息时，记得请大家多多评论，或发帖与别人分享他们对你的节目的感受。这是一种很聪明的做法。通常情况下，他们会很感谢你愿意花时间回复消息，并会立即按照你的请求去做。

这几件事都花不了太多时间。点赞或转发一些内容只需要几秒钟，写一条简短的回复感谢某人的来信，大概只需要一分钟。但这些对听众和读者来说意义重大。虽然你可能对成为名人这件事并不在意，但对听众来说，你就是名人。你每点赞一个帖子或一条推特，每回复一封电子邮件，或是以其他方式向听众表示关注和感谢，对他们而言可能都是一件大事。这样做能提高听众的忠诚度，而忠诚的听众不仅会定期收听你的节目，还很有可能帮你宣传节目。

在这里还要提醒一句，这种与听众之间的互动很容易被过度使用或夸大。虽然与听众互动很重要，但更重要的是结合实际。那些你回应的人只是你的一部分受众，并不代表所有听众。

无论是电子邮件、推特、电话，还是在晚宴等公共场合上发表的评论，创作者经常会用听来的只言片语来合理化自己做或不做某些事的决定。这种情况在播客诞生之前就已经存在。事实上，我相信只要有大众媒体存在，就会有创作者将听来的只言片语和真正有价值的、可借鉴的数据混淆起来。我能想象，在史前人类创作洞穴壁画时，有看画者在石块上留言，表示想看更多关于马的壁画，之后就有人以这个石块为据向绘者提出多画马的要求。看到石块的人会宣称，大家都想看到更多与马有关的画，石块上的意见就是证明。

当你质疑为什么有的嘉宾出场率那么高的时候，创作者可能会回答："因为听众喜欢她。"这个回答的依据是什么？很可能是一条与节目有关的推特。如果你质疑某个节目环节，想建议播客做出某种改变，或想建议改变节目中某件事出现的频率，会有什么结果？主创人员很可能会根据他们在线下活动中听到的或在线上评论中读到的内容做出回应，并把这些消息当成无懈可击的真理。也就是说，主持人、制作人和其他创作人员与听众之间形成了一种神奇的亲密关系，他们似乎非常了解听众。

一方面，我认同这种现象。诚然，这本书的重点之一就是学会倾听听众的想法，并调整你的创作方向，以顺应听众的需求。但另一方面，这并不代表你必须接受短信或邮件里的意见。你不用把这些意见作为自己决定的背书，还说自己是根据听众的意愿来创作的。事实上，这往往是与初衷背道而驰的危险行为。

为什么听取听众的反馈反而会变成一个坏主意？明确一下，我并不完全是这个意思。我认为听众的反馈非常重要。不管他们以什么形式向你提供反馈，你都应该把它当作一对多形式的播客节目中的一部分，即一次一对一的短暂体验。

我认为，这些听众给你的反馈以及你与听众产生的接触点都是你能掌控的最有效的营销工具。但是，当你把一些听众的反馈与大多数听众甚至所有听众的反馈混为一谈时，就会出现问题，因为任何个体的想法和意见，都不能代表其他人的，有时候它们并没有太大意义。

就算你一直都听到某种反馈，它仍然不能代表听众的普遍意愿。我经常问那些声称从听众那里获得压倒性意见的创作者，究竟是听了多少条反馈。100条？300条？还是1 000条？通常他们的回答会在一个比较低的区间，实际数字还要小得多。往往在我计算之后，所谓一边倒的反馈只占所有听众人数的不到1%。即使是最固执的创作者也得承认，在10万名听众里收到100个人的意见（相当于 0.1% 的反馈率），其实是沧海一粟。客观地说，他们所听到的可能是真相的一角，但一堆道听途说的反馈并不能构成完整的真相。现在有许多工具，可以协助你创建价格低廉或免费的线上调研。

先从简单的听众问卷调查开始，这比你想象的还要容易。首先，获取一个方便记忆的网址，引导人们填写调查问卷，并在你的几期节目里都播放一段宣传语，呼吁大家参与调研。这里有一个建议：你可以为提交问卷的人准备一个抽奖，奖品最好与你的节目有关，是听众自己买不到的东西，比如你下一场线下活动的门票、与近期一位嘉宾有关的纪念品或是一个签名的礼物，诸如此类。你可以更信任从调查问卷中获取的信息，虽然做不到尽善尽美，但这些信息是真实的，不会像那些道听途说的消息一样将你引入歧途。

如果你有兴趣深挖，还可以关注一些研究线上评价和反馈的学术成果，特别是有关零售网站和点评网站评论的研究。这些研究表明，点评类的反馈不能直接代表整体客户或听众的体验。在上述反馈渠道中，以及通过推特、电子邮件和面对面的方式做出的评论中，你获得的信息只来自受众群体的一个子集。这些人往往有着强烈的情绪，也最愿意分享这些情绪，但他们只是一小部分，当然不能代表所有人。

我在创作 NPR 的趣味益智节目《问我下一题》时，真的很担心工作人员会把录制现场的观众和外面更大体量的听众混为一谈。这档节目是在布鲁克林贝尔酒吧内一个能容纳约 300 人的空间里录制的，在录制过程中，主播和嘉宾会自然而然地迎合在场的观众。我总要提醒他们，现场的人并不等于真正的听众。每周有近 100 万人收听和下载这档节目，他们才是真正的听众。我告诉工作人员，贝尔酒吧里的每一个人身后还有 3 000 多名听众。仅仅是在现场的人笑了或有其他反应，并不代表节目就大获成功，赢得了所有听众的喜爱。为了让大家将这件事牢记于心，节目制作人杰西·贝克，也是我在超级声音公司（Magnificent Noise）的联合创始人，制作了一个观众形象的化身——收音机朗达。这个调频收音机摆在架子上，上面还粘着土豆头夫人（Mrs. Potato Head）的摆件。朗达就被放在舞台前方，大多数现场观众看不到它所在的位置，但台上的人可以看到。我们把它放在那里，是为了不断提醒录制节目的工作人员，现场观众其实也是一种"道具"，负责提供笑声和能量，让我们可以创造出所有听众喜欢的内容。

不过分强调任何一个听者的反馈还有一个很重要的原因——如果你总是根据这些偶然的意见做决策，那么你听到的就是今天的听众的声音，而不是未来的听众的声音。这个理由也经常让那些原本盲目听信评论的创作者开始接纳我的观点。

许多创作者想要扩大他们的听众基数，而他们必须接受的一点是，他们未来的大量听众可能与目前较少的听众有所不同。听众的结构不是单一的，他们可能来自不同的年龄层、有不同的兴趣爱好或有不同的专业背景。如果说听众有什么共同点，那就是你。记住这一点，你就可以大胆假设，随着听众的增加，这种多样性的范围也会扩大。新来的听众将是不同的群体。首先，他们不会像老听众那样熟悉你的节目，至少在一开始的时候，他们不会很频繁地听你的节目。其次，他们作为新听众会有不同的需求，当前听众感兴趣的内容可能对新听众没有效果或不那么受他们欢迎。

因此，如果你根据当下发言最频繁、最随意、最自信的听众的反馈做出决策，就等同于排除了下一波听众的反馈。此外，听众其实很难改变。他们喜欢你和你的节目固有的形式，他们希望节目可以一直按照自己喜欢的风格来，这也就是为什么每当一档播客、一个网站或一家商店做出改变时，起初大家听到的往往都是负面反馈和各种抱怨。

所以，与听众进行交流固然是好事，也是聪明的做法，但这么做主要是为了尊重听众、尊重他们与节目之间的关系。你需要他们来获得成功，因此就算他们是你的忠实听众，而且通常是你最好的捍卫者和支持者，你也要始终保持谦逊的态度。只是要小心，不要根据自己听到的东西做出太多假设，因为事实并不一定是你想象的那样。

策略 3：请听众帮忙

我曾有一位客户，他拥有一个小型播客，想把它发展得更有影响力，就此向我咨询。他的节目当时的下载量是每期 5 000 次左右，他希望这个数字再扩大 10 倍。我认为这是一个宏伟的目标，需要分阶段实现。因此，在第一次谈话中，我们花了很多时间讨论，接下来吸引的 5 000 名听众会是什么样的，他们与目前的听众有哪些相似点和不同之处，以及新的听众爱上他的节目的理由是什么。他设想的是，接下来的 5 000 名听众与目前的听众没有什么不同。我跟他说，如果他要为第 30 000 名听众做规划的话，情况一定有所不同，但现阶段还只是第一步。

我们达成了一个共识：他的播客内容需要做出一些结构性的调整，包括很多针对老听众的内部信息。然后我们对节目的前 5 分钟做了一些改变，使这几分钟对新听众更有吸引力。

接着，一个让他觉得很棘手的问题出现了：这 5 000 名新听众要从哪里来？

他盯着天花板，表情严肃，看得出他正在思考。接着，他皱起眉头，苦笑着说："你知道吗？我完全没想法。"

我问他："最开始的 5 000 名听众是从哪里来的？"

他继续盯着天花板，依然皱着眉头。

"还是一句话，我完全没概念。可能他们只是偶然发现了这个节目。"

我告诉他，不存在 5 000 个人同时偶然发现一档节目的可能性，尤其是当听众还有另外 70 万档播客节目可选的时候。

我告诉他，就他目前的听众而言，许多人发现这档节目是因为有其他人推荐。有人发布了帖子或写了评论，或者口头告诉别人自己有多喜爱他的节目。我跟他说,他只需要让同样的事情重复发生就好。

"我要怎么做呢?"他问。

"直接要求。"我回答道。

我建议他在接下来的 4 个星期里,用这样一项简单的请求作为节目的开场白:"如果你喜欢这档播客,请推荐给别人。你可以发一条推特,也可以在网络论坛上发布一些帖子,或是发一封电子邮件,或是在午餐时给你的朋友讲讲。"他照做了。

几个星期后,我发电子邮件给他,问他后来的情况。

"下载量上升了 35%。"他说,"这一定是个巧合。"

我知道这不是巧合,但我只是告诉他再多试几个星期。接下来的几周,听众数量保持了 35% 的增长率。他注意到,有很多人在社交媒体上分享了最近几集节目,相比往常增幅明显。虽然这不一定能证明存在某种因果关系,但它仍然是一个相当有说服力的案例。

大家可以从这件事中得到的经验是:通常情况下,最好、最热忱的传播者就是你的节目听众。他们喜欢你的节目,也很愿意帮助你。你需要做的就是提出请求,这不仅不需要你花一分钱,还有助于你加强与听众之间的联系。正如我之前提到的,当你在社交媒体上看到他们支持你的行为时,一定要给那些帖子或评论点赞。听众喜欢你在社交媒体上给他们点赞。

策略 4:揭开面纱

社交媒体可以让一对多的沟通变得更加亲密。吸引观众参与就是一种花费不多但性价比很高的营销方式，可以为节目培养听众和忠实粉丝。当你把这件事当成节目制作过程中的一个有机组成部分时，那么在节目推出的那一刻，你就已经有了一个坚实的听众基础。

许多年前，我曾参与创建一个名为"民谣之路"（Folk Alley）的全天候民谣音乐流媒体服务平台。我们聘请了品牌和营销顾问本·麦康奈尔（Ben McConnell），他是营销领域中的一本先驱之作《打造客户传播者》（*Creating Customer Evangelists*）的合著者之一。针对如何为这个新成立的平台培养听众，本向我们提供了很多建议。

他提出的这些建议都有同一个原则：询问听众的想法，尽可能多地把决定权交给他们。问问听众，他们认为平台应该具备哪些功能，怎样可以让这个平台更有趣、更富有吸引力。本还提出，要为那些提供想法并积极实践的人举办竞赛活动，设置奖品，充分发挥"名誉经济"①的功效。还可以请听众填写调查问卷、观看平台网站的设计原型、收听试播节目，甚至请听众给平台起名和投票。② 你想请一位音乐人在演播室进行一次现场表演吗？问问听众的意见吧！音乐人应该表演什么曲目？你应该在采访中问什么问题？你甚至还可以就很琐碎的细节征求听众的意见，比如：新年来临前要不要播放节日音乐；如果要的话，应该在什么时间段播放、多久播放一次。这些问题就都交给听众来决定吧。

当时，我们主要在线上论坛寻找民谣音乐听众和爱好者，招募他们来当我们节目的测试听众。这大概是 2003 年或 2004 年的时候，当时推特和其他线上社交媒体还远未普及。

当时我对本的建议很有抵触情绪，那时我认为，我们才是专家。如果要有人决定这个音乐平台的形式，那也应该是我们。直到今天，我都很感激本对我的耐

---

① 名誉经济就是对听众的想法和贡献给予公开肯定。人们会为了获取一些公开表扬去做很多事情。
② 没错，"民谣之路"这个名字就是一位听众起的。在平台上线之前，这个名称就在我们针对民谣爱好者的调查中高票当选。

心指导，因为当我放下了傲慢的态度后，我发现自己学到了很多受用至今的东西。就算本的耐心指导没有说服我，结果肯定也会说服我。当时，虽然一开始参与测试的互动听众并不多，但随着我们一直向他们提问，我们收到的回复越来越多。测试版的听众开始真正深度参与到平台的建设中来，并关心平台的成长。起初听众只有数百人，但很快就增加到数千人，然后是数万人。平台正式上线的第一天，我们就有了真正的听众。这群人是非常了解这个平台的听众，他们很兴奋能正式开始收听节目，于是迫不及待地把消息告诉身边的朋友们。他们愿意支持这个平台，甚至愿意进行经济上的支持。

现在，你可能会听到有人把这种引导观众参与的方式称为"揭开面纱"，意思是让人们看到表象背后的东西。让大家看到项目进展过程中的情况，就是在邀请他们对你这个人和你的事业给予一定投入，这件事将在你以后的工作中持续产生回报。

有些人可能会担心："如果让大家知道我们正在采访或接触的人是谁，或者提前知道下一集的主题，这难道不是一种剧透吗？"我当然不希望事情这样发展。这么说吧，如果你在推特上告诉别人下一集的大致内容，但后来却提供不了任何有曲折、意外或令人惊讶的东西，那么这一集就注定失败，因为你没有足够深入地思考节目应该涵盖哪些内容。举个例子，如果你在推特上发布消息说"下周我们将讨论中国经济"或是"下一集我们将讨论昆汀·塔伦蒂诺（Quentin Tarantino）的电影"，而正式节目中只有一些关于人民币汇率波动或电影《落水狗》（*Reservoir Dogs*）的泛泛之谈，那么节目本身就存在问题。无论如何，请记住，这些高度忠诚、深度参与节目的听众也只是全体听众的一小部分——这样的情况实际上是健康的。[①] 所以，即使你让他们看到了不少尚在进行中的事情，这也只是对忠实听众的一种回报。最终，仍然会有很大比例的听众在得知新节目上线时感到惊喜。

---

① 任何一名广播节目主持人都会告诉你，如果你的听众里忠实粉丝的比例太高，那实际上是非常不健康的现象。如果节目正处于迅速发展阶段，就应该持续增加新的听众。虽然新听众听节目的次数可能会越来越少，但随着时间的推移，新听众人数会越来越多。如果你拥有的都是死忠粉，节目就会陷入停滞，最终宣告失败。因此，虽然拥有忠诚的追随者很重要，但不要过多地听取他们的意见。

策略 5: 做嘉宾

这个技巧对节目内容以交谈为主的播客来说最有效，比如小组讨论、好友聊天、圆桌谈话或其他形式的聊天节目。其中一个屡试不爽的推广方式，就是如果你想宣传自己主持的节目，就去做其他节目的嘉宾。这种手段可以追溯到播客本身的起源。

如果你想讲一些有趣的事情，比如某个领域的专业知识、对世界的独到见解等，那为什么不去别人的播客当嘉宾呢？好友聊天类节目的核心，就是需要有一位朋友，那么这个人为什么不能是你呢？你会发现，很多类似的播客会对此持开放态度。通常最好的办法是安排一次互惠交换，即你和其他播客主播可以在一两个月内分别担任对方节目的嘉宾，这样你们就能各自向对方的听众介绍自己了。

策略 6: 现场活动

有一次我受邀去澳大利亚，在一场年度音频创作者大会上发表45分钟的演讲。那是一段漫长的旅途，但是能到另一个国家与许多富有才华的制作人见面，并与一群渴望成为澳大利亚音频行业新生力量的人交谈，又令我非常激动。

最精彩的行程之一是参加《预言家》（*The Allusionist*）节目的现场活动。这是一档关于文字和语言的播客，非常了不起，属于播客网络公司 Radiotopia，由海伦·萨尔茨曼（Helen Zaltzman）主持。海伦也会在会议上发言，她决定在悉尼举办一场面向大众的现场活动，并邀请我参加。

我心想："在澳大利亚悉尼，有多少人愿意顶着暴雨去参加一场由一名英国女性主持的关于词汇学的美国播客节目现场活动呢？"答案是，至少200人。我用了"至少"这个词，是因为活动门票提前几周就售罄了，而我看到现场还有大批观众冒着大雨前来碰运气，看看能不能在最后一刻搞到门票。

这场活动的主要内容，是海伦在现场讲述一些以前节目中出现过的故事（你本可以在播客平台上免费收听这些内容），然后回答来自现场观众的提问。在场的观众可谓惜时如金，他们享受听到的每一个字、响应每一个笑点。如果海伦继续留在舞台上，他们会待得更久。海伦和观众之间充满了迷人的、有趣的正能量，以至于我在活动结束后的几小时里，都保持着高度亢奋的状态。

即使我自己从事播客行业已经很久了，这样的场面仍然令我印象深刻。无论是出于数不胜数的理论，还是一些没人说得清的原因，总之，播客听众热衷于抓住机会参加自己喜欢的播客节目的现场录制活动。当然，我并不主张你千里迢迢地跑到地球的另一边去举办活动，但参加一些路途不算太远的活动对你来说还是很有意义的。

即使是小型播客，也能做出很棒的现场活动。我的一位前制作人朋友埃莉诺·卡根（Eleanor Kagan）单纯因为好玩就和她朋友做了一档讨论女性主义电影的播客，录制地点就在她的公寓。她们在做了大约 20 集节目后，就在布鲁克林的贝尔酒吧预订了一个晚上的活动场地。活动当天，酒吧里挤满了人。我听说过很多大型播客会在大剧院举办现场活动，门票经常销售一空，也有不少小型独立播客会在当地书店的角落举办很有意思的晚间小聚会。

如果一定要我猜为什么听众会热衷于参加播客现场活动，我认为主要有两个原因，一个无趣的和一个有趣的。无趣的原因是，播客听众的平均年龄相当年轻，集中在二三十岁。这些年轻人可以自由地出门参加现场活动，不必像年长的听众一样由于身上背负的责任而留在家里，比如照顾孩子和宠物，或处理其他家庭事务。年长的听众有时候只是太疲惫了，没有精力去参加活动。有趣的原因是，我们之前谈到过，播客是一个社群中心，是由那些对某一特定主题、人物或世界观感兴趣的人组成的。现场活动给了这些人一个机会，让他们可以来到属于自己的地盘，和社群里的其他成员一起去看、去体验、去相处。

举办一次现场活动，即使是像酒吧聚会这样的小规模活动，背后也有三个明确的理由。第一，它确实有助于你与观众建立联系，强大的情感联结意味着很高的忠诚度。我们已经说过，为你的节目培养一个坚实的粉丝基础会有许多好处。第二，有收入。虽然你不会凭借现场活动门票赚到的钱而财富自由，但这些收益至少可以让你的节目实现商业化。第三，活动带来的好处远不止于吸引到来现场参加活动的人。

我在推广我的前两本书时，经常拖着行李箱前往各地巡回宣传。一开始，我很讨厌这种活动。因为在抵达一个城市后，我一整天的时间都要面对媒体，从早间的动物园节目到晚上 6 点的新闻节目都有。然后，我还要去书店参加宣传活动，而那里总共只有 20 个人坐在折叠椅上——所有努力都是为了这 20 个人，这让我一度觉得是在浪费时间。但我的公关经理劝说道，所有由媒体产生的全天点击率与那些来现场参加活动的人并没有关系。书店签售只是一个由头，真正的目的是让媒体谈论我这个人和我的书。创造这些媒体点击率的人并不是现场的参会者，而是潜在的买书人。他们在看完报道后，就会去查找、订购或者到书店买一本我的书。

举办播客活动也是为了达到同样的目的。虽然参加活动的人数有限，但更多的人将通过活动宣传了解到你的播客节目。这些人没法亲自来参加活动，但他们可能会搜索你的节目，看看有什么值得关注的新鲜事。

策略 7：把它带到听众面前

你有没有想过，与其自己举办活动，为什么不直接去参加别人的活动呢？我的意思不是鼓励你做另一位主播的活动现场的不速之客（虽然这样做也有一定可能奏效），而是指你可以去参加任何聚集了你的听众的活动。这是对本章前半部分所提建议的一个延伸，但具有更开阔的视野。一旦你开始着手宣传播客，就要试着去找一些可能会吸引目标听众的活动。

我还有一个建议，听起来有些违背本能，但实际上非常关键，那就是不要在别人的活动中宣传自己。不要分发小册子、CD、拷有音频文件的 U 盘，也不要向你遇到的人推荐你的节目。相反，你要做的只是与人交谈，并了解他们。如果他们问你是做什么的，就直接告诉他们，但要让他们来主导你要分享到什么程度。如果他们不问，你就不说。你可能会觉得这是有史以来听过的最愚蠢的营销策略，但这种策略的关键是在活动中建立关系，而不是做宣传。

活动结束后，你可以再次联系他们。你可以在活动中拿到这些人的邮箱地址、电话号码或名片，事后再向他们介绍你创作的播客。这会让他们至少有一点可能性去听你的节目。

以我自己为例。每当我参加活动时，总会遇到很多制作人，有时甚至是几十个人来找我，都想递给我一张 CD、一个拷有音频文件的 U 盘、一本小册子或其他一些节目周边。但我有一个原则，就是从来不接受这些东西。不是说我自负或不近人情，而是我没有时间和能力处理它们。所以，我经常提醒创作者，不要把 CD 和 U 盘放在会议、节日活动等场合使用的手提袋里作为赠品，因为98%的 CD 和 U 盘连参会者的酒店房间都出不了，更别说有人会打开它们并播放、收听了。

于是，每当有人想送我东西时，我就把名片递给他们，欢迎他们在活动结束后再与我联系。我会尽量抽出时间来听他们的节目，但一定会请他们在我回家后再寄给我，这样我就不用拖着一堆零碎物品回家。有些制作人仍然坚持把东西当面递给我——你懂的，他们只是心存侥幸，万一我有空呢？然而我不会有空的，也不会接受这些东西。相比在聚会上试图送我东西的人，那些事后与我联系的人通常会得到我更多的时间和关注。我给他们的是一个诚实的回应，因为大多数人会选择微笑着接过礼物，然后一有机会就把它扔掉。

利用面对面接触的机会建立关系，事后再发展这段关系。只有这样做，你才有更大的概率与别人建立真正的联系。

如何写提案推销自己

不管你是谁，只要你从事创造性工作，就需要知道如何写提案推销自己。对我来说，这是记者、制作人和其他行业人才最缺乏训练的方面。我们对这些人做过编辑决策、新闻报道、直播演出和制作技术等方面的培训，却没有教他们应该如何写提案推广自己的作品。你需要学习如何吸引别人对自己的作品产生兴趣，让他们支持你，并用行动来帮助你和你的节目进步。这种能力跟我们培训的其他技能一样重要。

在创作过程中，典型的提案形式表现为一名制作人向编辑、开发主管、负责审批的播客网络公司执行官或其他负责人游说自己的播客。目的通常是获取他们的关注，在几分钟的时间里，说服他们支持你的项目，为你的项目投注资金或其他资源。你要言简意赅地讲述自己的故事，通常只有几分钟或者更短的时间发言。然后，你最好能得到来自一位至少是略感兴趣的负责人的几个提问，在回答完这些问题后，等待你的命运。

用得上提案技巧的地方不止于此。你还可以利用提案技巧来寻求合作关系、投放广告、获取投资，并为项目赢得新闻报道和宣传推广的机会。看看那些获得投资、被播客网络公司选中的创作者或是所做节目被大量媒体报道的人，他们不一定是最好的创作者，但一定是最懂得如何营销自己作品的人。

这部分内容在本书中出现的时间较晚，这是为了请你先充分了解前面几个章节中提到的练习、框架和原则，它们都有助于你为你的节目写出一份出色的提案。接下来，我想分享一些创作简短提案的秘诀，你会从中发现很多之前讲过的内容。

很多年前，我和一位叫奥利（Ole）的朋友一起吃饭，他告诉我，每当他想快速了解一家餐厅的品质时，都会要求看一下甜品菜单。我问他为什么这样做，他说："一家餐厅有可能有好吃的菜品和难吃的甜品，但你永远不会找到一家甜品好吃而菜品难吃的餐厅。"

在奥利的心中，甜品菜单就是一张终极晴雨表，比餐厅服务、食客点评、环境氛围、室内设计都更能说明一家餐厅的品质。如果一家店的甜品菜单让人满意，那就去吃，因为它家菜品的质量也会一样出色甚至更好。

奥利认为，甜品菜单反映了厨师对食物细节的关注程度。甜品的选择是否经过深思熟虑？它们能否与菜单上的菜品相互搭配？它们是在厨房里手工制作的，还是从外面买来的成品？菜单上的甜品种类是杂乱无章的，还是在口味与质地上充满了惊喜的搭配组合？这家餐厅是花心思设计甜品菜单，提供诱人且有趣的描述，还是只提供芝士蛋糕和罐装草莓酱，赚取那额外的一美元？多年来，我与许多人分享了奥利的智慧。很多人一开始很怀疑这种做法，但至今没有人能清晰地反驳他的逻辑。

同样的思路也适用于故事和它的提案。我们可能会遇到一个优秀的故事和一份糟糕的提案，但很难为一个糟糕的故事找到一份优秀的提案。我之所以这样说，是因为提案的精髓在于迅速抓住别人的注意力，将故事或创意的过人之处进行精练整合，这需要人们投入一定程度的思考和专注力。

不过也要说明一下，有些蹩脚的故事确实也包含了一些能引起人们注意的有趣元素。比方说，有人走过来问你："你听说过那个住在改建陵墓里的人的故事吗？"这种事听起来很奇怪，你可能会产生好奇，想要了解更多，然而几轮问题下来，你会意识到，这份提案就是这个故事里最有趣的部分。这个人选择住在改造过的陵墓里，并没有什么特别有趣的理由，也没有发生什么非常了不起的事情。他为何住在这里并不是一个有趣的故事，他只是一个奇怪的家伙，仅此而已。

如果你的提案只是糖衣炮弹，那很可能没法让倾听提案的人给你开绿灯，你也无法获得他们的认可、支持或批准。

为了测试我自己对提案的偏好是否合理，我求助了几位经常收到他人提案的人士，主要是播客和广播行业里的一些朋友和同事。我围绕"如何做出一份出色的提案"以及"大多数推广为何失败"等问题，询问他们的看法。我请教的对象包括播客平台 Stitcher 的克里斯·班农（Chris Bannon）、播客公司 Panoply 的安迪·鲍尔斯（Andy Bowers）、NPR 的恩耶里·伊顿（N'Jeri Eaton）、故事播客公司 Gimlet 的纳扎宁·拉弗桑亚尼（Nazanin Rafsanjani）和 BBC 第四电视台的莫希特·巴卡亚（Mohit Bakaya）。他们这些人加起来，每年会收到数以千计的音频故事提案。尽管我们是思维方式完全不同的人，并且在为不同的受众和平台创作音频，但所有人在提案方面的看法具有惊人的一致性。他们的建议基本可以归结为 4 个要点：

- 了解你的故事。
- 了解你的听众。
- 说说你为什么要讲这个故事。
- 让结尾落地。[1]

本章的余下部分，我将逐一分析这些要点，并分享一个 6 顿午餐试讲练习的迷你版本，你可以用它来快速创作一份提案。

了解你的故事

大多数创作新手会以为提案是在作品之前完成的，比如你有一个故事的雏形，先针对这个故事做份提案，然后再创作完整的内容。但对创作者来说，这种做法很难成功，对自身也没什么帮助。要打造一份能引起别人共鸣的提案，需要你在接触编辑和管理人员之前就做一些工作。你必须先投入时间和精力，而且毫无酬劳，只是为了能够成功递交一份提案。这听上去好像不大公平，但人生并不总是公平的，请习惯这一点。

---

[1] 这些也是前几章写过的内容，我在努力把这些主题串起来。

我经常询问与我讨论提案的人，他们是如何知晓手头上的故事的。如果我得到的回答是："哦，我是在《纽约时报》的一个版面上读到的。"那么很明显，他们对这个故事所做过的唯一工作就是阅读了《纽约时报》的某个版面。但如果他们的回答是："我听说了这件事，然后花了几周时间去研究它，了解到许多有趣的细节。后来我又打了一个电话跟进，了解到了更多的故事内容。"这样的提案听上去就很有积极性，也很有原创性，这个故事和提案人在我心中的地位就立马提升了。

我的朋友莫希特·巴卡亚是 BBC 第四电视台的管理人员，负责英国国内新闻和信息服务方面的工作。他有句话说得很好。他告诉我，一份提案本身就是一个故事。"对待提案要像对待故事一样。"他说，"你不会不做任何准备就播出一个故事，那么，如果连花点功夫做提案都不愿意，这说明了什么呢？"除了讲述一个故事的来龙去脉以外，你也要做好准备，去证明自己处理故事的手段和视角是独特的。

克里斯·班农告诉我："在提案的最开始，要准备好一句总结性的话，比如'这是一个……的节目'。如果不能说清楚这句话，就证明你的提案还没准备好。"

回想一下我们的 10 个关键词。克里斯和其他的提案接收人的要求非常相似。他们想知道：是什么使你的内容与众不同？在一条拥挤的赛道中，可能有许多人尝试类似的想法或故事，那么你该如何做到独树一帜？如何让听众倾向于听你的节目，而不是别人的？如果你希望有一家播客网络公司能推广你，或是能让公关人员对你的节目感兴趣，就必须回答这个问题，而不是寄希望于一个忙碌的播客网络公司执行官或营销人员，期望他能灵机一动，自己得出答案。

许多创作者没有意识到，人们在推广你的节目之前，必须先理解你的节目。正如本章所说，这是你的职责所在。最成功的创作者往往能分享自己的节目愿景并引起他人的兴趣，前提是你能够以营销人员可以理解并复述的方式来阐明节目的意义。在你自己可以讲述这个故事之前，不要指望别人会主动帮你。

了解你的听众

"'这个播客的受众到底是谁？'我总是问这个问题。"时任播客公司 Megaphone 的首席创新官安迪·鲍尔斯说，"通常我听到的回答是'所有人'，这不是一个有用的答案。"

由于了解你的受众是本书的核心宗旨之一，此处就不花太多笔墨赘述这一点了。我只想再提醒大家注意几件事。许多急于求成的制作人会要求编辑或管理人员告知一下，他们所在机构或组织现有的受众是哪些人。我在职业生涯早期也犯过类似错误，想根据电台节目或杂志面向的受众来调整我的提案。但这种方法是有问题的，因为你是在假设他们今天的听众就是未来的听众。而且，这也暴露了你在节目方向上缺乏明确的愿景。如果你了解这个故事，自然会知道它的受众是谁，谁会喜欢听。

另外值得注意的是，就像第 2 章提到的在网络上搜索听众化身一样，目标听众应该被视为一个目的地，你不需要排斥其他潜在的听众。最终的听众里会有很多与预期听众不一样的人，这些人是你在通往目标听众的道路上所触及的。有很多收听节目的人会在你最初定义的范围之外，这是件好事。但是，了解目标听众，知道他们是谁、他们为什么会听，对于赢得决策者的认同来说仍然至关重要。

此外，为了树立你作为讲述者的权威，提升你的可信度，了解和定义听众也是很重要的一个步骤。

说说你为什么要讲这个故事

世界上有那么多的制作人和记者，为什么你应该是讲述这个故事的人？你可能想象不到，这些主管和编辑收到的提案连在主题或讲述方法上都有很多相似之处。那为什么他们要选你，而不是选其他人？

通常来说，答案并不是因为你拥有哪些资源和渠道，或是你做过哪些研究。有时候答案就是你——你自己。你就是决定性的条件。

我不想泄露自己的年龄，但我已经在这个领域耕耘了很长时间，看过许多潮流来来去去。牛仔夹克、飞行员太阳眼镜、流行歌曲中的琶音合成器，我都见识过。我甚至在繁杂多变的新闻业中发现了周期性的规律。

曾几何时，记者有一个神圣而不可违背的规则，就是要将自己从报道中抽离出来，让自己的作品摆脱个人的偏见和主张。现在，这个规则在某种程度上已经改变了。让我们面对现实：虽然客观性曾被视为一个涅槃式的使命必达的目标，但这种追求实际上是一场滑稽的闹剧，而且往往对你的受众也不公平。要把自己从作品中完全抽离出来，几乎不可能。现在，与一个记者试图把自己的观点和经历从报道中剥离出来相比，更重要的是意识到自己在报道中的确持有立场，并向观众表明这一点。任何人都永远无法做到完全客观地讲述别人的故事，或是完全不带偏见和个人色彩。因此，与其挑战不可能的事情，不如坦诚相待。简而言之，就是说出来并接受它。

这种心态的转变对你和你的报道都比较有益，这样做既可以控制消极影响，也可以让你自身和你拥有的经验与世界观成为你在做提案时能够利用的积极因素。新闻学院煞费苦心地培养学生看待世界的视角，可能就是为了让他们成为讲故事的人。

我的朋友莫希特曾说："我更喜欢有人说，'我的提案之所以选择了这个内容，是因为它是发生在我生活中的事，我亲身体验了这件事'。这种情况下基本都会有一个精彩的故事。"

这不仅仅是承认观点和世界观的问题。你与一个故事之间的联系也可以说明，为什么你要做讲这个故事的人，或者是唯一能讲这个故事的人。莫希特告诉我，他曾经收到一份提案，提案人带着一件旧的轰炸机飞行员夹克来，说想做一个传记类节目，内容和他在这件旧夹克的胸前口袋里发现的一封陈年旧信有关。

他在一家旧货店买下这件夹克后，把手伸进口袋，然后就发现了这封信。这位提案人已经做了一些功课，摸清了这封信的来源，知道是谁写给谁的。在提案讨论会上，使用道具是很高明的表演技巧，有助于让参会人相信这个故事应该交给面前这个人来讲。

德斯特·西布莉（Destry Sibley）在我的公司担任制作人，她曾经做过一份精彩的系列节目提案，讲述了一群西班牙儿童的故事。这些孩子在西班牙内战期间被迫迁移到墨西哥。由于这场灾难，他们再也没有回过家，成了孤儿，在墨西哥长大。在做提案的过程中，她透露，自己之所以想分享这些故事，是因为她的祖母就是这些孤儿中的一员。因此，通过调查和讲述这个故事，她也是在了解自己的家史。这是一个神来之笔，不仅让故事变得生动起来，还极其清晰地确定了为什么她应该做讲述这个故事的人。

而按照新闻业的老派作风，德斯特的个人身份背景很有可能被刻意忽视，或者她被直接剥夺讲述这个故事的资格。太荒唐了。

让结尾落地

体操运动员和花样滑冰运动员都很清楚，最后一个落地动作非常关键，如果把它搞砸了，就会影响评委对整套动作的评分。这个道理对提案来说也同样成立。

作为一个听了几百个提案的人，每当我问制作人，故事要如何结束，或者他们打算如何结束的时候，我敢说基本有一半以上的人都没有考虑过这一点，所以连临时编出一个答案都很难。在他们眼里，似乎只要故事有足够的张力，结局和解决方案就会自然而然地出现。

在不清楚故事该如何结尾的情况下开始创作并分享一个故事，实际上是一种高空走钢丝的行为。这方面有两个著名的例子，一个是曾轰动一时的播客节目

《连环案件》第一季，另一个是纪录片系列《失踪的理查德·西蒙斯》(*Missing Richard Simmons*)。这两个节目都是一流制作人和顶尖创作人才的典范之作。然而，这两个节目在开始做的时候都没有考虑如何收尾，因此最后多少有点高开低走。它们都把自然制作周期的结束作为故事的结尾，并插入了对名望、罪恶、清白等议题的思考，这让很多听众感到失望，因为他们期待这场旅程结束的时候应该有更明确的结果。有趣的是，制作人在系列节目开播时并没有明示或暗示过这种承诺。

就像对待大多数有潜在回报的事情一样，当你还处于做提案阶段的时候，就要想好结局肯定会产生更大的工作量，但这将建立你对自己和对故事的信心，而且更有可能为你带来积极的结果。知道结局，抑或知道会有一个结局，能让接收提案的人更愿意为你或你的故事冒险。最重要的是，你其实不必用那个在提案阶段提出的结局，如果以后有了更好的选择，没有哪位编辑或主管会要求你坚持一个特定的结局。说白了，如果你提出要解开一个谜团，那最好真的能解开它。但是，如果在工作过程中，你发现了意料之外的事情，能把观众引向一个更令人愉快、惊讶或满意的结局，那么谁还会在乎最初的提案是什么呢？去做吧！

宣传播客的其他注意事项

虽然上述提案技巧在很多情况下适用，但还有三个建议特别适用于向播客网络公司推销你的节目，值得在这里提一下。

第一，如果你足够幸运，有机会向一位播客网络公司执行官讲述你的节目提案，请记住，一次成功的推销远不止获得创作上的许可。这些执行官寻找的不仅是有趣的想法，他们还想了解你是否知道实现这个想法需要哪些资源。安迪·鲍尔斯告诉我："你的提案里不仅要有想法和故事，还要有团队、人才、预算以及与观众建立联系的方式。这些信息全部都要出现在提案里。"

你不一定要有会计学学位，但如果收到提案的人问你的第一个问题是："你需要多少钱来做这件事？"这表示他至少有足够的兴趣推进这次谈话。所以你需要有能力回答这个问题。

我建议那些反感使用电子表格的创作者尝试这样做：先写下需要花钱的所有地方，然后找一个不讨厌做表格的人，帮你算出每个项目的成本。别忘了，你的预算中最棘手，也可能是最昂贵的部分，是你要对自己付出的时间进行适当补偿。对一份提案来说，这些数字不需要非常精确，只需要合理且完整。

第二，不要成为无视本章所有内容的那种提案者，他们会把时间花在制作光鲜亮丽的 PPT 上。做一份优秀的 PPT 的确很重要，但不能以牺牲实质内容为代价。

来自 NPR 的恩耶里·伊顿说："接收提案的过程里最让我抓狂的事情之一，就是当我看到精心制作的 PPT 时，发现里面只有酷炫的视觉效果，缺乏真正的信息。有人以为我们会被动画效果、图形设计或很酷的标志吸引，而不需要向我们提供录制好的哪怕一秒钟的音频。"

第三，要避免用另类的方式突然递交提案。如果你把一群开发部的执行官、编辑和主管聚在一起，他们就会开始分享自己收到过的奇怪提案，或是曾经在什么奇怪的地方收过提案。

我自己也曾在厕所里收到提案。不止一次有人跟着我进去，试图向我推销他们的故事。这种事在电梯里和操场上也发生过。有人把提案文件送到我家里，有人还向我妻子宣传节目，希望她被惊艳到，然后转告我去接受他的提案。我甚至在一次葬礼上收到了提案。真的，请不要与这些人为伍。

我理解大家这样做的原因。让审阅提案的人成为听众似乎很有挑战性，甚至一些制作人错误地以为我会被他们的勇气和技巧打动。但这并不会显得他们很高明，反而让人觉得鬼鬼祟祟的。你的提案不仅不会被我采纳，甚至还会让我怀疑自己是否愿意让你代表我或我的公司进行采访和制作。

综上所述，我知道对许多新手制作人来说，很难弄清楚如何接触到决策者。其实许多接收提案的人会提供一些公开的投稿指南、投稿渠道或其他方式，通常你只要花几分钟的时间搜索就能找到。这样做比较省力，也更有可能获得认可，而且你永远不会成为大家在酒吧里交头接耳议论的对象。简直是双赢！在上述任何一种情况下，如果对方可以忍住不向我推销，而是简单提问："什么时候方便跟你讲讲我的提案呢？"我都会报以尊重。当有人这么问时，我会确保他们有渠道来表达他们的想法。

准备一份提案

那么，要如何让你的提案吊起人的胃口，并且在众多竞争者中脱颖而出呢？我想提供一个以前教学生做过的练习，它是第 5 章中 6 顿午餐试讲练习的迷你版。在这里，时间跨度被大大压缩，省去了 6 顿午餐的费用和高热量。

值得注意的是，这个练习可能更适合叙事类播客，但几乎任何风格的播客或电台节目都可以借鉴，所以如果你的播客形式是小组讨论或采访节目，也可以参考。你要接受这几项原则：

- 你需要争取注意力。即使是专门负责审批提案的人，也有其他他们更想做的事。所以你在做提案的时候，要始终像游说一个怀疑论者那样。
- 你提案的目的是让项目进入审批流程的下一个阶段。你必须一开始就抓住决策人的注意力，吊足他们的胃口。所以，提案不能太过零碎。而且你会发现已经有大量内容需要准备了，具体的我会在下面罗列出来。
- 我们已经讨论过，我们不需要在做提案的时候过分强调一个故事的重要性，而是要让故事本身证明自己的重要性——要去展示，而非讲述。很少有人会出于应该听某个故事而去听它，他们的选择必须是出于对故事的关注，而你的任务就是让他们关注。无论故事还是提案，都是这样。

以下是具体的练习步骤。

找到一个伙伴。如果你能找到另一个正在准备新项目提案的人，那最好不过了，这样你们可以互相帮助。如果没有这样的人，那么任何能腾出 15 ～ 20 分钟时间的朋友都可以。在以下步骤中，我将假设你已经找到了一个想一起提升提案质量的伙伴。一旦你们两个坐下来，开始研究双方的提案，请完成以下流程：

- 在 1 分钟或更短时间内向对方讲述你的想法。
- 每个人列出对方提案中最有趣的 3 个要素，可以是一件事情、一个角色或故事的一个组成部分。

转折

我在讲故事的章节中提过，每个精彩的故事都包含转折，即令人惊讶或出乎意料的东西。转折能将一个故事或想法从黑白变成彩色。在提案中加入转折，就意味着你拥有一个更宏大、更多元的故事来揭示你真正的主旨：

- 花几分钟时间修改你的提案，把重点放在伙伴指出的 3 个最有趣的要素上，并在提案里加入转折，删掉不涉及这些核心要素的内容。
- 每个人在 45 秒内讲述自己的想法。
- 互相给对方修改后的提案提意见。

角色

每个故事和节目创意都有一个主角、核心人物或主题化身。你可以回顾一下我们在第 1 章和第 6 章里对角色的讨论。角色代表了节目的核心思想，那么你要如何在不牺牲故事的前提下，在提案中加入可以凸显这个角色的元素？此外，包括决策者在内的人，都拥有在情感上与他人建立联系的能力。考虑到这一点，你又该如何修改提案，让故事更加聚焦在角色身上？

- 修改提案内容，使之聚焦在最引人注目的角色身上。
- 每个人在 40 秒内分享自己的提案。
- 给对方提供反馈。

情感

听众的情感高潮在哪里？注意不是指角色身上的情感高潮，而是指听众的。每当你提出一个故事创意时，接收提案的那一方都会暗暗问自己："这是不是一个听众喜欢的故事？"认真思考听众会对什么内容产生情感共鸣，可以对你的节目有所帮助：

- 再次修改你的提案，加入情感高潮。
- 在 30 秒内互相分享自己的提案。

现在回头看看初始的提案版本。我相信，练习前后的差别会让你大吃一惊。但这并没有很困难，对吗？现在，你已经准备就绪，可以安排一场会议或打一个电话，让那些接收提案的决策人也大吃一惊吧！

**杰西·索恩
（Jesse Thorn）
谈如何打造社群**

2015 年 6 月，马克·马龙在他的播客节目《马克·马龙搞什么》中采访了当时的美国总统奥巴马，这是播客历史上的一个里程碑。一位在任的美国总统到马克家的车库里录制播客采访，随行的有一整队美国特勤局人员，他们还用炸弹嗅探犬彻底搜查了马克的房子（这让马克养的猫咪很生气）。在这件事之前的几年里，虽然播客一直不断超越自身，但从来没有过这样的排场。这是一个传遍了街头巷尾的突破性时刻。在与奥巴马结束谈话后，马克感谢了很多人，包括最早的播客网络公司之一 Maximum Fun 的创始人杰西·索恩。为什么马克要感谢杰西呢？因为当马克第一次表示有兴趣尝试播客时，是杰西帮助他起步的。他亲自来到马克的家里，帮他调整麦克风，并教马克如何在自己的苹果电脑上用 GarageBand 软件录音。

"我相信他自己会摸索出门路的，他是一个非常聪明的人。"杰西说，"我知道，他之所以感谢我，是因为他知道我很欣赏他的努力。我们之间建立了真正的友谊。他一直在帮助我，我也一直在帮助他。他是一个非常贴心的人。当你付出努力想成为一个创意社群里有价值的一员时，这种互相帮助、共同进步的情况自然就会发生。"

杰西·索恩起初并不是一名播客主持人，甚至谈不上是一名播客爱好者。他在加州大学圣克鲁兹分校（University of California, Santa Cruz）的校园广播站主持了一档名为《美国青年之声》（*The Sound of Young America*）的电台广播节目。2004 年，杰西听说有一种叫播客的音频节目新技术，就开始尝试用它来制作自己的节目。大学毕业后，杰西继续以播客的形式制作这档节目，[①] 同时开始创作一些以自己和朋友们为主角的播客节目。经过长时间的发展，如今杰西经营着一家很有影响力的播客网络公司，拥有 40 多个播客节目，主要关注洛杉矶喜剧界的编剧和表演者。所有属于 Maximum Fun 的播客节目都会以"听众支持，艺术

---

① 最后该节目改名为《靶心》（*Bullseye*）。

家拥有"这条标语作为结尾。这几个字简明扼要地概括了 Maximum Fun 和以它为中心的社群特征。

身为一名社群发起人，杰西很清楚，以共同的价值观和利益为基础组织起来的人拥有强大的力量。虽然这的确是 Maximum Fun 具备的本质特征，但这并不是杰西一开始就大力倡导围绕播客打造社群的原因。回到杰西刚刚开始这项事业的时候，这个决定其实是出于经济上的需要。

"特别是在播客刚刚起步的时候，除非你做的是一档技术主题的节目，否则没有任何广告收入可言。"杰西说，"我指的是播客最开始发展的 7 年左右时间，后来我很快摸索到了一个能让听众支持节目的模式。"

随着 Maximum Fun 的创立和成长，杰西找到了他的灵感源泉，其中之一就是 Okayplayer 网站。Okayplayer 是由扎根乐团（The Roots）的阿米尔·汤普森（Ahmir Thompson）创立的。

"我目睹了这个网站从'这是扎根乐团的官网'开始，到'聚集一群具有共同价值观和世界观的群体'整个过程的迅速发展。"杰西说，"这件事对我很有启发，因为我自己也是其中一员。我与这个网站和这个社群的关系，远远超出了我作为一名扎根乐团粉丝的范畴。因此，我的目标是不惜一切代价在 Maximum Fun 也创造这样的体验。其中一部分原因是我想尝试打造虚拟社区，另一部分是我想为大家提供一个机会，让大家在现实生活中也能拥有这样的社群。如果想在现实生活中也有这种体验，这家播客网络公司就必须更加多元化。"

杰西明白，想要听众自愿掏钱，就必须让他们获得一种所有权和归属感，这比听众和节目之间的传统关系深刻得多。在创建 Maximum Fun 播客网络公司的时候，他在播客和社群的关系认知上就已经比别人领先了好几年。

"所以从一开始，我们的目标就是做一个有点像哈雷摩托的东西。它不仅是一个商品，还代表了你在这个世界上可以拥有的一种身份。"Maximum Fun 的价值观，基本建立在杰西认为对他个人很重要的特质上。其中不仅有幽默感，还有对他人的尊重与接纳、对优异作品的共同热情，以及对另类爱好的更多包容与热爱。Maximum Fun 每年举办一场名为 MaxFunCon 的聚会，它有点像喜剧迷参加的夏令营。聚会的重点是为来参加的人互相牵线，使大家从彼此那里获得满足和享受。聚会的目的是让大家来的时候是陌生人，走的时候是朋友，让粉丝社群变成一个现实意义上的社群。

"所以我有一个很深刻的体会，如果你抱着这些观点出发，最终会非常有收获。比如：我要帮助别人，特别是与我情况相似的人；我要赞美那些我喜爱和在意的作品；我要基于对他人和他们作品的真实兴趣，去建立有意义的关系，与他人展开创造力方面的交流。"

"有这样一个说法，讲的是洛杉矶的每一档喜剧播客都与来自洛杉矶的另一档喜剧播客有着千丝万缕的联系。"杰西说，"换一种说法就是，他们的节目反映出这些人之间存在真实的关系，也反映出他们身上具有实实在在的才华。他们彼此认识、彼此欣赏对方的才华。这就是为什么洛杉矶有喜剧播客，而纽约没有，尽管纽约有数不尽的才华横溢的喜剧人。"

MAKE
NOISE

第 7 章

领导创意团队，
我想给你 7 个建议

你可能会认为自己不适合做管理人员或带领团队，但如果想在事业上有所成就，你不可避免地要在未来领导一群人。这件事不仅会发生在大公司和成熟的播客团队里，即使你只是一名独立的播客主播，你也可能比自己预期的更适合担任领导的角色。也许你决定与朋友合作、与他人组队，或是招募帮手协助现场活动或其他项目，谁知道呢？你可能会领导得很出色，把你的小型播客发展成需要更多人协助的节目。

在开始讨论如何成为富有创意的优秀人才的领导者之前，有一件事需要明确：富有创意的人是一群很难伺候的家伙。

他们需求多、要求高，比起氧气更需要刺激。他们从不听别人在讲什么，就算是听了，也会反其道而行之。他们不会全部从战略角度考虑问题，因为他们是创造者和实干家。他们不关心全局，更不用说理解全局。他们期望随时随地都能成为你关注的焦点和最爱。

然而，富有创意的人也能把你们的共同想法和愿景变成现实。尽管他们令你烦心，并不时做出幼稚的行为，但你还是需要他们。我之所以知道得这么清楚，是因为我也是他们中的一员。鉴于你正在读本书，你可能也是这样的人。我曾带领数百名这样的人走上"战场"，并一起创造了有意义的作品。如果没有彼此，我们是不可能做到的。

因此，如果你突然发现自己成了一名领导者、合伙人或管理者，我这里有 7 个建议，有助于你的合作伙伴展现出他们最好的一面，甚至比他们或你自己认为的还要好。

共享战略口号

先让我用一个案例来解释，战略口号的威力在哪里。

有一天，我碰到了一位在音频行业认识的年轻女性，她当时刚换了一份新工作。之前她在一家音频制作公司上班，这家公司创造了许多非常成功的广播节目和播客节目。在过去的 10 年里，该公司的规模已经从仅有屈指可数的几个音效设计师、制作人和编辑，发展到如今的将近 100 人。这家公司采取了大量的新举措，并正在扩大内容生产规模和作品传播范围。

我问她为什么离开了原来的公司。她回答："我们不知道当时自己在做什么。"

说得清楚一些，编辑知道如何编辑，制作人知道如何寻找和构建故事，几乎所有员工都知道他们各自的角色分工。这不是问题。问题是，他们中没有人能真正理解，他们为什么要这样做。

由于发展太快，这家公司已经失去了自我。新举措和新项目遍地开花，它做的事情太多了，以至于失去了方向感。当公司还小的时候，事情很简单。但随着新的员工、新的角色和新的想法堆积起来，就没有人知道真正的方向在哪里了。更糟糕的是，公司没有为增长做好准备。员工要通过媒体上的相关报道，才能了解到新项目。他们看见有新人在办公室里走来走去，却不知道他们是谁、负责什么工作。他们参加员工会议的时候，觉得管理层在用他们听不懂的代码说话。方向变了又变，项目来了又走，就像公司在成长过程中患上了注意缺陷障碍。

他们都在埋头努力干活，内心却越来越沮丧而不安，因为他们不知道公司想要实现什么目标，也不知道自己如何融入那个愿景。简而言之，他们不知道自己的工作是否还有意义。

这个案例中出现的问题其实是可以避免的。所有这一切螺旋式扩张的举措、无所不在的混乱、方向感的缺乏、员工的不满和低落的士气，有时候只需要简单的几句话，就可以通通解决。

这就要回到我们之前的 10 个关键词，只是这次还要为项目加上一个强有力的焦点。简单地说，就是针对整个公司或工作团队写下类似的关键词。通过简要地回答"我们是做什么的"这个问题，你可以使自己的工作变得更简单、更有成效，也更让人满意。与你为节目写下的 10 个关键词不同，我们在这里不要求具体的字数，但一定要使用毫不含糊的措辞，做到在没有任何额外背景或解释的情况下，也能让一个陌生人轻松理解。

这个方式很像马蒂·纽迈尔（Marty Neumeier）在其关于品牌推广的代表作《激变》（*Zag*）中倡导的"在线声明"（onliness statement）。在书中，他要求品牌定义者将下面这个句子填写完整："我们的品牌是唯一（能）＿＿＿＿的＿＿＿＿。"一个例子是："我们的品牌是唯一面向认真的家庭烘焙者销售自研磨小麦的经销商。"这很清楚，也很独特，并且设定了边界。

这是一项看似很简单，实践起来却很难的工作。提出一句战略口号，就相当于在回答"我们是做什么的"这个问题。

另一种方法是在以下两个问题中寻找答案，明确自己到底在做什么：

- 受众想要的是什么？

- 我们能提供什么？

像其他关于定义的练习一样，你很容易想要大笔一挥，用一些包容性很强、容易驾驭的表述。但包容性强的表述也是模糊的表述，而使用模糊的表述就是在浪费大家的时间，没有任何意义。[①]试试写出以下问题的答案：

我们是做什么的？
我们每天来公司上班，是为了＿＿＿＿＿＿＿＿＿＿＿＿＿＿＿＿。

我用 1 美元打赌你会直接跳过这项练习，认为自己以后会做。但要诚实，你跳过它是因为它很难。也不要做一个自作聪明、只会理解字面意思的人。如果你制作了一档名为《肝脏和洋葱秀》的播客，不要回答说："我们每天来公司上班，是为了制作《肝脏和洋葱秀》。"这样做无法通过"陌生人阅读"测试，因为陌生人可能根本不了解《肝脏和洋葱秀》是什么。再深入一层，尝试一些更完整的描述，比如说："我们每天来公司上班，是为了创造出有洞察力的谈话录音、分享食谱，介绍全世界最美味、最多变的食品的营养价值。当然，这里说的就是肝脏和洋葱。"

让我们再试一次。当你想到自己带领的团队时，你会怎么完成这句话？

我们每天来公司上班，是为了＿＿＿＿＿＿＿＿＿＿＿＿＿＿＿＿。

一旦你填上了这个空，最困难的部分就完成了——至少应该是这样。理想情况下，一旦你对自己的工作有了明确的定义，那么决策就会变得非常容易。

当你说"我们是做 A 这件事"的时候，也说明你不做其他事情，或是不会做，

———————————

① 纽迈尔有一句关于定义的必要性的金句，我很喜欢——"大城市里的专卖店和小镇上的普通商店都要坚持同一个原则：面临的竞争范围越广，越要缩小经营重心，反之亦然"。

或至少是不应该做。这意味着，当某个工作人员跑来对你说："我有一个绝妙的想法，我们应该做 B 这件事！"你作为团队领导者，就要说不，因为 B 不是 A。

你的战略口号变成了一个过滤系统。你不再追求最激动人心的想法，不再追求所谓最有利可图、最新颖的想法，也不再追求只有领导者才想尝试的想法。你不必局限于好或者坏这样的主观反馈。你做的事要么是 A，要么不是。如果不是，那么你作为领导者，就说不。提出一句战略口号，并严格地贯彻到底，就这么简单。

这种方法的灵感来自美国各地的有线电视行业。在一个有着数百个频道的电视行业里，你要如何使自己与众不同？特别是在追求即时满足的当今世界，人们做出是否观看的选择往往只需几分之一秒，几乎是出于本能。只有拥有一个贯彻到底的战略口号，你才能让自己独树一帜。

一些频道的名称就已经体现了它们的关注点，如美国喜剧中心频道（Comedy Central）、卡通频道（Cartoon Network）和狗狗电视频道（DogTV）。其他的频道则使用了定位声明，不仅为营销提供了一个立足点，还为他们的节目确定了一个清晰简洁的定位，那就是他们的战略口号。

一个典型的例子就是当初平淡无奇、很容易被人遗忘的美国电视网（USA Network）。它的标志是一面醒目的美国国旗，用的字体相当普通，也很保守。整个设计给人一种非常"美国"的感觉，大家可能就会认为这个频道将提供一些同样很"美国"的内容——爱国的、温暖人心的、价值驱动的。但事实上，这个电视网络品牌设计并没有什么特别的意义。他们的节目也没有什么新意，无非是脱口秀、低成本电影，以及一些穿插在体育节目之间的儿童节目（美国电视网最初是一个体育频道）。美国电视网就以这种方式度过了将近 25 年。

后来美国电视网决定调整经营策略，找回他们以前凝聚人心的主题。我要说明一下，这是一种完全可行的方式。他们在一些原创电视剧集方面取得过成功，于是决定围绕这些剧集重新构建频道的愿景。将这些剧集维系在一起的黏合剂，就是他们在电视剧《神探阿蒙》（*Monk*）、《金装律师》（*Suits*）和《灵异妙探》（*Psych*）中创造的生动、迷人又可爱的角色。这些剧集里的角色会在古怪、不寻常的境遇下遇到许多生活中的困难，但仍然保持着有趣而乐观的性格。他们想出了一句战略口号来主导一切品牌营销方面的举措："角色欢迎你。"

"角色欢迎你"是一份无处不在的品牌声明，也能用来定义频道下一代节目的选择。换言之，字面上能通过审核的项目也会以生动、迷人又可爱的角色为特点，而这些角色都处于古怪、不寻常的境遇中但又保持有趣、乐观的性格。

安迪·布赖恩特（Andy Bryant）和查理·马维尔（Charlie Mawer）合著的《电视品牌建设者》（*The TV Brand Builders*）一书提到，在一次采访中，美国电视网的数字营销执行副总裁亚历山德拉·夏皮罗（Alexandra Shapiro）说："关键在于，这不仅仅是一句战略口号，还是一种哲学理念，体现在我们公司的内部环境以及与外部伙伴的合作方式上。它对我们的播出环境、节目策略和频道发展都具有指导意义。"

事实证明，这个理念框架对他们来说非常强大、有效，以至于美国电视网坚持用这句战略口号长达 11 年。对有线电视节目来说，这算得上是一辈子甚至几辈子的事情了。直到 2016 年，他们才用"我们绚丽多彩"取代了它。

新的战略口号是如此明确而强烈，甚至被应用到节目制作中。美国电视网要求旗下的制作人每当他们思考如何完善一个缺乏视觉冲击力的场景时，就在画面中加入一个水果盘或其他绚丽多彩的元素。

另一个很好的例子是 FX 电视台。它起源于福克斯，起初播放一些福克斯拥有或购买了版权，但没有合适地方可以播出的内容，比如 20 世纪 70 ～ 80 年代的怀旧电视剧《八个就够了》（*Eight is Enough*）、《陆军野战医院》（*M*A*S*H*）和《神奇女侠》（*Wonder Woman*）。它算是一个不起眼的频道。

20 世纪 90 年代末，FX 电视台开始在原创节目上加大投资力度，重点塑造与美国电视网那些迷人可爱的角色略有差异的形象和场景。FX 电视台希望以反叛者为特色，把他们放在故事和剧集中，作为自己的优势。FX 电视台刚开始定义自己的品牌时，战略口号是"根本没有盒子"，暗指要"跳出盒子思考"。可是这个品牌理念并没有很好地落地，大多数试图用消极词语定义自身的做法最终都是这样的结果。所以他们决定用更简单的战略口号，只有一个词——"无畏"。FX 电视台认为，"无畏"这个词同样适用于他们的节目、角色以及整个电视网。之后 10 年的大部分时间，这句战略口号将他们的节目定位、营销和理念始终连接在了一起。

在电视行业，这些标语、口号、品牌过滤器——无论你怎么称呼，它们最终都为观众创造了一种期望，也会影响到观众对某个频道播出的节目的期待。在英国，有人做了一项有趣的调查[1]，只给电视观众看一个新节目的标题《未知的查尔斯王子》（ *The Unknown Prince Charles* ），然后问他们觉得这档节目会讲什么。调查中，一部分观众被告知该节目将在 BBC 播出。这些观众往往认为，这将是一部讲述查尔斯王子不为人知的成就的纪录片。另一部分受访者被告知同样的标题，但节目将在稍显辛辣的英国独立电视台（Independent Television，ITV）第一频道播出。这些观众认为，这将是一部以查尔斯王子的前女友和仆人为主角的全方位爆料节目。同样的标题和主人公，但观众对节目的期待截然不同，后者完全基于观众对播出该节目电视台的品牌形象的认知。

那么，如何把这点运用在领导一群音频节目创作者这件事上呢？

在 NPR 任职期间，我为自己设立了一个目标。我希望当有人走到我的任何一位员工（从广播主持人到实习生）面前，问他们："你们是做什么的？"他们都能给出相同的答案。

要实现这一点，第一步应该怎么做？你也可以思考一下。

---

[1] 这个案例在《电视品牌建设者》中也有提及。

我在 NPR 的工作是管理节目制作部门，负责所有非每日新闻类的节目和剧集。虽然 NPR 的首要任务是制作广播新闻，但在研究 NPR 新闻听众的来源以及人们发现 NPR 新闻的渠道时，我发现了一件有趣的事情——超过 1/3 的听众是通过非新闻类节目和播客第一次接触到 NPR 的。也就是说，这些非新闻类节目是人们发现 NPR 的主要途径之一，然后听众才转向新闻类节目。对许多新听众来说，NPR 的非新闻类节目是入门首选。有人一开始发现的是《无形之物》《等等……别告诉我！》《流行文化欢乐时光》这样的节目，后来才尝试去听《晨间新闻》。鉴于战略口号可以成为一个重要的听众开发工具，我在消化了大量的研究、数据和分析后，为我的员工创作了一条战略口号：

我们是做什么的？
我们每天来公司上班，是为了培养下一代 NPR 听众。

如果团队中有人想知道所有工作相关的细节和数据，我很乐意分享。但大多数人并不想，他们只想要一个简单的命令，让自己知道为什么要做这些事情，以及这些事情为什么重要。这就是战略口号，是团队中任何人都能理解的东西，也是你可以在几分钟内向新员工或实习生解释的东西，它非常明确、直接、真实。

一旦你有了强有力的战略口号，你就会一遍又一遍地重复它，就像任何优秀的口号一样。这也正是我坚持做的。

在大部分员工会议上，我都以战略口号作为开场白。当大家讨论到正在进行的新任务时，我会把任务与战略口号联系起来。当大家争论是否要采取一项新举措时，我会问："这样做是否有助于培养下一代 NPR 听众？"对这个问题的回答，通常就是我们的决定。战略口号无处不在，我会把它写入董事会报告、预算文件中，抓住一切机会提醒我的团队和一起工作的人，我们是做什么的以及为什么要做这些事情。

最终，即使没有真正达成目标，我也离实现自己的目标很接近了，因为团队中的每一位成员，从上到下，都能回答"我们是做什么的"这个问题（虽然他们经常边回答边翻白眼）。

在 Audible 公司的时候，我也是这样做的。

在我任职初期，大家想依据原有产品开发一个新的垂直领域。在对喜欢音频节目的听众做了一些研究后，我们发现有关正念和健康话题的新节目拥有很大的发展机遇。如果你曾经花时间浏览不同类型的音频产品，可能会吃惊地发现，竟然有一大堆与健康相关的节目。你是对的，有数以万计的播客及其他音频节目，都是针对那些想要改善生活、进行冥想、减轻压力、改善睡眠以及获得营养指导和锻炼建议的人制作的。

那么，既然已经有了这么多健康类节目，为什么还要制作更多呢？答案很简单。的确已经有一大堆这类节目，但优质的屈指可数。市面上有大量的材料，但很少有人真正使用它们。那些对这一主题好奇的人希望听到的内容是与自己相关的，能够反映出他们的兴趣、目标和世界观。

这给我们的团队带来了一个挑战：该如何避开那些导致许多其他节目失败的陷阱呢？尽管每一本商业书都会建议你不要用消极的词语来下定义，但我们还是列出了一份清单，上面包括了一切会引起反感的关于传统正念的内容，诸如糟糕的新世纪音乐、像湿袜子一样令人不适的说话方式，以及我们所谓的"嬉皮士口头禅"。完成这份清单后，我们心想："为什么不把这些东西都去掉呢？"它们主要是用来吸引小众群体的元素。避开这些元素，我们就可以创作出更多适合广大听众的内容。因此，我们想出了这句战略口号：

我们是做什么的？
我们每天来公司上班，是为了向不关注健康的人提供以事实
为依据的生活改善指南。

这份看似简单的声明包含了很多信息。"以事实为依据"意味着我们将专注于真正有效的方法和观念，它们是经过验证的。这就排除了99%的竞争者。"不关注健康的人"是指那些看着市面上流行的大量废话，并意识到它们不适合自己的人。在节目制作过程中，每做一项决定，包括做什么节目、站在什么立场、遵循什么美学选择，我们都会用到这句战略口号。

我们频繁地在团队里提到这句话，以至于有一次，我的制作伙伴请了两个星期假后刚刚回来，我们寒暄了几句后，就马上看着对方，重复了一遍这句战略口号。

制定一句战略口号，然后一有机会就重复这句战略口号。

用一个简单的方法就可以知道，你的团队何时领会并内化了这句战略口号，那就是当他们开始拿战略口号开玩笑的时候。说真的，诙谐来自共同的经验和理解。当一个团队已经把你制定的战略口号内化到足以取笑你或其他人时，证明它已经深入人心了。

教人如何敢于试错

好的领导者会消除人们对失败和错误的偏见。

这有点讽刺，因为如果你真是个好的领导者，你的团队就一定会与失败做斗争。团队成员会景仰你，不想让你失望，这就是你的领导力所在。你需要清楚地告诉他们，真正让你失望的是他们没有打出全垒打。以下是一个老生常谈的比喻：即使是一位专业击球手，他在场上挥棒击球的时候，三次里可能仍会有两次失败。在竞争激烈的播客市场中，满足于小范围、安全的打法不会让你取得任何成功。

好的领导者要预见失败，并为失败做好准备。他们会把失败视为一次学习的机会，思考如何在下一次迭代中做得更好。当他们为一个新项目制订计划和时间表时，会预留足够的时间来退后一步、重新思考、再次尝试。这一切的前提是允许失败发生。

做到这一点的最好方法就是成为你团队的失败榜样。即使是富有挑战精神的创业者，也无法自然而然地接受失败和风险。以下是我在员工会议、头脑风暴和酒吧打折时间段的小聚中目睹过无数次的一个场景：某人提出了一个想法，然后旁人提出一堆它可能失败的理由，像一群鸟慢慢地把一只鸟啄死。一个想法会被雪崩般的"对，但是……"扼杀。而通常这些理由，最多只有 2% 的可能性会真正发生。这种调侃会一直持续，直到提出想法的那个人筋疲力尽或彻底泄气，或者团队得出一个结论，认为无法让这个想法在完全没有风险的情况下实现，至少他们无法在这场酒吧小聚结束以前想到解决方案。

很多情况下，大家似乎都默认一个想法不能同时具有收益和风险。资源是宝贵的，时间是有限的，所以决策者似乎必须每次都只投资赢家。

这种现象并不是偶发性的。在我的职业生涯中几乎每天都会看到，决策者试图消除每一个富有前景的想法中的所有风险，并污名化那些可能蕴藏成功的失败，结果就是大大降低了新作品的潜在影响力。通过这些考验的想法可能不会失败，但也不会取得多大成效。因为能让所有人都同意的解决方案，往往是无法解决问题的。

想用人人都同意的方案来解决问题，这种哲学就是失败的培养皿，而且不是那种好的失败。是的，有一种失败是好的。不是每个行业都能接受失败，比如人们不会接受一名心脏外科医生或食品安全检查员的高失误率。但鉴于从事音频工作的创意人员每天都有能力重新发现、优化、调整，播客理应有失败的权利。

好的团队和公司从失败中学习，弱者则不然。

以应用程序 Burbn 为例，这是一个面向威士忌爱好者的社交媒体平台。他们的用户可以在酒吧、酿酒厂和餐馆进行签到，给不同的威士忌打分，发布评论和照片，并对彼此的帖子进行评论。这个应用程序几乎刚上线就立即崩溃了。然而在仔细审视他们这次大规模的失败时，开发团队注意到，用户极其热衷于发布照片和评论。最终，他们放弃了对威士忌的关注，并将该应用更名为 Instagram。

在播客的历史上有很多失败的例子——数以千计的新项目、营收战略和传播机会出于这样或那样的原因失败了。想想看那些总是回避失败的人，如果事情没有按计划进行，他们会如何反应。你可能会听到他们做出诸如"我就知道会这样"的评论，或透露其实他们一直以来都默默提倡另一种策略。也有人不承认失败，而是编造一个指标来证明，他们失败的项目实际上是成功的。例如，他们会说："我们的节目可能没有什么听众，但我们确实在如何安排录音室时间方面有所创新。"

最糟糕的是，在有些人遭遇挫折后，会出现大量的流言蜚语和窃窃私语，有人甚至含沙射影指责愿意冒险的人。可是，他们明明是我们应该鼓掌喝彩的人啊！

有些人之所以对失败有如此剧烈的过敏反应，是因为他们厌恶风险，认为风险是需要不惜一切代价避免的东西，而不是要去识别、减轻和管理的东西。为什么要拥抱风险？因为任何值得拥有的东西都是在大量风险中孕育而生的。

有一个基本的等式，能帮助我们理解失败的力量：

回避风险 ＝ 回避成功

睿智的领导者会在主持人、制作人和其他员工中建立风险容忍制度。风险和由此产生的失败是可预期的，也会被纳入日常工作过程中，常常被视为一种学习以及通往未来成功的途径。风险就像过敏，容忍风险就像治疗过敏。大多数过敏反应可以通过药物治疗来控制，但药物并不能使之消失，它们只是抑制了过敏反应。当然，随着用药次数的增加，用药者也会产生药物耐受性。对于风险，道理相同。

我很庆幸自己在职业生涯中取得了一些巨大的成功，但不可否认，也有很多事情是失败的。每当有人称赞我的成功时，我总是给出相同的回应："谢谢你，但你没有注意到，为了学习如何做好这件事，我有 50 次失败的经历。"这个数字可能有点夸张，但在说这句话时，我并不以失败为耻，而是想强调它对成功的作用。

我在事情搞砸的时候，有一个习惯做法。我会独自坐下来，喝杯热巧克力，然后盯着窗外思考。我有一张固定清单，上面罗列了 5 个我会问自己的问题：

- 到底出了什么问题？ ①
- 一路上有哪些可能改变结果的线索或信号，却被我错过了？
- 我还有哪些进行中的项目可以立即从这次经验中受益？
- 我要如何分享我学到的东西？
- 失败让我有什么感觉？

最后一个问题是戴维·考克斯（David Cox）的建议，他是我以前在 Audible 公司的团队成员之一。他说服我在清单上加入了这个问题。他说："失败的感觉并不好，而人们通常会想办法避免这种不好的感觉。但为了能从失败中学习，你必须敞开心扉去体会这些感觉。"

就像最后一个问题的回答一样，这个练习应该是关于你自己的。你不仅要回答问题，还要在回答每个问题的时候，确定你在失败中扮演的角色。简而言之，要回顾你是如何触动和影响发生过的这件事情的，反思每次错误，把自己当作唯一的责任人。你不能说："这是市场营销的错，因为他们没有做一个扎实的公关活动。"你可以说："我没有设定期望值，没有与市场营销部门一起勾勒出开展成功公关活动的必要条件。"

---

① 这个问题不是为了责怪谁。发问者也不必沮丧、生气或失望，只用扣心自问："失败的根源是什么？"

在回答完这 5 个问题后，我会把它们记在心里。有时我甚至会写一封给自己的信，记录所有反馈。

这就是作为一个团队榜样可以发挥的作用。作为创意团队的领导者，你让大家接受失败、理解风险的最好方法，就是分享你自己的经验，与团队分享你的失败，剖析你的过往和当下，用你自己犯过的错误警醒他们。在团队会议、头脑风暴或是工作过程中，请分享你的经验以及上述 5 个问题的答案。不要畏首畏尾、吹胡子瞪眼，也不必道歉，纯粹是分享经历。

这里面有一个潜藏的含义：接受失败的最好姿态就是承认失败——展现如何从失败的经验里学到东西，并将其转化到其他项目上。实际上，从失败中学习的关键是诚实。如果某件事情确定失败了，就承认它。理解失败和拥抱风险的关键，往往就在于姿态上的一个非常微妙的转变。

我与一些雄心勃勃的主播打过交道，他们可能隶属于媒体公司、广播电台或一家试图在播客领域抢占一席之地的小公司。当我们交谈时，我发现他们经常带着一种必胜的思维。"我们为播客投入了种子资金，它就必须成为一个赢家，为我们带来大量的听众并产生丰厚的回报。"这种心态本身就预示着失败。想要一出手就成为热门播客，这种概率就像彩票中奖一样渺小。

如果这些创作者或公司一开始就说"我们希望最终有一个成功的播客"，那怎么办？我认为这种情况下，你就不是在投资一档播客，而是在投资一个过程。既然你通过逆向思维已经设定了一个期望值，那么你就不需要每一步都百分之百地按计划进行，只要你最终能达到目标就行。按照这个逻辑，你可以直接开始做多个播客，而不是只做一个，你可以在过程中慢慢筛选，逐渐终止那些不可能成功的播客，最后剩下的那个播客，就有最大的突破潜力。

每当我和一些公司探讨这种做法时，都会听到一个常见的回应："我们没有钱这样做。"但我认为，如果你没有资金创办多个播客节目来试错，只想在一个想法上赌一把，那么风险会更高。或者，我建议你先投入少量资金，以确保剩余资金可以得到有效利用，这也不失为一种比较谨慎的做法。

随着你应对失败的速度的提高，你对风险的容忍能力会变得更强。从我的角度来看，提高应对失败的速度是非常必要的。许多播客主播和播客网络公司的领导者使用这种思维来颠覆失败，然后快速成长。如果你不从失败中吸取经验教训来改进自己的项目，就要接受成功总是与你擦肩而过的未来。

专注于不会改变的事物

我在亚马逊工作的时候，接触了很多公司的经营理念和商业原则。那是我的职业生涯中非常精彩且富有启发性的一段时光，我经常把那几年称为"别人付钱让我去读 MBA"。亚马逊公司的很多方法论对我理解商业非常有帮助，只可惜这些原则中很少有适用于创意文化的。如果问，亚马逊创始人杰夫·贝佐斯（Jeff Bezos）的哪一点高见非常有用，那就是他对成功的主要建议——专注于不会改变的事物。如果你已经为自己的节目定义了一句战略口号或写出了 10 个关键词，这一点将更加重要。

以专注于创造长期价值而闻名的贝佐斯曾经说："经常有人问我一个问题——'未来 10 年会有什么变化？'这是一个非常有趣的问题，也非常普遍。可是，几乎从来没有人问我'未来 10 年什么不会改变'，但我要告诉你，实际上第二个问题更重要，因为你应该围绕那些不被时间影响的稳定事物建立商业战略。"

贝佐斯说，客户希望从亚马逊得到 3 样基本的东西——丰富的选择、优惠的价格和良好的服务，除此之外最好再加上高效的物流。因此，无论过去 20 年世界如何变化，亚马逊一直将注意力放在如何推进这 3 个方面。随着技术的提升和机会的涌现，亚马逊倾向于利用新的技术来改善或提高选择、价格和服务这 3 个方面。这是一项很好的指导原则，有助于团队审视和处理所有出现的变化。

虽然人们很喜欢取笑亚马逊的无人机送货试验，但它对亚马逊而言是一项非常有意义的投资。其间，亚马逊花费了大量的时间和资源，试图识别并减少包裹运送过程中的障碍点。尽管无人机技术还有很长的路要走，但它最终可能成为你未来购物能实现即时取货的一个重要因素。亚马逊的其他送货技术，如储物柜、送货房屋和汽车收货点等，在首次亮相时都受到了许多关注，但是没有哪一个比得上无人机送货。这些技术都是为了以你觉得有吸引力的价格，在你想要的时候，将商品配送到你手上。

你可能想知道这一切该如何运用于一家文化创意企业。据我所知，无人机在音频制作方面没有什么用处。然而，亚马逊无人机送货试验背后的基本思想是与音频制作完美契合的——从广播的发展，到现在的播客革命，赢家关注的都是那些不变的事物。

无论用什么平台来传递声音，谈到如何讲好故事，听众始终希望得到一些一致的、根本的东西，而这些东西在一个多世纪以来从来没有改变过。你已经看到我在整本书中反复强调这些重点，听众想要的就是：

- 好故事。
- 好立场。
- 好想法。

当然，如果这些东西是通过娱乐化的方式传播的，充满欢乐和惊喜，那也不错。

关键是要理解传播平台。不管是电台广播，还是播客，不管是智能音箱，还是车载收音机，都是可以传播精彩故事的平台，但它们不会使坏的故事变好，同样也不会使好的故事变坏。

我发现，每当创意团队了解到一种新兴设备、传播平台或技术时，团队中就会有人开始在办公室里跑来跑去，跟每一个人互动，坚持要求我们必须马上抓住这个机会。如果不尽快抓住这个机会，那么一切努力都将付诸东流，因为观众会放弃现有的选择，去追求新的潮流。

几年前，智能音箱开始流行，当时市面上还只有亚马逊的 Echo 这一款智能音箱产品（这个产品名字还是后来才取的）。我记得那时我团队里的人完全慌了神，我反复听到这样的话："这将改变一切，我们必须现在就加入进去！"

我提醒他们，就和我自己一样，听众并不会轻易或迅速地改变习惯，所以很少能有一个新变化、新机会、新技术或新平台会产生即刻的颠覆。在智能音箱的案例中，这种产品花了近两年的时间，才成为行业中的竞品，而且远没有做到任何彻底的颠覆。现在，我相信智能音箱将成为促使数字音频行业发展的一个主要因素，它们的影响力和普及率会逐步增长，它们作为传播渠道的能力也将变得更加强大。但我也相信，创意团队的工作焦点不应随着环境变化而变化，而是要始终朝着正确的方向。与其对每一个新的发明或想法感到惊慌失措，不如把精力集中于那些不变的事物——好故事、好立场和好想法。我们这些有创造力的人应该多留意适用于各类平台的故事，让听众可以选择自己喜欢的平台欣赏故事。当下，我们更要集中精力做这件事情。

简而言之，专注于不会改变的事物，这个观点可以用两个字来概括——冷静。

避免二元性

在传达最重要的信息时，大家都喜欢用简洁高效的说法。

"过马路前先看两边。"

"不要碰那个东西。"

"注意缝隙。"

还有"我爱你"。

有时候，我们喜欢用简短的、宣言式的二元性语句来表达想法、提示危险、传递情感，或者单纯把它作为描述某件事的最佳方式。比如"它就是这样的"，或者"它就是错误的"。不过要注意，这种信息可能会毁掉你，或者让你无法达成自己的目标。

很多时候，我们作为信息的接收者，也想要一些简单的二元性表达。

"是的。"

"不是。"

"我也爱你。"

但是，当时的背景和情境非常重要。

当我领导创意团队时，我会避免用"做这个"或"不做那个"这样的二元性语句。我并不想教我的团队服从指令，而是希望教会他们如何思考，包括寻找机会、不做二元性陈述。我为他们提供各种背景信息，然后尝试指导他们自己做出决定。或者，至少让他们从我这里得到一个有意义的决定，并且明白这个决定将如何影响我们的战略规划和工作方式。

弗雷德·雅各布斯（Fred Jacobs）是咨询公司雅各布斯传媒（Jacobs Media）的创始人兼总裁，他在2017年围绕这个问题写了一篇精彩的博客文章，名为《给广播人才的6条糟糕建议》。在这篇文章里，他提到一些广播电台经理会告诉主播，让他们不要在节目中谈论自己，但我们真正想告诉主播的，是让他们"用感同身受的体验和有趣的生活经历来创造内容并建立个人品牌"。一些广播电台经理可能只是某天在一篇文章里读到，或在一个讨论小组里从其他经理那儿听到一句"主播谈论太多关于自己的事情了"这样的话，但他们从不停下来思考这意味着什么，或者为什么这会是一个问题，只会人云亦云："主播说太多自己的事不好，不要这样做。"事实上，有很多方法可以使主播的个人轶事与听众联系起来，这才是大家应该关注和努力的地方，而不是强制执行一个武断而愚蠢的二元性规则。

更糟糕的是，许多二元性规则和指令并不符合事实，因为现实中总有很多例外的情况。所以，有时候你需要做一些不同的判断。

我发现许多二元性论述在很久以前就已经生根发芽，然后像宗教教义一样被信徒们遵守。然而，每当你提出疑问，没有人能说得清楚它是如何起源的，来自谁以及为什么那么说。

我给你举个例子。许多年前，NPR 有一条维持多年的规定——记者不能用第一人称书写自己的经历。根据规定，他们只能写"集市上有一股肉桂的气息"，而不能写"我闻到了这种香气"。如果一名记者身处战区，一枚炸弹在他身边爆炸，他不能写"当我站在集市广场时，一枚炸弹在我的身边爆炸了"，只能写"一枚炸弹在集市广场爆炸了"——不能有任何迹象表明他们当时就站在那里。

那时，这是一条不容置疑的规则。你不能在一篇报道中书写你自己，包括你的感受、观点和经历。每当有人问起原因时，编辑的回答往往是随兴而含糊的。人们经常花很多时间去强调这条规则有多重要，却搞不清楚这条规则为什么存在。这条规则从何而来？如果你觉得当时的情况需要用第一人称来写，你要跟谁报告？许多人推测，这条规则起源于 BBC 或哥伦比亚广播公司（Columbia Broadcasting System，CBS）这样的新闻广播机构，在 NPR，它则属于舶来品。

后来，我的一位导师兼前老板杰伊·柯尼斯（Jay Kernis）领导了一场有关新闻编辑室工作方式的研究活动，致力于发出 NPR 自己的声音，抛弃了许多当下已无法很好地为组织服务的旧规定，上述例子中的规定就是其中之一。还有一条同样奇怪的规则——记者不能播放他在录音中的提问。由于杰伊的努力，这些规则都被慢慢抛弃了。这一小小的改变，促使 NPR 的记者创造了有史以来最吸引听众、最受人瞩目的报道。我想到的其中一则报道，是贾森·博宾（Jason Beaubien）和戴维·吉尔基（David Gilkey）的作品。他们在海滩上发现一名因感染埃博拉病毒而濒临死亡的小男孩。他只是躺在那里，每个人都不敢触碰或帮助他。如果贾森和戴维无法用自己的视角来讨论发生在那个男孩身上的真相，读者就会觉得这一切冷漠而诡异，而且考虑到当时的情况，如果不用第一人称来报道，也会让文章读起来奇怪。

在过于简洁并缺乏背景的情况下，二元性规则对任何人都不管用。

制订 50% 的计划

作为一名领导者，在我所有追求和倡导的理念、想法与狂野思维中，以下这条是目前为止令其他高管和管理人员最无法接受的。简而言之，在确定工作或项目的范畴时，我只计划使用一个员工一半的工作时间。我给团队成员安排的工作时间，每周不超过 20 小时。如果需要更多的工时，我就会建议再雇用一个人。

这看上去很奢侈，但在现实中，这其实是出于一种实际需要。我认识一位在广播电台工作的年轻女子，电台决定让她全职做一档新的播客。这项工作每周要花费至少 40 小时，甚至更多。幸运的是，这个项目进展得不算糟糕。事实上，这档播客一上线几乎就立即获得了巨大的成功。它在播客排行榜上名列前茅，获得了很高的下载量，并在最初几周引起了强烈的反响。但就在这时，问题出现了。

几周后，电台问她是否可以制作更多集数。她原本计划每两周发布一集，现在她的老板希望改为每周发布一集。在原来两周一更的频率下，她的工作时间就已经远远超过了正常全职的时间，她还被迫放弃了大部分周末的休息时间来制作节目。然而奇迹般地，她还是想方设法腾出了时间，做到每周出品一集节目。

又过了几周，她接到了一个请她参加电视节目的邀约。接下来的几周，她又收到了一本书的邀稿。再几周后，又有人花钱请她去做演讲。她已经没有余力去应对这些邀请了，所以她拒绝了大多数邀请，尽管这些机会对她自己、她的播客和她的未来发展来说都比额外赶工制作的节目重要得多。另外，最惨的是，她制作的节目质量和原创品质开始走下坡路。最终在第 18 个月，她精疲力竭地结束了她的播客。

最初，她的人气一反常态地迅速攀升，获得了大量提高知名度的机会，但是她面临的基本问题也是非常普遍的。创业公司的播客项目成员几乎都具有修道者般的敬业精神，他们在经费非常吃紧的状态下创建节目，实在没有多余的能力去支撑、扩张，甚至没有机会喘口气。这个故事的不同版本一直在发生，不仅仅发生在新项目中，也发生在已有项目中。

让我们面对现实吧：说到计划，几乎所有人都不擅长预估时间方面的投入。当我们为自己的时间定价时，我们的表现总是最糟的，我们会为了想做的事情试图找理由说服自己，甚至欺骗自己、支持者和同事，信誓旦旦地表示，我们可以在自己有限的时间里兑现承诺。

为了解决这个问题，我经常假定大家最多只能利用 50% 的上班时间来真正工作，在这个基础上再来安排人力资源。如果你想直接跳过这部分内容，请先听我说完。假设一位叫多蒂的员工，她每周有 40 小时的工作时间。当我们安排工作时，我们想把多蒂的 40 小时全部填满（图 7-1）。

图 7-1　填满的 40 小时工作时间

但作为经理，你需要考虑到多蒂有休假和请病假的权利，另外她还需要顶替其他人休假和请病假时的工作。再加上每周的部门员工会议和每月的全体员工会议，以及其他耗时的工作内容。当你把所有这些因素都加在一起时，会发现这些事可以轻易吞噬多蒂 20% 的工作时间（图 7-2）。

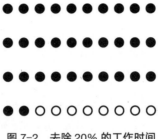

图 7-2　去除 20% 的工作时间

领导者和管理者花了太多的时间担心失败，以至于他们从来不为成功做计划，这就是 50% 工作计划的由来。在规划完成一个项目所需的工作时间时，你必须假设多蒂每周只有 20 小时可以用（图 7-3）。

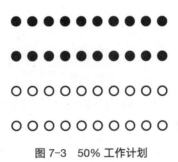

图 7-3　50% 工作计划

那么，每周的另外 20 小时呢？它们包括了 20% 的弹性时间，以满足员工休假、请病假等基本需求，还让员工有时间去追求成功，比如计划和执行特殊项目、与听众互动并建立联系、制作额外的节目内容、解决突发问题，甚至是拉赞助、争取拨款以及吸引广告商。多蒂也可以利用这些时间坐下来、盯着窗外，思考如何发展或改进项目。要知道，有些点子是无法在整天忙忙碌碌的时候想到的。

在 NPR 任职期间，我创建了一个名为"火花"（*The Spark*）的节目，以协助宣传所有 NPR 电台的网络节目。这个节目取得了巨大的成功，成为促进 NPR 过去 10 年快速发展的一大重要因素。是什么催生了它？是因为一次为期两天的高管外训被取消了。

当时，我的日程表上有一场高管外训，计划占用整整两天的时间。出于一些我已经忘记的原因，它在最后一刻被取消了，给我留下了两天可以完全自由支配的时间。第一天早上，我来到办公室，坐在那里，回复了几封电子邮件，回答了一些问题，然后就开始觉得非常无聊。不知道为什么，我在盯着一块白板的时候，开始思考节目推广的问题。我站起来，写下一个流程计划。到了下午，经过多次擦拭和重写，我已经在白板上把基本的方案写出来了。我用那天剩下的时间和第二天的空闲时间来完善细节、征求反馈，并进行修改。

砰！完成了。如果不是坐在那里，有一些说不清道不明的空闲时间，我可能永远也想不出问题的解决方案。你认为我把这两天用在哪里比较好？是解决一个系统性的节目推广问题，还是在一次高管外训会议上滔滔不绝地说个不停并努力保持清醒？

分享一点我的个人偏好，我是享受无聊的人。当我们感到无聊的时候，也是我们为数不多的可以让思想自由驰骋的时候。我很珍惜它，当我在某件事情上卡壳的时候，我会故意让自己处于无聊的状态，比如关掉音乐、收音机或电视，放下杂志或书。我不再用有趣的东西来分散自己的注意力，就只是坐着。

对从事播客或广播节目这类需要创意的工作的人来说，"无聊"是大家的好朋友。但是，我还要强调一点，放空不是纯粹为了让自己感到无聊，真正的目标是创造一些可以自由呼吸的空间，无论是隐喻的还是字面意义上的。

看看数学家、作家和其他以原创性思想为主要输出价值的人，大多数人会告诉你，即使是全职从事他们热爱的工作，在保持 2～4 小时的高强度工作状态后，他们也会感到精神疲惫，需要休息和充电。许多研究支持以下一点：即使试图将更多的时间投入知识或工作的追求中，实际上也很难有额外产出。在创意工作中，时间投入得更多，也很难产生更多的想法。巧合的是，这个道理适用于很多工作。你知道吗？那些挑灯夜战每天工作 12 小时的人跟那些扎扎实实工作 8 小时并把余下时间留给休息和娱乐的人相比，并没有更高的生产力。

明确一点，我真正的主张并不是每周工作 20 小时。我主张的是在员工的时间表中留出空间，使他们获得工作和生活上的平衡，这有助于团队的成功。我希望员工有时间推进项目和企业发展，也有时间对他们的工作进行思考、观察和想象。我认为，安排休闲时间与安排病假、用餐和员工会议的时间同样重要。既然如此，我可以在本章中再写一段，说说我对拥有假期和周末休息时间的必要性的信念。在过去的 20 年里，我自己就是最违反工作和生活平衡这一原则的人，但如今我已经认识到休息的重要性。在过去的两年里，我切实改变了自己的工作和生活方式。我为工作时间和休息时间设定了界限，不再让工作像以前那样消耗我那么多时间和自我。我发现，自己的工作产出并没有减少。因此，请你也为自己和你的团队考虑一下这个想法吧！如果你用任务把一周 40 小时的工作时间都填满，就无法合理安排休息时间。自从我开始倡导 50% 工作计划，已经有很多人尝试过了。除了急于摊派员工成本的财务人员，我从来没有从其他任何人那里听到过抱怨的声音。只要你与大家沟通好工作期望，再给予团队足够信任，他们就会通过好好利用时间来回报你的信任。

让我们回到多蒂和她的时间分配上。如果制作多蒂的播客每周需要 40 小时的工作量，那么团队需要的就不是一个人，而是两个人（图 7-4）。

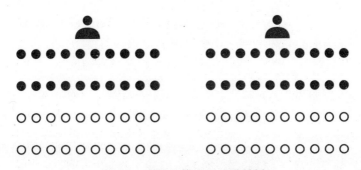

图 7-4　两个人的 50% 工作计划

现在，回到我之前分享的那个故事：一位打造出一档成功播客的女士有机会将影响力扩展到其他平台，如电视、书籍和现场活动。她已经使用超过 20% 的赤字时间在工作，用晚上和一些周末的休息时间来弥补，那么如果在计划一开始时就只安排 50% 的工作时间，会对她有帮助吗？答案几乎是肯定的。就算不能解决所有问题，也肯定会降低风险、增加项目成功的可能性。

对那些坚持从坏处着眼的悲观主义者来说，采用这套理念可能导致的最坏结果是什么呢？无非是你的员工有了一些额外的时间去支配，然后他们可以投入你们的其他项目或工作中。

把问题变为可能性

面对坏消息或工作中的不如意时，我经常对团队成员说："我们如何把这个问题变为一种可能性？"为了解释这一点，我要分享一个一直想说的故事。

2017 年，我与作家乔恩·龙森（Jon Ronson）合作了一个系列节目，名为《蝴蝶效应》（*The Butterfly Effect*）。节目标题就来自蝴蝶效应这一概念，即一件事会导致其他一系列不直接相关的事件发生，好比一只蝴蝶扇动翅膀，带起一阵微风，引起连锁反应，演变为飓风。

在我们这个系列节目中，有一个定制剧情片的场景涉及别人的故事，我们无法将其放入节目中。

我们想在节目里加入一段来自原版电视剧的音频，这意味着要获得相应的版权。令人惊讶的是，在我们询问了 CBS 电视台甚至坦白了我们的目的后，他们很快许可我们使用该片段。后来，我们的律师说，我们还需要得到主演的经纪人的同意。不出意外，他们都拒绝了。

这个想法应该要夭折了吧？但接下来就要说到这个故事的重点，也是我要分享这个故事的原因。这件事并没有就此完结。

我一直在努力培养我的员工和团队成员的韧性。当我们需要得到一个故事、一次采访或一份许可时，要敢于打破规则、另辟蹊径。我告诉他们，永远不要把"不"当作一个答案。要继续努力，直到找到一个新的角度。要冲破阻力，并认识到不付出相应努力就不会拥有值得追求的事物。

这就引出了我经常在创意团队陷入困境时的提问："我们如何把这个问题变为一种可能性？"我不是说要调整心态，不是说要坚持不切实际的乐观主义，也不是说只看事物阳光的一面。而是我坚信，当遇到阻力时，创造力反而会蓬勃发展。那么，我们要如何不让阻碍和问题影响创造力，而是将其转变为激发新创造力的动力呢？

得知不能使用原版电视剧的音频后，乔恩和他的制作人莉娜·米西兹斯（Lina Misitzis）都很不开心，甚至有点生气。所以某一天下午，我和莉娜一起坐下来讨论要如何把这个问题变成我们的优势。10分钟不到，我们就有了一个想法。我们有这个场景画面的使用权，只是没有演员声音的使用权，那为什么不找其他演员一起为这个场景重新配音呢？从本质上讲，就是创造一段简短的音频剧，在不使用原录音文件的情况下再现这个场景。我们可以重新打造这个场景，同时也会明确表示这个新版本与原版不同，不让听众产生困惑。

作为创意团队的领导者，你就是那个定义价值观、工作标准、职业道德和何为卓越的人。即使在最坏的情况下，我们也几乎总是有办法避开或解决问题。当然，也有一些时候，障碍真的就是障碍——故事冷场、事实前后矛盾、故事或谈话的质量很差等，很多情况会发生。但是，说实话，这些问题都比较罕见，而且往往可以用修正或删除的方法解决。为你的团队做出表率，让坏消息带来的冲击变成过眼云烟，甚至在坏消息到来之前就开始和大家讨论如何把可能遇到的问题转化为能让听众惊喜与兴奋的东西。

给每个人创造机会

每当有人访问我的团队或在我这里参观时，他们总是会指出同一件事，这让我很惊讶。他们说，我这里的年轻员工看起来很开心，也能很专心地投入工作，而且对团队很忠诚。他们会引述一些关于千禧一代在职场上的风评，说得好像我创造了某种奇迹似的。说实话，我很少考虑这个问题。起初，我非常讨厌贴标签和刻板印象。我发现，往任何群体身上迅速贴标签，结果一般都是错误的。如果我的团队里有人心情愉悦，那是因为我不太关注他们是谁，而是更注重创造一个能为团队中每个人提供机会的环境。

对于任何一个创意团队的领导者，最重要的任务之一都是创造机会。

我从不花时间操心如何取悦千禧一代或团队中的任何人，我只关心为每个人创造机会。对处在不同职业阶段的不同人来说，机会意味着不同的东西。

对有些人来说，尤其是对职场经验更丰富的员工来说，机会等同于自主权。他们想按自己的方式做事，而且很大程度上希望你不要插手。我认可这种想法。我们会花大量时间在项目开始前为其下定义，过程中用到了本书中提到的许多方法，然后我就让他们自己去执行。他们知道我想要的是什么，也有足够的经验和智慧来应对。

他们也知道，我希望他们在遇到问题的时候，需要建议、支持、批评或者只是想抱怨一下的时候，就来找我。这需要你花费很大的心血与员工培养信任，如果你能做到，最终就会收获热切想证明这份信任的创作者，他们会竭尽所能不让你失望。

对于资历尚浅的员工，从他们第一次踏进公司大门的时候，我就确保他们有机会去挑战难题、进行尝试并证明自己。

对于来为我工作的新人，在他们入职的前几天，我会请他们坐下来聊聊。

我会对他们说："谈谈你离开这里之后想做的工作吧。"他们的反应往往是一脸惊愕。

接着我解释道，在他们的合同期内，我有两项任务要与他们共同完成。第一是帮他们尽可能地做好这份新工作，第二是帮他们为他们的下一份工作做好准备。我们的做法是，通过共事的这几年或我希望的很多年，为他们提供一个选择的机会。如果有人以助理制作人的身份入职，但希望有朝一日能成为记者，我们就会为他寻找相应机会，培养他所需的技能，让他了解更多关于记者这个职业的信息，并有机会亲自尝试一下。也有员工说，他不想离开，而是希望接下来能升职，那么我们在他入职的第一周就开始培训他，帮助他做好准备。

我非常乐意为初级员工提供大量机会，并且一直在践行这一点。我经常提醒别人，库尔特·柯本（Kurt Cobain）和吉米·亨德里克斯（Jimi Hendrix）去世时都是 27 岁，马丁·路德·金去世时是 39 岁，他们都英年早逝，但他们在很年轻的时候就获得了很高的成就。他们一路走来都遭遇过失败，但经过各种考验后，他们最终赢得了证明自己的机会，并且努力取得了成功。

还记得我在"把问题变为可能性"那一小节内容中提到的《蝴蝶效应》节目制作人莉娜吗？她来和我一起做节目的时候才 27 岁，此前就已经在一些项目和播客网络公司里担任过初级制作人。但这些只是她音频节目行业履历的一部分，真正给我留下深刻印象的是她的坚韧、聪慧和几乎能处理任何我们丢给她的事情的能力。所以当我和乔恩意识到需要为节目增加一位制作人的时候，我几乎是心血来潮地问莉娜："你听说过作家乔恩·龙森吗？"

她说自己读过也很欣赏他的作品。

两天后，她便成了我们团队投资最大的一个项目的负责人。我绕过了团队里十多名更资深的员工，把这个机会给了她。不管怎么样，她证明了自己。

那么，那些更资深的员工会生气吗？并不会，因为我也在努力为他们提供其他机会。

就在我给莉娜提供《蝴蝶效应》节目制作人的机会之前，我读到了一篇关于慢行者理论（slow hiker theory）的文章。它已经在商业文学圈中流传了一段时间，我恐怕无法确定它真正的起源。慢行者理论中讲了这样一个故事：一群人在森林里的一条漫长小径上徒步旅行。如果你是他们的领队，要确保这群人始终待在一起，你会如何组织？如果没有深思熟虑的计划，大多数徒步旅行的团队会发生一种情况——走得最快的人最终会走在最前面，远远甩开队伍里的其他人，而最慢的人则会走在队伍末尾。随着徒步的进行，这支队伍会变得越来越狭长而分散。

根据慢行者理论，团队的最佳策略是把走得最慢的人放在队伍的最前面。"这么做太疯狂了。"你可能会这么想，"他会让所有人都慢下来。"实际上不一定，你可以考虑团队里的部分成员是否可以做些事情来帮助最慢的人走得更快。有人能帮他提水吗？当然可以。有人可以从他的背包里拿点东西出来，然后放到自己的包里帮他背吗？也可以。有人能借给他一根登山杖吗？没问题。这些行为都有助于让走得慢的人提高速度，从而使整个团队的步伐变快，最终大家可以作为一个团队走完全程。只要将团队力量集中在提高走得最慢的那个人的速度上，你就能提高整个团队的平均水平。

我强烈建议大家把这种策略运用在领导创意团队上。如果没有慢行者理论，你可能会让最有经验、最有创意的员工包揽所有机会，从而使团队中的其他成员陷入困境，高绩效员工与团队其他成员之间的机会差距也会变得越来越大。但是，你的团队需要像一个集体一样思考问题。那么，如何使一个崭新的或资历尚浅的团队能够勇往直前呢？提供机会、机会、机会。

我之所以把这条建议留在最后，是因为机会就像一剂魔药。你可能无法给予每个人他们应有的回报，或无法给某个人他想要的具体任务，而且你还要让他们加班加点辛苦工作，有时还要做一些让他们和你都备感无奈的乏味工作，但是只要他们能拥有一点点机会，所有埋怨都会消失。

我希望本章内容对你有所帮助。到目前为止，这是本书中对我来说最难写的一个章节，也是我最想写的一个章节。因为你如何对待他人，几乎比你在创作环境中（或者说是任何环境中）所做的任何事情都更重要。有可能你一直就是一个唯利是图、待人刻薄之徒，可还是能从别人身上得到好的作品。但如果你采纳我的这些建议或其他类似的建议，你至少会更容易成功且风险更小，也更可能创造出一个可以持续产出优秀作品的创作环境。

等等，我还没有说完，后面还有更多内容！

安娜·塞尔（Anna Sale）谈"神圣时间"

关于领导团队的第 8 条建议，来自纽约广播电台节目《死亡、性与金钱》（*Death, Sex & Money*）的主持人安娜·塞尔。

即使你听到一档播客只有一名主持人，也不代表它背后没有一支团队。这个团队同样需要了解"怎么样"和"为什么"，才能使这档播客发挥最佳效果。那么，你要如何让团队实现这一点呢？如何确保过程中保持沟通顺畅呢？对安娜来说，一个重要的手段就是每周的"神圣时间"。

2013 年，安娜还是纽约广播电台的一名地方政治记者，当时电台号召大家提供新的节目创意。"这个号召甚至不是针对播客的。"安娜说，"我当时想，哦，我有了一份家庭作业。让我想一想，能不能构思出我梦想中的节目。"

安娜甚至不确定从这一过程中诞生的《死亡、性与金钱》是否算是一档播客。她说："我当时觉得自己才刚刚被选入预备团队，也许我的投稿算是一个广播节目，但我会先以播客的形式开始，慢慢证明自己。"

《死亡、性与金钱》这档节目真的非常令人着迷。作为一名收听者，你会觉得它给你的听觉体验是如此亲切和私密。它可以给你一个错觉，就是让你认为这个节目只有安娜、她的嘉宾和你三个人。事实上，这个节目背后有一个完整的团队，甚至在她做早期试播节目的时候就是如此。

"这档节目从来不是一个人的成果。"安娜说。虽然是她自己提出了这个节目概念，但团队里还有编辑、音效设计师和几位兼职制作人。如今，这支团队已经发展到有 3 名全职员工，加上其他一些会把部分工作时间投入这档节目中的人。这是一个小团队，它还有一个特别的地方——创始人兼主持人安娜住在西海岸，离她团队的其他成员有将近 5 000 千米远。

即使有一个团队在制作这个节目，它在很大程度上仍然是属于安娜个人的节目。安娜说："我作为一名主持人，对节目的基调、立场、精神，以及节目在这个时代里的政治定位等方面都有很大的自主权。"

这档节目中很多独具风格的东西，是通过集体编辑和编辑会议传递给员工的。我对安娜说："这听起来像是一种口述传统，大家凭借经验来教与学。你们彼此聆听，一起参与对话，讨论一些内容是否适合这个节目。因为身处其中，工作人员可以聚合大家讨论的所有观点和细节，让节目最终呈现出它自己的形态和风格。"

安娜表示同意，并补充说："播客制作小组在沟通的时候，需要将那些难以用言语形容的朦胧想法努力明确地传达给彼此。一开始，我知道自己希望做什么样的节目，但我不知道如何做到这一点。后来我渐渐学会一些技巧，能够将想法转化成语言说给别人听，这对我来说也是一个学习如何与他人沟通自己想达成的目标的过程。"

安娜接着补充道，还有一件事是她倡导的（尽管她是在不情愿的情况下提出来的），那就是他们每周都要组织一次会议，并称之为"神圣时间"。

"'神圣时间'指的是雷打不动的会议。"安娜说，"在这期间不安排其他任何事情。这是一个神圣的时间，我们会用来谈论各种话题，比如项目的大局观、长期计划和战略想法，也会利用这个机会解决沟通上的失误，或是一起思考如何确保我们作为一个团队朝正确的方向共同努力。有时候，我们确实需要思考会议之外的事情，敲定一些新的创意。"

"我发现这种例会很有帮助，因为我不太擅长在短期任务和长期任务之间进行切换。"安娜说，"在工作的一周时间里，大家都在赶项目，忙得焦头烂额。而团队需要一个空间，可以谈论大家关心的事情或让人感到兴奋的事情。每周的这段时间里，我们都会把所有事情放在一边，单纯地聚在一起聊天。"

普里亚·帕克（Priya Parker）在她所著的《聚会：如何打造高效社交网络》（*The Art of Gathering: How We Meet and Why It Matters*）中分享了一种仪式，作家兼导演吉尔·索洛韦（Jill Soloway）称这种仪式为"箱子"。箱子仪式与"神圣时间"有很多相似之处。在吉尔创作的电视剧《透明家庭》（*Transparent*）的拍摄现场，当工作人员吃完早餐，布置好场景和设备，准备开拍前，吉尔就会宣布开始箱子仪式。大家会把一个小木箱放在布景中间，人们纷纷围上来，然后任何一个人——演员或工作人员，不管是谁，都可以跳到箱子上，吸引全场的目光。他将分享自己内心的想法，可以是关于工作的，也可以是关于个人的。然后他从箱子上下来，再换个人站到箱子上。整个过程持续约半小时。

正如普里亚所说："箱子仪式是一种开拍仪式，它将一个庞大的团队凝聚在一起，帮人们厘清思路，某种程度上也帮大家进入排练时的状态。箱子仪式还在团队中创造了一种真实性，这也是制作这部电视剧的秘诀，以及这部电视剧所要探讨的价值观之一。"

向前一步，带着激情

我们终于来到这里了，这是结尾的地方。

也许吧。

又或许这只是开始。

播客领域的人很喜欢进行一种存在主义式的谈话，思考我们现在是处于播客生命周期的开始、中间还是结尾阶段。尽管我参与这类对话已经超过 14 年了，我一直坚持相同的回答："我们正处于起点的起点。事实上，我们正处于刚刚起步的阶段，甚至没有意识到这有多么早。"我相信，即使是用最悲观的视角审视播客所处的生命周期，结论也是我们正处于起步阶段的结尾或中间部分。无论如何，当有一天我们回头看时，就会嘲笑自己当初是多么稚嫩。

这等于换了一种说法在宣布，未来是光明的、充满可能性的、满载奇迹和欢乐的，创新将一直伴随着数字音频的发展，以至于有一天我们会认不出来它是播客。很好，我已经迫不及待了。

有几句话是我经常在团队里强调的，因为我觉得它们意义深远，但我的团队成员通常得用极大的耐心才能听得进去，有时还会翻个白眼。因为他们听得太多了，就像听老爷爷老奶奶唠叨一样。

我反复说的是诸如此类的句子：

"永远不要和猪摔跤，你会把自己弄脏，但猪就喜欢这样。"自从我的朋友希拉（Sheila）大约 25 年前告诉我这句话后，我几乎对每一个与我共事的人都这么说过。

"你是你所遵守的规则的受害者。"许多年来，我错误地以为这句话来自电影《末路狂花》（*Thelma & Louise*），但实际上它来自艺术家珍妮·霍尔泽（Jenny Holzer）的一件作品。

每当我的团队碰到障碍、陷入困境或不知道如何处理某件事时，我经常会说："好吧，如果这很容易，那么别人现在就已经想出办法来了。"

说完这句话，我通常还会加上一句："把容易的事留给别人，我们来这里是为了解决困难的。"

这是我感召团队的方法。我对他们说："听着，你们是最擅长这件事情的，我们可以一起解决这个问题。我相信你们，你们可以办到的。"

这些话听起来更像是我在模仿美国前总统约翰·肯尼迪在演讲《我们选择登上月球》（*We Choose to Go to the Moon*）中的一句话。

但是我希望员工明白一点——做任何困难的事情都要有一种满足感。这点也是我现在想和你们分享的。做不同的事情，做别人做不到或不想做的事情，都是值得的。

2013 年夏天，播客节目《问我下一题》受邀在中央公园的夏季舞台上做现场录制。那是一个开阔的户外场地，能够容纳几千人。当时，《问我下一题》每周在电台播出还不到 2 年，所以我们很担心现场录制节目并不是一个好主意。这档节目在布鲁克林的贝尔酒吧录制时，通常只有 250～300 名听众在场，有时甚至更少。很难想象人们长途跋涉到中央公园的中心区域，就为了观摩一档播客节目的录制过程。更何况他们完全可以在周末舒舒服服地躺在家里，免费听到这档节目，怎么会有成千上万的人愿意来呢？

录制当天，我从华盛顿赶到纽约帮忙并提供指导。那天从早上就开始下雨。

公园管理局通知我们，除非有闪电，否则活动需要如期举行。就算下雨，节目也要继续。即使观众席上没有人，也要继续录制。当我在下午 2 点左右到达夏季舞台时，已经下起了倾盆大雨。我来到舞台上，看到全体工作人员，包括表演者和演出团队都蜷缩在天幕下面，试图躲避狂风骤雨。我一走上前去，就和主持人奥菲拉·艾森伯格（Ophira Eisenberg）对视了一眼。她不需要说一个字，她的眼神就清楚地说明了一切："这真是一场灾难！"

尽管气温很低，大雨滂沱，我们还是一直努力布置场地并进行排练。活动定于晚上 7 点开始，除了又湿又冷之外，每个人也非常紧张，都很担心。如果要在雨里录制节目又没有观众，那将是件多么丢脸的事情，还浪费大家的时间。

我知道自己的主要任务是让大家集中精力，尽可能呈现最好的状态。我告诉围在一起的每一个人："听着，虽然情况糟糕得难以置信，但大家在这个节目中遇到过更疯狂的状况，而且总是能克服困难。你们都看到了，现在还在下雨，而且下得非常大。你们知道我相信什么吗？我相信雨会停下来。我相信雨一定会停的，我们会有一场演出，人们会来、会笑、会有一段难忘的时光。"

"所以我们需要为这种情况做好准备。"我继续说，"就算现在很悲惨，我们也要为它不再悲惨的那一刻做好准备。"

大家的表情看起来充满怀疑——这已经是保守的说法了。

接着，所有人继续投入排练，不时地把舞台布景和设备搬来搬去，以便可以避开来自各个方向的风吹雨打。

在下午 4 点左右排练结束时，实际上就是在结束的那一刻，我们站在舞台上抬眼望去——雨停了。不仅雨停了，云也散开了，明亮的阳光照射过来。不到 20 分钟，天空就亮起来了，气温回升，晴空万里。

如果故事在这里戛然而止就很完美了，但我们还有一个巨大的问题。尽管雨已经停了，公园管理局的员工也正在晕晕乎乎地擦干椅子和看台，但我真的很担心会不会有观众来。这一整天都在下雨，我相信很多人会放弃，认为演出不可能如期进行，又或是不想穿过湿漉漉的公园，然后可怜兮兮地坐在水坑里。

大门将在下午 6 点打开，我非常担心只有十几个人会到场观看，所以我刻意远离工作人员和表演者，担心他们从我的脸上捕捉到担忧的神情。下午 5 点半左右，我决定出去走走。当我离开场地走向大门时，刚一转身，就看到了难以置信的景象。

一大群人在排队。

队伍排得长长的，看不到尽头，沿着小路向公园深处蜿蜒。这些人带着毯子和便携式冷藏箱，都在排队等待入场观看《问我下一题》。我想到的每一条阻止人们前来的理由，对他们来说都不重要。比如这个节目还很年轻，比如这个节目很难在这个世界上找到立足点，再比如有暴雨和这么多令人不舒服的事。所有这些都不重要，他们并不在意。

他们喜欢这个节目，很兴奋地来看演出。入口处聚集的那种能量，我不仅没有预料到，甚至根本无法想象它居然存在。

我跑进去告诉大家："他们来了，他们在这儿了！一切都会好起来的。"

天啊！真的很好。演出异常精彩，现场挤满了观众。这里充满了欢声笑语和积极的能量，这一刻对每个人来说都是快乐而兴奋的，一切都是那么完美。

演出进行到一半时，我带着一路陪同我的妻子，一起站在观众席的中间，也就是这张照片的拍摄位置（图 8-1）。

图 8-1 《问我下一题》的录制现场

我侧过头对她说："谁都不能把这一刻从我身边夺走。"

我为这个节目付出了巨大的努力，参与演出的人也都在全心全意地工作，投入节目的制作中。我们遇到过纷争、困难和复杂的情况，但我们最终克服了一切，因为大家心中有一个共同的愿景，我们定义出这个愿景，并选择坚持下来。

正是这种清醒而富有远见的力量，冲破了所有障碍。正如我常说的，无论你是一个创始人或播客制作者，还是其他什么身份，障碍并不是一件坏事，障碍会让你变得更强大。

而此刻，2013 年一个美丽的夏日夜晚，我站在中央公园数千名观众的中间，看着大家沉浸在欢声笑语中，他们和我制作的东西一起度过了一段快乐的时光。感谢专注和决心的力量，让我创造出这样的美好。

在那个夜晚，在《问我下一题》的开发和制作过程中，在我有幸参与和创作过的许多其他项目中，还存在一样东西——

激情。

你可能还记得，当我与我的瑜伽教练乔交谈时，我注意到他迫切地想要表达，而且对表达这件事充满激情。这是我在本书中送给你的最后一条建议：要充满激情。

如果一件事值得做，它就值得你投入你的全部。如果你打算通过努力，去执行我目前为止给你的建议，并承受挑战可能带来的挫折，那就不要有后顾之忧，全力以赴吧！

有件事我从来没有向别人说过：我总是把项目当作自己生命中要做的最后一件事情。我视其为我的绝唱，也把每件事都看得很重要，把它们当作我对这个世界的最后贡献。

要充满激情，要敢于疯狂，要走别人没走过的道路。做出疯狂的选择吧！不要怕把事情搞砸。获得成功时，要感到高兴，与其他人紧密合作，慷慨地分享荣誉。要敢于豁出去，但是要带着目标感去做这一切。这就是我给你的建议。

无论播客和数字音频行业如何发展，我知道你都身处这段旅程的起点。无论你是第一次做音频节目的新手，还是比我在行业里更有经验的人，你创作了不起的音频节目的旅途才刚刚开启。

我希望你拥有好运，虽然你可能并不太需要这份祝福，你只需要向前一步，带着激情。

现在，带着所有的建议和祝福，到外面的世界去制造一些声音吧！制造出高亢响亮、大胆无畏、不容忽视、充满激情的声音。

我会去听的。

播客历史上的 4 大关键时刻

在畅想未来之前，我们再多花点时间聊聊过去。

你可能会问，为什么在一本讲述播客制作的书里会多出一个部分介绍播客的历史。简而言之，经过一番思考后，我觉得不谈历史会很奇怪。想参与一件事物的未来，就必须了解它的过去。如果你希望在一种媒介上有所创新，建立新的理念，就有必要了解它的起源和创始人的初衷。

如果你突然叫一群人出门往北看，有一些人会立刻出门，并迅速弄清方向，还有些人则迷茫地原地转圈，试图确定方位，但可能永远也找不着北。那些能迅速辨清方位的人很可能有一些参照点来作为决策的依据。比如说我这个人，有很多从地下火车站和地铁站走到地面出口的经验，以至于我非常善于利用当天的时间、日照的角度和物体的阴影来快速确定方向。如果有人叫我出门向北，那天又不是阴天的话，我就会从影子上找线索。

历史也能发挥一样的作用：它就像一组 GPS 坐标，会标出你所处的位置。

记住这一点，然后跟我一起来看看播客历史上的 4 大关键时刻。如果这些事没有发生，我们所知的播客就不会存在。

关键时刻 1：酒店房间里的黑客代码（播客如何降低门槛、实现免费并面向所有人）

2000 年 10 月，播客诞生于纽约的一个酒店房间里。没有人记得具体是哪家酒店，虽然根据戴夫·温纳（Dave Winer）的回忆，那是一家花里胡哨的像是摇滚明星会住的酒店。他之所以有印象，是因为他当时正在和一位名叫亚当·柯里（Adam Curry）的人见面。戴夫说，亚当作为一名前全球音乐电视台（Music Television，MTV）的影像师，可以称得上是个摇滚明星。亚当从比利时来到纽约，就住在这家酒店。他想和戴夫见面，分享自己的点子。

戴夫是博客的先驱，他创建了 RSS 内容聚合平台，推动了许多博客基础设施和分发技术的出现。基本上可以说，戴夫发明了我们所熟知的博客，并创造了支撑博客运行的系统。实际上，戴夫在很多事情上是先锋。他不喜欢把自己看成一名软件开发者，因为这对他来说太简单了，他喜欢称自己为"媒体黑客"。他在职业生涯中花了很多时间去寻找新的媒体类型，然后编写软件，使这些媒体类型成为可能。早期的时候，他开发了脚本环境、在线发布工具、大纲处理标记语言，还有许多一般人不理解但对现代数字聚合来讲很重要的东西。如果这些术语对你来说太陌生，那就想一想你最喜欢的新闻台和娱乐网站。为何它们每天可以搜罗来自世界各地的文章和资讯呢？这都要感谢戴夫。

除了在技术进步方面做出了具体贡献以外，更重要的是，戴夫在如何利用网络传递信息方面有独特的思考。戴夫认为，系统应该是开放、民主、方便触及的，这种观念一度与主流趋势相悖，后者代表的是互联网对内容的所有权化、控制化和商业化的潮流。戴夫推动了互联网内容订阅制度的发展，让用户可以从他们关注的网站上获取最新的信息。

尽管亚当最为人所知的是他在 MTV 做了 7 年的影像师，但他作为互联网相关产业的早期倡导者和创业者，在职业生涯中很早就涉猎过许多不同的领域。2000 年的时候，亚当是戴夫创建的 RSS 技术平台的忠实粉丝。某天，亚当突然有了一个想法——想利用博客技术来分发数字音频文件。他去到曼哈顿，提出想和戴夫见面，一起讨论这种可能性。亚当甚至重写了一些戴夫的 RSS 代码，来证明可以借助音频制作博客，而不是只有文本——音频博客就这样诞生了。

两人在亚当的酒店房间见面后，亚当热情地介绍了自己的想法以及它的潜力，即互联网技术能彻底革新广播或任何形式的共享音频。亚当手舞足蹈地解释这个想法，但戴夫当时并没有完全听懂。

当时，亚当在他刚发表的一篇名为《最后一英里》（*The Last Mile*）的文章里提出，家庭使用的电缆调制解调器可以保持永远在线的状态，这为人们提供了一个重新思考应该如何分发音频文件的机会。那时的电缆调制解调器还没有强大到足以被称为宽带，但比起使用电话线的拨号调制解调器已经前进了一大步。传输音频文件与传输文本或图片相比，可谓天差地别。当时，在互联网上收听音频或观看视频存在一个从点击到等待的问题，也就是在你点击收听或观看之后，往往要等待很长时间。堵塞点在于链条上的最后一环，即互联网与用户的连接，也就是"最后一英里"的距离。但亚当表示，所谓永远在线的电缆调制解调器并不是一直都在工作的。比如晚上，它只是待在那里，基本上没有工作。如果你能找到一种方法，利用机器空闲的时间去下载更大的音频文件，这样早上醒来的时候用户就可以直接听了。如果这个想法能实现，会带来怎样的改变呢？在亚当看来，RSS 是达成这一目的的完美方法，只需要对代码进行一些修改，音频文件就能够取代文本文件。

虽然戴夫当时并没有完全理解亚当的话，也不明白为什么会有人想这么做，但他决定试一试。2001 年 1 月，戴夫完成了对 RSS 代码的修改，亚当向他描述的音频形式得以实现。抱着测试的目的，戴夫创建了一档播客（尽管那时没有人叫它播客，因为这个名字还没有出现）。该播客发布于 2001 年 1 月 20 日，那天也是小布什的总统就职典礼日。节目里播放了感恩而死乐队（Grateful Dead）的歌曲《美国蓝调》（*U.S. Blues*），后来戴夫还加了这个乐队的其他几首歌曲，不过这些都不重要。

这档节目既没有人听，也没有人关心，更没有人理解。

"我做这档节目的初衷是抛砖引玉，让更多人来支持这项技术，甚至开始做播客。"戴夫回忆说，"但实际上我看不到这件事有任何发展的迹象。"

就像亚当和戴夫在酒店房间里聊的一样，当时的世界并没有真正理解为什么要通过 RSS 来传输这个文件，也不明白这项技术的潜力在哪里。于是，戴夫将音频博客视为一次有趣的试验，后来就去做别的事了。

虽然之后也有人模仿戴夫的做法，再次进行了尝试，但在戴夫 2003 年到哈佛大学做研究员之前，RSS 音频技术还是没有取得实质性的进展。

关键时刻 2：音频博客成为播客

关于哪档节目可以称得上有史以来的第一档播客，存在很多争议。依我个人的看法，播客源于戴夫在 2001 年初用感恩而死乐队的歌曲所做的尝试。每当我这样说，就有人立即想澄清哪个节目才是第一个专门通过 RSS 技术发布的音频（播客）。尽管众说纷纭，但这个问题的答案实际上还是比较明确的。

20 多年前，宽带和电缆调制解调器仍是相对较新的技术，流媒体技术还很差，传播的音质听起来很糟糕，但很多人已经开始在流媒体广播领域有所行动。他们既做连续播放的节目，提供像地面广播电台一样的收听体验，同时也做点播类的节目。

广播从业者想要做好节目，就需要可靠、易用、音质佳的流媒体技术。许多早期被称为"网络广播者"的人都使用 RealNetworks 或 Windows Media 等平台来发布他们的流媒体节目，这些人声称自己是第一批播客主播，但他们没有一个人是全身心投入 RSS 技术应用的。这些人只是想玩一下，了解这种技术的运用而已。这并不能怪他们，因为当时很少有听众理解"订阅"这个概念，更不要说有人在流媒体领域之外寻找节目了。

戴夫在 2001 年初尝试音频博客后的两年里，一直忙于别的事情，但他从来没有放弃对 RSS 技术的研究。直到在隶属于哈佛大学的伯克曼·克莱因互联网与社会研究中心（Berkman Klein Center for Internet & Society，以下简称伯克曼中心）担任研究员时，戴夫才找到了"完美的小白鼠"——克里斯托弗·莱登（Christopher Lydon）来测试他的这项技术。

克里斯托弗在电视行业和出版界都有出色的履历，担任过《纽约时报》的时政记者，并在 1993 年竞选过波士顿市长，虽然最终并未获选。克里斯托弗是后来才涉足广播领域的。从 1994 年开始，他在波士顿市 WBUR 广播电台主持一档本地节目——《连接》（The Connection）。几年后，NPR 收编了这个节目，并在全美范围内发行。到 2001 年，节目的受欢迎程度和观众人数都达到了顶峰，但是克里斯托弗和他的节目制作人玛丽·麦格拉思（Mary McGrath）在一场关于节目所有权的合同纠纷中，被 WBUR 毫不客气地解雇了。克里斯托弗一直坚信博客平台和互联网技术有很大的潜力，可以促进国际交流和沟通，所以他在 2003 年来到了伯克曼中心。几个月后，他听说还有一位研究员要来，这个人就是戴夫。"我记得很清楚，我当初给他写了一封电子邮件。"克里斯托弗回忆说，"邮件里的原话是，'亲爱的戴夫·温纳，虽然我昨天还不知道博客的英文名怎么拼，但明天我就想自己创建一个博客'。"

戴夫向他推荐了音频博客的研究方向。在克里斯托弗的印象里，戴夫是这么说的："我懂计算机，而你懂广播。这个世界需要一种可以根据不同收听意愿而分享的音频节目。"

克里斯托弗承认，尽管他是一名经验丰富的广播从业者和互联网爱好者，当时他也并没有真正理解戴夫的想法。

"听起来不错。"克里斯托弗记得自己这样回答他。克里斯托弗还高度评价了戴夫的工作:"不得不说,他做了大部分的工作,而且对我们要达成的目标有一个更清晰的概念。"

戴夫甚至毛遂自荐,要做节目的第一位嘉宾。

克里斯托弗指出,在播客历史上,有一件事常常被忽略,那就是第一档播客节目的催化剂。

"互联网的火热,以及博客和播客的发展,都是伊拉克战争事件中的一部分。"克里斯托弗说,"这场战争是大错特错的,然而当时媒体口径高度一致。"

克里斯托弗意指当时美国媒体并未在战前提出批判性质疑并引导公众讨论。"那是美国新闻史上最黑暗的一个时代。"他说,"《纽约时报》支持它,《华盛顿邮报》支持它,《纽约客》的戴维·雷姆尼克(David Remnick)也支持它。从来没有一个人站出来质疑过小布什以少数普选票当选总统的影响。于是,我们试图在没有人站出来的情况下开启一场对话,揭示战争的愚蠢。在第一次录制过程中,温纳和我谈到了公众对话遭受的侵蚀和萎缩。这种侵蚀和萎缩不仅发生在新闻体系中,也发生在人们的日常交谈里。很大程度上,那是一场关于媒体见风使舵现象的讨论。现在,当人们谈到播客和它的起源时,往往忘记了政治。博客和播客是在战争的惨烈背景下逐步发展壮大的。"

发明家鲍勃·多伊尔(Bob Doyle)是伯克曼中心的另一位成员,他记录了2003 年 7 月 9 日节目首次录音的情况,还在博客上发布了当天的一些照片和细节。虽然鲍勃也是一个经常写博客的人,但我觉得在当天的参与者中,没有人真正理解那天发生的事情的重要性。

克里斯托弗曾在许多豪华的电视演播室和广播工作室工作过,其中摆满了昂贵到令人咋舌的精密设备,还专门配有一群顶尖的工程师负责维护。然而,第一档播客的录制过程完全没有那么讲究,只用了一台电脑和一个小型的四通道混音器，还有一个迷你光盘录音机作为备份。这些东西都放在一张标准的办公桌上。克里斯托弗戴了一副耳机麦克风，嘉宾则只有一个普通的麦克风，再加上两副耳机。所有这些东西都放在一间临时占用的办公室里，周围都是办公室主人的物品。就这么简陋，跟今天大多数新播客节目使用的设备差不多。

如今，有一大堆专门用于播客的硬件和软件，还有大量关于录制播客的指南、说明和技巧。现在，录制播客已经变成了一件非常容易的事。你可以用手机的内置麦克风录制一期节目，然后发布，效果听上去甚至不会太糟糕，尽管我不建议这么操作。目前来看，就算你不具备播客方面的任何技术知识，或是不知道如何录制音频，也可以做出一个勉强过得去的作品。

然而，2003 年的时候还没有这样先进的设备，也没有可以参考的指南、说明和技巧。在第一部 iPhone 出现的 4 年前，播客甚至还没有一个名字。当时虽然花了一些功夫，但鲍勃还是想到了将访谈录制成音频的办法。[①] 除了鲍勃以外，在场没人知道发生了什么，也不知道一切是如何发生的，但最重要的是，他们按下了录音键，然后成功了。

看着当时拍摄的照片，我常想，当克里斯托弗在别人的办公室里，用自制的拼装设备录音时，他一定感觉很失落，因为这和他以往的录音环境落差太大了。但克里斯托弗并不这么认为。他回忆说，当时除了戴夫，没有人知道后来会发生什么。克里斯托弗只知道他要采访戴夫，然后利用博客的技术，以某种方式将音频传播出去。他们一起完成了录制，内容很有趣，非常有宣泄性。

克里斯托弗后来还想出了别的采访方案，甚至安排了一次到新罕布什尔州的旅行，与人们讨论即将到来的总统选举。2003 年 9 月，戴夫为克里斯托弗的采访建立了一个 RSS 源，它最终收录了克里斯托弗与许多互联网先驱、未来学家、政治观察家和技术专家之间的 50 多次对话。因此，如果有人问你第一档播客是

---

① 鲍勃保存并公开了所有有关当时所用硬件、软件、适配器、编码器的详细笔记，有些设备后来还在继续使用。

什么，第一档为媒体设计、之后通过 RSS 传播给听众的节目又是什么，我认为，答案都是克里斯托弗·莱登的节目。

它最终被命名为《开源》(*Open Source*)。

后来，RSS 源上收录了许多克里斯托弗的采访，但仍旧没有其他进展。虽然有人开始理解音频博客的概念和想法，还有很多人开始收听这类节目，但这个灵感的火苗似乎并没有真正点燃什么。

戴夫·维纳

> 克里斯托弗本人实际上带来了一个问题，就是他太出色了。就编辑效果而言，这完全是 NPR 的水平。毕竟他曾经是 NPR 的人，对吧？这是一档很好的节目，但是它很难让人们觉得他们也可以做到这一点。这也是很多现在流行的播客面临的真实情况——它们往往是广播电台制作的。但这并不是我真正的初衷。我更希望有很多普通人来做这件事，让他们来创造出更多播客。

> 类似之前博客的发展过程。

我

戴夫·维纳

> 对，我就是这么想的，这算是我一开始的想法。每当你有一些可以用语言和声音来呈现的内容，就可以录一期播客，然后放在你的博客上，这就是我心中的模式。

如果以一档专业的访谈节目和像克里斯托弗这样的顶尖主持人作为标准，那门槛就太高了。《开源》在结构、节奏、音乐、嘉宾质量、问题设置、剪辑效果等各方面都太优秀了。很少有人觉得自己也愿意花这样的心思做这样一档节目，并且能够做到同样的水平。早期，只有两个例外的节目，即道格·凯（Doug Kaye）的《IT 对话》（*IT Conversations*）和史蒂夫·吉尔摩（Steve Gillmor）的《吉尔摩小队》（*Gillmor Gang*），这两个节目都专注于技术。虽然克里斯托弗的录制时间确实比这两个节目早，但这两个节目都属于第一批以固定周期发布的播客。总体来看，当时播客还没有真正大规模发展的势头，没有出现批量制作。

后来，更多是出于对大家不理解音频博客的挫败感，戴夫决定开始做自己的播客节目。大概一年之后，即 2004 年 8 月，他发布了首期播客节目《早安咖啡笔记》（*Morning Coffee Notes*）。在节目中，戴夫基本上只是对着麦克风聊他正在做的事情，以及他的阅读、观察和思考，可以说这正是独特而迷人的戴夫风格。这档节目有点像一个有声音的博客，制作过程很简单。戴夫几乎没有使用任何文字，只是将自己的想法录下来，然后发布到一个平台上而已。

戴夫这样做之后，人们就开始理解了。

"我觉得没有人会在听了克里斯托弗的节目后，认为自己也能做到。"戴夫说，"但当大家听完我的节目后，他们会发现原来任何人都可以做到。"

慢慢地，一些博客写手开始在他们的博客中加入音频文件，然后有一部分人渐渐过渡到只使用音频文件。

亚当也开始自己动手制作节目了。在戴夫发布《早安咖啡笔记》之后不久，亚当开始做一档名为《每日源代码》（*Daily Source Code*）的播客，听起来像是一个专业技术类的节目。亚当是一个广播电台老手，他把很多做广播节目的感觉带到了播客中，给人一种流畅而充满活力的体验。听《每日源代码》确实能给你带来一种特殊的体验，让你感受到播客领域正在发生许多令人兴奋的事情，而你将会成为其中的一分子。很多科技界人士喜欢收听《早安咖啡笔记》，他们往往不为别的，只是想一窥戴夫·温纳的想法。但从《每日源代码》开始，播客才真正进入大家的视野，并拓展到触及技术爱好者和博客爱好者以外的人群。

"播客"这个名字第一次正式出现，是在 2004 年 1 月本·哈默斯利（Ben Hammersley）于《卫报》上发表的一篇关于克里斯托弗的采访中。就像许多事情发展的早期一样，这个名字并没有立即得到认可，人们仍然把通过 RSS 传输的音频文件称为音频博客或网播。

2004 年夏天，播客的早期倡导者丹尼尔·格雷瓜尔（Daniel Gregoire）在一个开发者论坛上建议，大家应该采用"播客"这个称谓。这一次，事情似乎一锤定音了。

直到《早安咖啡笔记》和《每日源代码》开始定期播出时，人们才把这样的节目称为播客。

2004 年秋天，这个名字已经固定下来，播客开始进一步发展，而且发展的速度很快。

2004 年 9 月，唐·米塞利（Dawn Miceli）和她的丈夫德鲁·多姆库斯（Drew Domkus）开始做《唐和德鲁秀》（*The Dawn and Drew Show!*）。这不仅是一档早期的播客，还真正开创了群聊模式的先河。所谓群聊模式，即两个或两个以上的人录制自己和朋友间的谈话。他们讲故事、争论，就他们感兴趣或擅长的话题聊天，单纯享受彼此交谈的乐趣。

群聊模式基本上就是从《唐和德鲁秀》开始的，直到现在仍是播客节目的主流形式之一。《唐和德鲁秀》轻松、有趣、讨人喜欢，而且听起来不做作，就像在听一群特别睿智的朋友聊天。唐和德鲁夫妇赢得了大量的关注，在不到一年的时间里，他们就靠这档播客自给自足了。

从那以后，播客几乎以爆发式的形态增长。每周都有许多新的节目出现，以至于播客的主要倡导者戴夫和亚当都无法跟上步伐。短短几个月的时间，历时 4 年一夜成名的播客已经远远超出了其发明者的掌控范围。不过，这正是他们的初衷。即使在那时候，在所有的兴奋之余，他们也担忧播客的未来是否会不够民主化、开放化。

"很多人不明白这一点，但没有给播客设置准入门槛是有原因的。"戴夫说，"为什么任何人都可以做播客？如果我们没有意识到这一点，也不去保护它，那么有一天我们就会失去它。根据我与别人的交谈经验，许多人并不知道播客是'被创造出来的'。他们当然也不会意识到大家现在得以分享的这份成果，正来源于播客不存在准入门槛这一事实。我觉得，大家终究会失去它，可能很快就会。"

关键时刻 3：播客如同广播界的《韦恩的世界》(*Wayne's World*)

"播客是什么？"这是当年苹果公司联合创始人兼 CEO 史蒂夫·乔布斯提出的一个问题，"每个人都在用不同的方式描述播客。"

2005 年 6 月 6 日，乔布斯在当年的苹果全球开发者大会（Worldwide Developers Conference，WWDC）上发布新产品，并献上了他在苹果公司历史上最富有戏剧性的主题演讲之一。当时距离第一代苹果手机正式发售还有两年时间，而距离第一代苹果手机的发布会还有 18 个月的时间。

在那几天前，在智利首都圣地亚哥举行的 AllThingsD 大会期间，亚当与乔布斯进行了一次会面。苹果公司的高管们曾联系亚当，询问他能否抽出时间与乔布斯谈谈播客，因为乔布斯对这项发明印象深刻。

乔布斯对亚当说："是这样，我想把播客放在 iTunes 上，你觉得可以吗？"亚当表示赞同："当然可以，我还可以给你一整套播客指南帮你起步。"

但乔布斯并不需要这份指南，他已经有了。亚当、戴夫以及几乎所有从事这一新兴行业的人都不知道，苹果公司将大规模进军播客领域并将其纳入怀中。

乔布斯在 6 月 6 日的主题演讲中，先发表了一些欢迎词和关于扩大苹果零售店网络的评论，然后提到了对 iTunes 的优化。这次主题演讲是在苹果公司将其原有的 iTunes 媒体播放器发展为数字音乐商店 2 年多后进行的。那段时期，苹果公司最重要的硬件创新产品就是 iPod，大家正在庆祝 iPod 自推出 4 年以来达到 1 600 万台销量。①

在乔布斯开始介绍播客时，他身后的屏幕显示出"iPod+ 广播"的字样。

按照乔布斯的说法，播客可以用三种方式来形容。第一种是"广播 TiVo"。当时，在硬盘录像机录制还未成为机顶盒和视频点播的普遍功能之前，TiVo 是一种录制电视直播的开创性方式。

"形容播客的第二种方式，是它就如同广播界的《韦恩的世界》。"乔布斯继续说。

在场的观众都笑了。

"任何人就算不投入很多资金，也可以制作一档播客，然后把它放在服务器上，去获得全世界的听众。"乔布斯说道。

"我们认为播客将成为广播领域最热门的东西。"乔布斯说出第三种形容播客的方式并继续分析，"你不仅可以下载和收听，还可以订阅。这样，每当有新的节目上线，它就会自动下载到电脑上。你可以在电脑上收听，也可以通过设置把它自动同步到 iPod。这个发明让我们非常兴奋。"

乔布斯在演讲中指出，iTunes 当时已有 8 000 个播客节目可以浏览、订阅和收听——不过 3 周后在软件发布的那天，苹果公司新闻稿将这个数字改为 3 000 个。

乔布斯接着阐述，现在不仅有在地下室里制作的播客，还有许多大型机构也

---

① 如今苹果公司大约只要一个月就能卖出相同数量的苹果手机。

在制作播客，如 ESPN、拉什·林堡（Rush Limbaugh）、《福布斯》、《彭博商业周刊》、《华盛顿邮报》、迪士尼公司、福特公司和通用汽车公司等。

乔布斯总共花了 5 分多钟的时间强调听播客是多么便捷而有趣，特别是使用苹果公司的播客软件时。他用亚当的《每日源代码》作为第一个例子，示范如何操作播客，还称亚当为播客的发明者之一。乔布斯播放了几集节目，又具体演示了如何订阅节目。

"我们认为苹果公司的软件将使播客成为主流媒体之一。"他总结说，"大家都会发现收听播客是多么简单的一件事。"

不过要我说，这么听播客还是有点麻烦。你必须先在电脑上或在 iTunes 应用程序里订阅节目，然后等待下载。当然你也可以马上在你的电脑上收听，但还是要先下载，而且那时是 2005 年，在电脑上下载一个音频文件还需要等待一段时间。如果你想在 iPod 上收听，就必须把播客从电脑里同步到你的手机上，并企盼这个过程不出差错，然后再听。如果在你完成同步 iPod 的 5 分钟后又发现下一集节目更新了，那就太糟糕了，你必须再同步一次。不过，苹果公司的努力还是让听播客变得更简单方便了。

人们常常忘记，新技术变成主流之前，必定要经历一两件事，其中一件事就是"变得简单"。在互联网成为主流生活的一部分之前，多年来它只是一个热门词。那它是从什么时候开始真正成为主流的？答案是当你可以买到一台自带互联网接入软件的电脑的时候。无须磁盘、无须下载、无须安装，也不需要设置参数，什么都不用做，你只要联网就可以用了。就是从那时起，互联网行业开始爆发并改变了世界。这场变革并没有发生在互联网概念第一次出现的时候，而是发生在人们可以不费吹灰之力上网的时候。

在播客的发展历史中，将播客推向主流化的关键时刻就是苹果公司将它正式纳入怀中的那一刻。苹果公司不仅将播客纳入了 iTunes 软件，还将其作为公司主题演讲的主角。乔布斯曾预测：播客是货真价实的东西。播客不仅是研究人员和技术人员的领地，它还将为每个人服务。

在那次主题演讲之后，很多媒体公司迅速开始关注播客，对待它的态度更加认真，包括我当时的雇主 NPR。

关键时刻 4：播客应用程序的内置

对于播客在 21 世纪初就以某种形式出现的事实，大多数人会感到很惊讶。他们总以为播客是在 2014 年 10 月《连环案件》这档节目发布前后的某个时间点才诞生的。

毫无疑问，《连环案件》本身是一个具有变革性的项目，它是播客平台上产生的第一个全方位、全球化的主流热门节目，下载量超过 3.5 亿次。但是如果没有先发生的事，《连环案件》也不会取得今日的成就。就在《连环案件》爆红的两周前发生了一件事，让这一节目也连带着火了起来——苹果公司正式发布了iOS 8 手机操作系统。如果没有 iOS 8，《连环案件》引发的火爆现象可能永远不会出现。

"哇，等一下！"我能想象不止一位读者看到这里会问，"你刚刚跳过了播客将近 10 年的历史。这中间发生了什么？"

好问题。

一个简短的回答是：很多，但也不太多。

比较完整的答案是：从 2004 年底开始，新的播客节目如潮水般涌现，并且一直没有放缓增势。播客节目的数量以指数级增长，似乎每周都有新媒体公司推出自己的播客，或是新的个人播客问世，那些具有影响力的人物都开始以主持人或嘉宾的身份做播客。甚至当白宫开始播放小布什每周的总统演讲时，就连美国总统也算是播客主播了。这个雪球持续向前滚动了大半年。

然后，一切似乎都烟消云散了。

发生了什么事？先是 YouTube 的到来。随着这一视频共享平台站稳脚跟，特别是在它被谷歌收购之后，大量涌入播客领域的投资和广告费用都转向了视频领域。前一天，大家还在谈论播客的潜力，为播客相关的产品而兴奋。第二天，大家的话题就变了，虽然谈话的内容完全相同，但是这次的主角变成了 YouTube 和在线视频。

然后是 2008 年的经济大衰退。有好几年的时间，人们的注意力都集中在网络热门短片和世界是否会分崩离析上。无论出于哪种原因，我们所熟悉的文明似乎都衰落了。播客给人的感觉就像是大众在遥远的昨天曾讨论过的大事。

这种缺乏关注的情况看似是一件坏事，但我觉得实际并不是。有了新的基础设施，没有了疯狂的炒作和密集的投资，播客终于有机会以一种更健康的方式成长。人们可以尝试新的内容，加上播客此前也积累了足够数量的听众，你可以放心去创作、去吸引更多关注者、去做更多集节目。

大多数播客给人的感觉是小而精，不过这也创造了肥沃的文化土壤，使播客成为兴趣社群的枢纽，即使有时候听众只是对主持人感兴趣。

皮特·西格（Pete Seeger）讲过一个寓言，可以用来比喻这个将近 10 年的漫长时光。他曾说，有些历史就像是一个跷跷板。

"跷跷板的一端在地上，上面有一个篮子，其中一半是大石头。"西格说，"跷跷板的另一端在空中，上面有另一个篮子，其中四分之一是沙子。我们中的一些人拿着小茶匙，试图舀起更多沙子把篮子装满……"

"总有一天你会看到跷跷板的另一端下落，然后大家会感到十分惊奇：'哎呀，怎么会这么突然呢？'答案还不简单吗？就是因为我们和我们手里的小茶匙呀！"

同样的观点也适用于播客发展过程中的耕耘期。2006—2014 年，很多人推出了播客，并收获了足够多的鼓励、关注和回报，使这项事业得以继续下去。播客给人的感觉既像一个与大多数媒体隔开的俱乐部，又像是一块肥沃的土壤。播客本身也包含了越来越多的主题、兴趣和不同的观点。那些如今大多数人奉为经典的播客，如亚当·卡罗拉（Adam Carolla）和乔·罗根的播客《99% 隐形》、《美国生活》，或丹·卡林（Dan Carlin）的《硬核历史》（*Hardcore History*）、《广播实验室》、《事物如何运作》（*How Stuff Works*），都是在这个时期出现的。许多人意识到，播客将是一个很好的渠道，可以将他们与其他有共同爱好和兴趣的人连接在一起。关于养蜂、拼布、木工、20 世纪 50 年代的漫画书等话题的播客也陆续出现，并成为虚拟社群的枢纽。

单独来看，耕耘期的任何一档节目都称不上是播客界的转折点，如果《连环案件》没有出现，它们很可能会继续壮大。不过，等到 2014 年，这些成千上万的播客节已经形成强大且成熟的播客生态系统，成熟到足以孕育出第一个主流热门节目——《连环案件》。

当然，我还要再强调一次，如果 iOS 8 没有内置的播客应用程序，《连环案件》就不会成为《连环案件》。

2014 年 6 月 3 日，苹果公司在苹果全球开发者大会上发布 iOS 8，此时距离乔布斯首次宣布把播客纳入 iTunes 已经过去了将近 9 年。9 年前，乔布斯称他对这一整合感到非常激动，因为它将使播客变得更容易收听。然而直到 iOS 8 发布，这一承诺才真正得以实现。

苹果手机问世后，播客和其他音频媒体一样，都可以通过苹果手机上的音乐应用程序播放，该应用程序在早期操作系统版本中被称为 iPod。在 iOS 8 发布的两年前，苹果公司首次推出了自己的独立播客应用程序。虽然这解决了在音乐应用程序中收听播客的别扭感，但也产生了一个新的问题——任何对播客感兴趣的人都需要下载并安装一个单独的应用程序，才能收听节目。而任何一位从事应用程序开发的人都会告诉你，如果只有下载一个新的应用才能收听节目，即使是一个免费的应用，这也会让你失去大多数潜在客户。尽管应用程序本身是免费的，而且只需点击几下就能下载，但令人遗憾的是，大多数感兴趣的潜在用户还是会认为这太麻烦了，从而选择放弃。

对很多已经在听播客的人来说，下载一个应用程序从来都不是问题，他们也更喜欢使用独立的应用程序，而不是苹果自带的播放器。这些应用程序包括Outcast、BeyondPod、Overcast、iCatcher、Stitcher、Podcast Addict、Pocket Casts等几十个甚至几百个选择，还有主流的媒体应用程序，比如 Pandora、Spotify 和Google Play。但是，苹果依然是大众收听播客最常用的平台，在过去 10 年中占据了 60% ~ 80% 的收听量，同时也是大多数新用户入门播客的渠道。因此，当苹果公司使收听播客这件事变得更容易或更难时，它会对整个播客生态系统的发展起到加速或阻碍的作用。

在 2014 年《连环案件》节目推出前不久，如果有人通过社交媒体、电子邮件或短信看到某个播客或某集播客的链接，一共需要点击 9 次并下载 1 个应用程序才能达到收听目的。对不喜欢下载程序、不愿意花力气、讨厌复杂事物的人，也就是几乎所有智能手机的用户来说，这太费事了。然而在 iOS 8 推出后，一切都改变了。

在短短几周的时间里，《连环案件》从《美国生活》节目的一个衍生品成长为真正的现象级节目，与此同时，全世界数以百万计的苹果手机上都悄悄配备了独立的播客应用程序。通过成为苹果手机操作系统中默认的一部分，播客应用程序将首次收听的点击次数减少到了 2 次：点击链接打开应用，然后再次点击开始播放。因为这个简单的变化——从 9 次点击并下载应用，到 2 次点击且不必下载应用，乔布斯的承诺终于实现了，收听播客这件事变得非常容易。在 iOS 8 发布后，如果有人看到一篇文章或一个帖子在讨论这档神奇的新节目《连环案件》，大多数好奇的新听众可以不费吹灰之力地开始收听。这就是变革性的时刻。

不过，我们也不要低估《连环案件》本身对播客的影响。与它之前或之后的其他任何节目不同，《连环案件》彻底重设了人们对播客的期待和兴趣，带来了数千万的新听众，其中许多人在此之后坚持收听播客，并发现了越来越多他喜欢的节目。《连环案件》还激发了数以千计的模仿节目，每个节目都试图通过讲述故事，探寻一个像无底洞一样的未解之谜。真实犯罪案件类节目就此成为播客的一个重要分支。

尽管苹果公司的播客应用程序开始出现在越来越多的手机上，但人们仍普遍认为，播客是很难搞清楚的东西。因此《连环案件》开播时，《美国生活》节目推出了一段 2 分钟时长的短片，短片中主持人艾拉·格拉斯向他一位年过八旬的邻居玛丽演示了如何收听播客。艾拉说："我们了解到，很多人不知道如何收听一档播客。"

在讲解过程中，我们还了解到，艾拉的邻居每周都会收听他的节目，方法就是进入网站并点击小箭头。

"恭喜你。"玛丽说，"你正在收听一档播客。"

致 谢

在过去的 25 年里，我一直在坚持学习、改正错误、不断反思，最终，我把思考的成果落实到了本书里。我在前辈的指引下学习，与许多了不起的人共事，他们对我的工作、对我在事业上的规划都有着深远的影响。

对那些跟随我转战于 WKSU、NPR、Audible、超级声音等公司的团队成员来说，本书里的内容你们应该再熟悉不过了。因为长期以来，你们已经听我反复嚷嚷这些内容太多次了，包括在例会、策划会议、编辑会议上，还有在那些临时起意说"我们今天收工了"的酒吧小聚中。你们所有人都反驳过我，促使我更严谨地思考。我希望你们能从书中看到自己的影子。

感谢杰伊·柯尼斯、玛格丽特·洛（Margaret Low）和金西·威尔逊（Kinsey Wilson），因为你们，我的生命才有这么多美好，一直以来你们都是我尊敬的导师。

感谢戴维·焦万诺尼（David Giovannoni）、乔治·贝利（George Bailey）和约翰·萨顿（John Sutton），你们对广播行业清晰而深刻的见解启发了我的许多思考和创作。

感谢马特·马丁内斯，本书的开头集中讲述了我职业生涯中的三个非常重要的日期，而你在其中的两个日期里都扮演了重要的角色。

感谢伊齐·史密斯（Izzi Smith），这四分之一个世纪以来，我们一直都是朋友，也是相互敬重的同事。我们共同追求狂热的梦想，并积极鼓舞对方。如今每当我有了新想法，仍然会找你来做测试，而你也会为我提供睿智的建议。

感谢杰西·贝克，我把你视为我的小妹妹。你是所有敢于挑战传统的人都梦寐以求的合作伙伴，能有机会同你合作，我始终心生感激。

感谢广播和播客领域中的朋友、有幸合作过的同事，以及我在音频制作这个美妙的行业中结识的许多老朋友。谢谢你们给予我的教导、包容和启发，是你们塑造了我。更重要的是，你们一再表现出了对作品一丝不苟的奉献精神。你们还无数次地为我带来欢乐和启迪、挑战和机遇。我对这一切都充满由衷的感激。

当然，每个人在职业生涯中都会遇到一些阻碍。对于我遇到的那些阻碍，我也想表示感谢，是它们激励我成为一个更好的思考者、创作者和领导者。

感谢帮助我完成本书的人，你们为我提供了书中分享的许多概念和原则，也感谢那些愿意坐下来向大家分享智慧的朋友。

感谢我的天才编辑梅茜·提南（Maisie Tivnan），以及 Workman 公司的优秀员工，包括贝丝·利维（Beth Levy）、松·鲁宾逊 - 史密斯（Sun Robinson-Smith）、丽贝卡·卡莱尔（Rebecca Carlisle）、拉希亚·蒙德西尔（Lathea Mondesir）和贝姬·特休恩（Becky Terhune）。从第一天合作开始，你们对这本书的热情和付出就让我惊艳不已。

感谢我的经纪人简·迪斯特尔（Jane Dystel），你一直支持我、捍卫我，并始终真诚。

感谢我的瑜伽老师乔·甘达利亚斯（Joe Gandarillas），感谢你在我提起本书时，立刻同意成为其中一章内容的案例对象。

感谢卡尔文（Calvin），是的，我父亲几分钟后就会下楼了，但我想先写完这一页。

感谢伊迪（Edie）和洛莉（Lolly），谢谢你们让我的办公室变得"乌烟瘴气"，让我从不会感到孤独。

感谢那些我忘记提到的人，谢谢你们能够心平气和，不会因此感到不开心。

还要感谢凯瑟琳（Katherine），你是我生命的全部意义，没有你的参与，我生命中一切重要的事情都不会发生。一切皆因有你在身边。

谢谢你们。

考虑到环保的因素，也为了节省纸张、降低图书定价，本书制作了"延伸阅读"页。

扫码查看本书推荐阅读列表

未来，属于终身学习者

我们正在亲历前所未有的变革——互联网改变了信息传递的方式，指数级技术快速发展并颠覆商业世界，人工智能正在侵占越来越多的人类领地。

面对这些变化，我们需要问自己：未来需要什么样的人才？

答案是，成为终身学习者。终身学习意味着具备全面的知识结构、强大的逻辑思考能力和敏锐的感知力。这是一套能够在不断变化中随时重建、更新认知体系的能力。阅读，无疑是帮助我们整合这些能力的最佳途径。

在充满不确定性的时代，答案并不总是简单地出现在书本之中。"读万卷书"不仅要亲自阅读、广泛阅读，也需要我们深入探索好书的内部世界，让知识不再局限于书本之中。

湛庐阅读 App: 与最聪明的人共同进化

我们现在推出全新的湛庐阅读 App，它将成为您在书本之外，践行终身学习的场所。

- 不用考虑"读什么"。这里汇集了湛庐所有纸质书、电子书、有声书和各种阅读服务。
- 可以学习"怎么读"。我们提供包括课程、精读班和讲书在内的全方位阅读解决方案。
- 谁来领读？您能最先了解到作者、译者、专家等大咖的前沿洞见，他们是高质量思想的源泉。
- 与谁共读？您将加入优秀的读者和终身学习者的行列，他们对阅读和学习具有持久的热情和源源不断的动力。

在湛庐阅读App首页，编辑为您精选了经典书目和优质音视频内容，每天早、中、晚更新，满足您不间断的阅读需求。

【特别专题】【主题书单】【人物特写】等原创专栏，提供专业、深度的解读和选书参考，回应社会议题，是您了解湛庐近千位重要作者思想的独家渠道。

在每本图书的详情页，您将通过深度导读栏目【专家视点】【深度访谈】和【书评】读懂、读透一本好书。

通过这个不设限的学习平台，您在任何时间、任何地点都能获得有价值的思想，并通过阅读实现终身学习。我们邀您共建一个与最聪明的人共同进化的社区，使其成为先进思想交汇的聚集地，这正是我们的使命和价值所在。

CHEERS

湛庐阅读 App
使用指南

读什么
· 纸质书
· 电子书
· 有声书

怎么读
· 课程
· 精读班
· 讲书
· 测一测
· 参考文献
· 图片资料

与谁共读
· 主题书单
· 特别专题
· 人物特写
· 日更专栏
· 编辑推荐

谁来领读
· 专家视点
· 深度访谈
· 书评
· 精彩视频

HERE COMES EVERYBODY

下载湛庐阅读 App
一站获取阅读服务

图书在版编目（CIP）数据

打造火爆音频 ／（美）埃里克·纽祖姆
(Eric Nuzum) 著；丸籽，Nicole Deng译. -- 杭州 ：
浙江教育出版社，2023.8
　ISBN 978-7-5722-6389-7

　Ⅰ. ①打… Ⅱ. ①埃… ②丸… ③N… Ⅲ. ①网络营
销 Ⅳ. ①F713.365.2

中国国家版本馆CIP数据核字(2023)第149138号

浙 江 省 版 权 局
著作权合同登记号
图字:11-2023-168号

上架指导：商业 / 市场营销

打造火爆音频
DAZAO HUOBAO YINPIN

［美］埃里克·纽祖姆（Eric Nuzum）　著

丸　籽　Nicole Deng　译

责任编辑：姚　璐
美术编辑：韩　波
责任校对：王方家
责任印务：陈　沁
封面设计：ablackcover.com

出版发行：浙江教育出版社（杭州市天目山路 40 号）
印　　刷：天津中印联印务有限公司

开　本： 710mm×965mm 1/16			**插　页：** 1	
印　张： 17.75			**字　数：** 299 千字	
版　次： 2023 年 8 月第 1 版			**印　次：** 2023 年 8 月第 1 次印刷	
书　号： ISBN 978-7-5722-6389-7			**定　价：** 109.90 元	

如发现印装质量问题，影响阅读，请致电 010-56676359 联系调换。